近年紀念巴爾頓相關活動照片

2020 年巴爾頓忌日紀念活動

（前排右一手持照片者稻場紀久雄教授，右二駐日謝長廷大使，右三日本台灣友之會黑須隆一會長，右四譯者鄧淑晶）

2019 年巴爾頓忌日紀念活動

2018 年巴爾頓忌日紀念活動

稻場教授（右）致贈台北市政府巴爾頓碩果僅存的著作及長板凳製作和植樹費 30 萬日圓，由駐日代表處謝長廷大使代為接受（2020 年 8 月）。

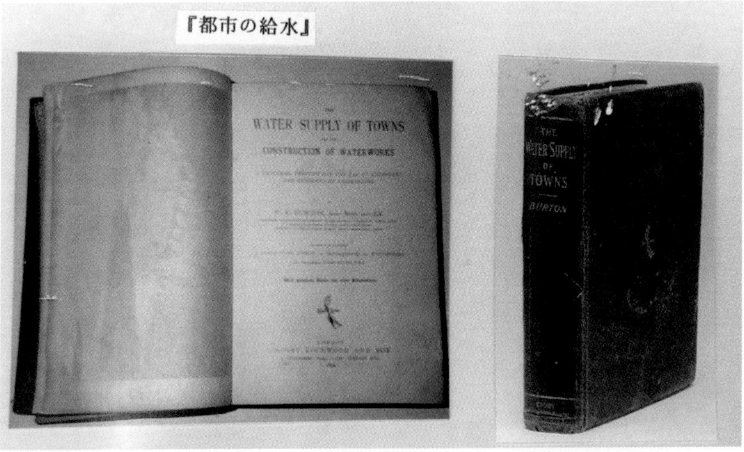

巴爾頓著書「都市的供水」，當時只發行 400 冊，幾乎沒有被保存下來，稻場教授捐贈手邊僅有的一冊予台北市政府留存。

稻場教授夫人代替巴爾頓曾孫女
鳥海幸子朗讀感謝詞

譯者鄧淑晶攝於位在東京青山靈
園的巴爾頓墓碑前（右下）

2020 年巴爾頓忌日活動媒體前往拍攝

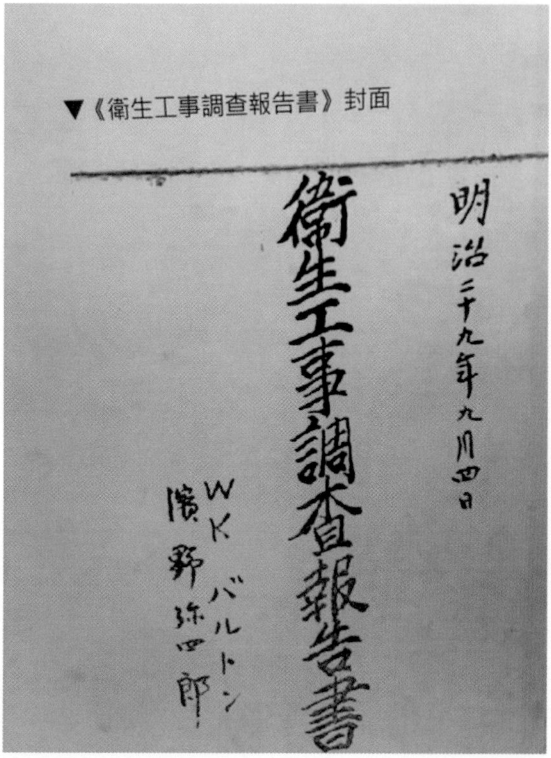

台北自來水園區巴爾頓廳展出的《衛生工事調查報告書》封面

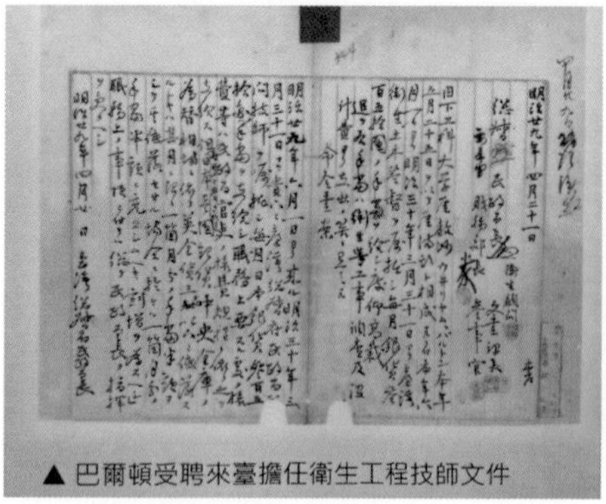

台北自來水園區巴爾頓廳展出的巴爾頓來臺擔任衛生工程技術顧問文件

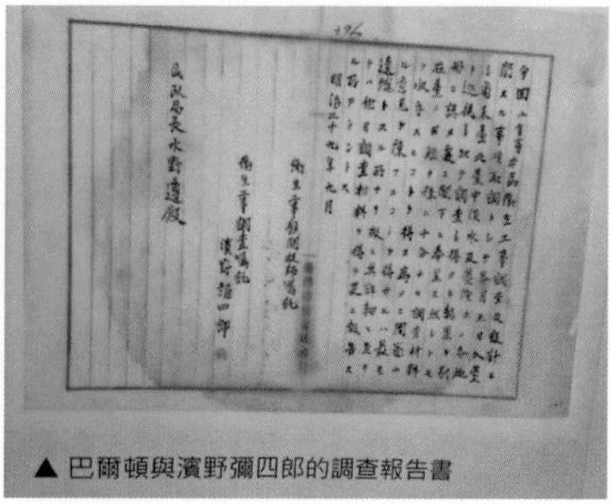

台北自來水園區巴爾頓廳展出的巴爾頓與濱野彌四郎的台灣衛生工程調查報告書

重塑後的巴爾頓銅像於 2021 年 3 月 30 日
安置於台北自來水園區內的巴爾頓廳，該
銅像由蒲浩明老師雕塑。

譯者鄧淑瑩（右）與巴爾頓銅像雕塑者蒲浩明老師（左）合影於銅像前

水利專家李鴻源教授／前內政部長擔任巴爾頓銅像恢復儀式引言人

台北市柯文哲市長代表巴爾頓銅像恢復儀式主辦單位致詞

日本台灣交流協會泉裕泰代表應邀致詞

英國在台辦事處鄧元翰（John Dennis）代表應邀致詞

2021 年 3 月 30 日巴爾頓銅像恢復儀式於台北自來水園區舉辦

日本下水文化研究會致贈台北自來水園區羅漢松樹木，紀念台英日三方跨國的情誼。

2021 年 3 月 30 日巴爾頓銅像復原揭幕典禮東京會場
（前排左一巴爾頓玄孫凱文 · 克梅茲，左二日本台灣友之會黑須隆一會長，中間駐日謝長廷大使，右二稻場紀久雄教授，右一前國土交通大臣前田武志）

《巴爾頓傳奇》日文版原文書作者稻場紀久雄教授（右）與巴爾頓玄孫凱文 · 克梅茲（左）合影於東京會場

譯者鄧淑晶（右）與巴爾頓玄孫凱文 · 克梅茲（左）合影於東京會場

跨海來台的蘇格蘭人

巴爾頓傳奇

百年前的台日公衛先驅

William Kinninmond Burton

稻場紀久雄（KIKUO INABA）著

鄧淑瑩　鄧淑晶 譯

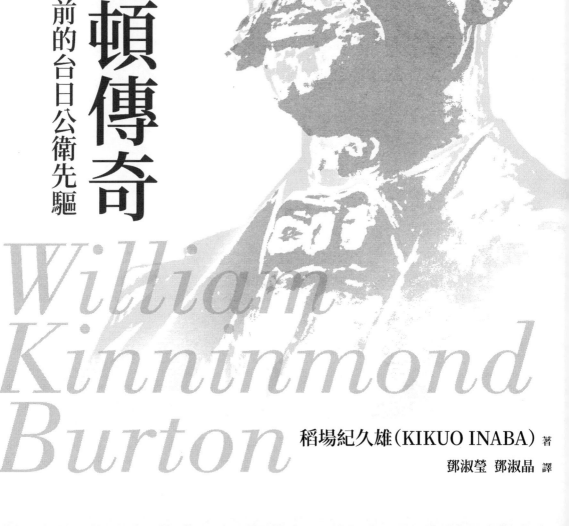

推薦序　一

謝長廷

近期新冠肺炎疫情蔓延全球，讓大家更關注公共環境衛生的議題。於此時刻，謹推薦一本日本大阪經濟大學名譽教授稻場紀久雄先生耗費四十年光陰的大作給大家參考，他跨國蒐集資料完成的《巴爾頓傳奇——百年前的台日公衛先驅・跨海來台的蘇格蘭人》，其內容包括巴爾頓先生於十九世紀末期來到台灣，積極開啟公共衛生措施的第一頁，卻因而染病返回日本，不久後病逝於日本。

此書日文版於二〇一六年十月出版，稻場教授在我接任駐日大使後不久來函附贈，並提到「希望有人能幫忙將此書翻譯成中文版，因為在百年前嚴峻的國際環境中，來自蘇格蘭的巴爾頓，獻身致力於日本及台灣公共衛生要務的上下水道整備工作，此書詳細介紹其推動的事實及其走過的足跡，希望也能讓生活在台灣的人民瞭解先人們的努力經過」。此書於翌年二〇一七年在日本獲頒「平成二十八年度日本土木學會出版文化賞」。

駐日代表處的秘書鄧淑晶女士報告稻場教授來函時，我順便問她能否協助翻譯一事，她表示「這個可能需要較長的時間，如果可以幫得上忙的話，可以做看看。」經過長時間的努力，這本中文譯本終於完成了。

二〇〇〇年我還在高雄市政府擔任市長時，鄧女士服務於市府的國際交際科，負責日本業務窗口，無論是與日本的政界、經濟界、觀光界、青少年交流等業務上，她都盡心盡力地協助，讓業務順利推動。她不僅日本語能力佳，翻譯技巧也純熟，再加上責任感強，所以交給她的任務都能使命必達。之後，她先轉職到日本八王子市政府服務多年，再到我國駐日代表處服務至二〇一九年退休，更加累積台日交流的經驗。

由於此書內容廣泛、跨越年代久遠，所以鄧女士偕同曾經留學日本且平時亦積極從事台日交流的妹妹淑瑩女士共同翻譯。在鄧氏姊妹攜手努力下，終於將稻場教授的大作翻譯成正體中文版，並將它順利在台灣付梓發行。透過她們姊妹倆的翻譯，不僅可以讓讀者瞭解稻場教授所寫的十九世紀日本與台灣民眾的日常生活方式及當時的國際交流情形，更可一併認識台灣與日本在過去歷史上的重要關係。

值此新冠肺炎疫情嚴峻的時刻，世界各國更應該仿效巴爾頓先生的精神，跨越國際的藩籬，攜手合作對抗病毒的侵襲。去（二〇二〇）年八月五日是巴爾頓先生的忌日，駐日代表處與日本下水文化研究會安排於八月二十日前往其長眠的東京青山靈園祭拜，並舉辦論壇，除感念先生對台灣公共衛生安全網的奠基，並祈望全世界早日脫離疫情，恢復安心安全的生活。

最後，衷心期盼鄧氏姊妹所翻譯的這本書能廣為讀者閱讀，瞭解珍貴的一段歷史，進一步促進台日交流。

台北駐日經濟文化代表處
大使　謝長廷

推薦序　二

黑須隆一

拜讀稻場教授有關巴爾頓先生的故事一書，讓人著實感動。看到巴爾頓先生遠在十九世紀曾造訪台灣，對台灣的現代化作出貢獻，想到我自己長期推動台日交流活動，遍訪台灣各地，甚至數次遠達金門，訪台次數逾六十次而言，可說是感觸深刻。原來一百多年前就有遠從英國來的蘇格蘭人當先鋒，開啟國際間的交流，而我雖然從事的內容有極大的不同，但深覺就像是一棒接一棒的傳承者之一，不知不覺地延續了這樣的緣分。

我與台灣的緣分，緣起於從二〇〇〇年開始擔任日本東京都八王子市長十二年期間，於二〇〇六年與台灣南部的大都市高雄市締結姊妹市，當時鄧淑晶女士任職於高雄市政府，擔任與日本聯繫的窗口，所以從那個時候開始與鄧淑晶、淑瑩姊妹開始有所接觸。我長期以來致力於與台灣之間的交流互動，即使不再擔任市長職務後，仍然與台灣維持良好互動，而之所以能夠如此，實在是有賴鄧氏姊妹的大力協助翻譯及各項聯繫工作，讓我與台灣的政府部門、學術單位、公益團體，都能溝通無礙，增進彼此的瞭解與交流。

常有人問我為什麼喜歡台灣，我常說台灣除了美食、美景、治安良好外，最重要的是人民親切，所以我常藉著各種機會，希望讓更多的日本人正確地理解、進一步認識台灣，甚至喜愛台灣。因此每次率團赴台灣訪問時，我常會安排團員前往位於台南的烏山頭水庫及八田與一紀念館參觀，讓日本人也能瞭解我們的先人在台灣努力奮鬥的故事，而我們的先人在台灣所做的事蹟還受到當地的推崇，我們可說是與有榮焉。未來再次訪台，也一定會造訪恢復巴爾頓銅像的台北自來水園區博物館，以及台南二〇一九年剛完成的山上花園水道博物館，瞻仰巴爾頓及他的門生濱野彌四郎在當地的歷史。

透過本書得以瞭解原來蘇格蘭人巴爾頓先生還是濱野彌四郎及八田與一的老師及前輩，台灣的上下水道設施的整備計畫是由其一手擘劃，然後再由其弟子們將計畫付諸實現，巴爾頓居功厥偉。這種無私、敬天愛人的精神，英日攜手合作協助當時處於惡劣環境中的台灣人民，開啟國際交流之門，是一段令人感動的珍貴歷史。

希望藉此中文譯本，能讓台灣的讀者瞭解自己的國家上下水道設施整備工作的起源，以及當時台英日國際交流的情形。雖然時代有所不同，仍請讓我們一起持續發揮四海皆兄弟、天涯若比鄰的互助精神吧！

前東京都八王子市長、一般社團法人台灣友之會會長

黑須隆一

推薦序　二（原文）

黑須隆一

稲場教授が書かれたバルトン先生に關するご著書を拝読し大変感動しました。

バルトン先生は19世紀末台湾に赴き、台湾の近代化に大きく貢献したことを知りました。

この本を読むことで、私自身の長期にわたる日台交流活動に思いを馳せる機会にもなりました。

今日迄私は台湾各地を訪れました。本島以外金門島にも複数回行きました。訪問回数は既に60回を超えております。

100年以上も前に遥か遠くイギリスから開拓の先駆者として当地を訪れ、国際交流の扉を開いたスコットランド人がいたことを知り、内容は大きく異なりますが私もその継承者の一人として活動を継続していることを実感したところです。

台湾とのご縁ですが、私は日本東京都八王子市長を2000年から12年間務めましたが、2006年に台湾南部の大都市高雄市と姉妹關係の盟約を結んだことがきっかけとなります。

当時、鄧淑晶女史は高雄市政府に勤務し日本との連絡担当でしたが、その時から鄧淑晶、淑瑩姉妹と接触を持つことが出來ました。

市長在任中はもとより退任後も幅広い交流を継続し台湾との良好な關係を維持出來ているのも、翻訳から様々な連絡調整等、鄧姉妹の強力な支援無くしては不可能だったと思っています。

お陰様で、台湾の政府機關、学術機構及び非営利組織等とのコミュニケーションが完璧に出來、相互の理解と交流が大きく前進しました。

ところで、何故それ程台湾が好きなのかと良く聞かれます。

食べ物は美味しい、見所は多数、治安が良い、でも一番は人が良い、台湾人は親切だと答えます。

もっと多くの日本人に台湾を正しく理解し、認識を深め、台湾を好きになって欲しいと思っています。

団体を率いて訪問する際には必ず台南の烏山頭ダム、そして八田與一記念館を案内します。

日本の先人が台湾の国造りに尽力し、多くの人に尊敬されていることを知って欲しいからです。

次の機会に台湾を訪問する際は、復元されたバルトン先生の銅像を置かれた台北水道博物館と2019年台南で完成したばかりの山上花園水道博物館を訪れ、バルトン先生と弟子濱野弥四郎の足跡を学びたいと思っています。

この本を通してスコットランド人のバルトン先生と濱野弥四郎、八田與一との關係を知り、台湾の上下水道整備に大きく貢献したことを学びました。

バルトン先生は私欲なく「敬天愛人」の精神で厳しい環境におかれた台湾の国造りに尽力されました。

併せて国際交流の扉も開かれたのです。

中国語に翻訳されたこの本により、台湾の皆さんは母国の上下水道整備の起源、及び台湾、イギリス、日本との国際交流の歴史をいささかなりとも理解されるのではないでしょうか。

私たちは皆「人類皆兄弟」です。時代は変わってもお互いに助け合う精神を持ち続けようではありませんか。

前東京都八王子市長、一般社団法人 台湾友の会 会長

黒須隆一

譯者序

鄧淑晶、鄧淑瑩

百餘年前的十九世紀，沒有飛機及豪華郵輪，遠洋交通甚為不便，巴爾頓卻以一個英國蘇格蘭人，歷經艱辛遠渡重洋來到日本及台灣。為了改善當時人民惡劣的生活衛生環境，巴爾頓在日台兩地努力貢獻技術經驗與智慧，並且不畏艱苦深入蠻荒，鍥而不捨地尋找自來水水源。期間遭逢摯愛的弟弟往生無法送行，母親驟逝也未能回國奔喪，深為自責與哀傷，但仍忍痛繼續為台日兩地人民的福祉努力不懈。最後在北台灣烏來山區裡染病，休養後先回日本，擬返回蘇格蘭休假前，不幸卻在日本病情惡化，客死他鄉，終其一生無法回到家鄉探望親友。巴爾頓這種捨身為人的精神，實在令人景仰。

日本佔領台灣初期，抗日游擊隊的行動，讓日本總督府頭疼不已，巴爾頓主張要解決該問題，首先需有同理心以獲得民心，為獲得民心就需提供良好的衛生環境，讓人民安居樂業，亦即非統治台灣，而是治理台灣。

由於來台後不慎罹患地方風土病，巴爾頓在台工作期間約三年後即返日，但他馬不停蹄的在各地考察後所提出的計畫，後來由他的門生濱野彌四郎繼續完成其計畫，對台灣早期的公共衛生建設，具有下列開創性的貢獻。此外，濱野彌四郎與後來完成嘉南農田水利灌溉設施的八田與一，還有長官及部屬關係，他們三人前後一脈相傳的貢獻，令人欽佩。

一、自來水及污水下水道設施：現代生活只要水龍頭一轉開，就能很輕鬆的使用自來水，大家會覺得這是很理所當然的事，但巴爾頓及其門生初踏上台灣時，居民生活環境髒亂，飲水只有井水，沒有自來水及污水下水道設施，污水在家戶外的地面上淤積，蚊蠅叢生，傳染病肆虐，醫療欠缺。為解決此問題，巴爾頓積極尋找新水源，導入上下水道分流觀念，擘劃建設藍圖，所以才有現今存留在台北公館的自來水廠及台灣公共衛生研究機構的誕生。

二、沖水式化糞池：當時糞廁少，人們隨地大小便，以致臭氣沖天，衛生環境惡劣，巴爾頓導入沖水式化糞池，以解決穢物造成的污染。

三、都市規劃：進行現地調查，遍及台灣本島及澎湖外島，包括道路規劃、建築物構造、上下水道整備等。

四、資料蒐集及統計：為利上述各項工作之推動，巴爾頓蒐集分析人口統計資料、地形圖、降雨紀錄、河川流量紀錄、洪水紀錄、每人每日平均用水量等基礎資料。

五、騎樓式房屋構造：因應台灣多雨潮濕的天氣，巴爾頓提出騎樓式的房屋設計，以解決室內潮濕及行人淋雨的問題。

六、二層樓式房屋：巴爾頓認為台灣氣候悶熱，地面上爬升上來的熱氣是引發臺灣熱地方病的主因，加上二樓蚊子較少，可以減少瘧疾的感染，因此建議二層樓式的房屋設計。

在二〇二一年新冠肺炎疫情仍嚴峻之際，讓人更珍惜巴爾頓為台灣公共衛生措施奠基的可貴。他從供水著手，透過水道系統的建置，確保水資源的衛生及供應，讓全民共享共有。

誠如本書日文原作者稻場教授所言，冥冥之中牽起英國、日本、台灣之間的緣分，讓我們姊妹倆人擔任此書的翻譯工作，感謝稻場教授及我國駐日代表處謝大使給我姊妹倆的機會。此書內容包羅萬象，牽引出台日英三地跨越三世紀的緣分，希望藉此翻譯版讓大家瞭解台日英之間過去少為人知的歷史交流。

本譯作之完成，一併感謝雕塑大師蒲浩明老師無償提供巴爾頓雕塑銅像恢復之照片，作為本書封面設計之用，還有台大研究生協會前會長許瑞福先生及前副會長蔡至哲先生協助接洽出版社，以及萬卷樓出版社的張晏瑞總編輯及其團隊的協助，得以順利付梓出版。最後感謝父母親在困頓的年代咬緊牙根資助我們姊妹赴日深造，感謝家人、日本友人相島陽子夫婦、服部梨惠小姐及大家的支持與協助！

鄧淑晶
鄧淑瑩
敬筆

目次

父親約翰・希爾・巴頓家譜圖

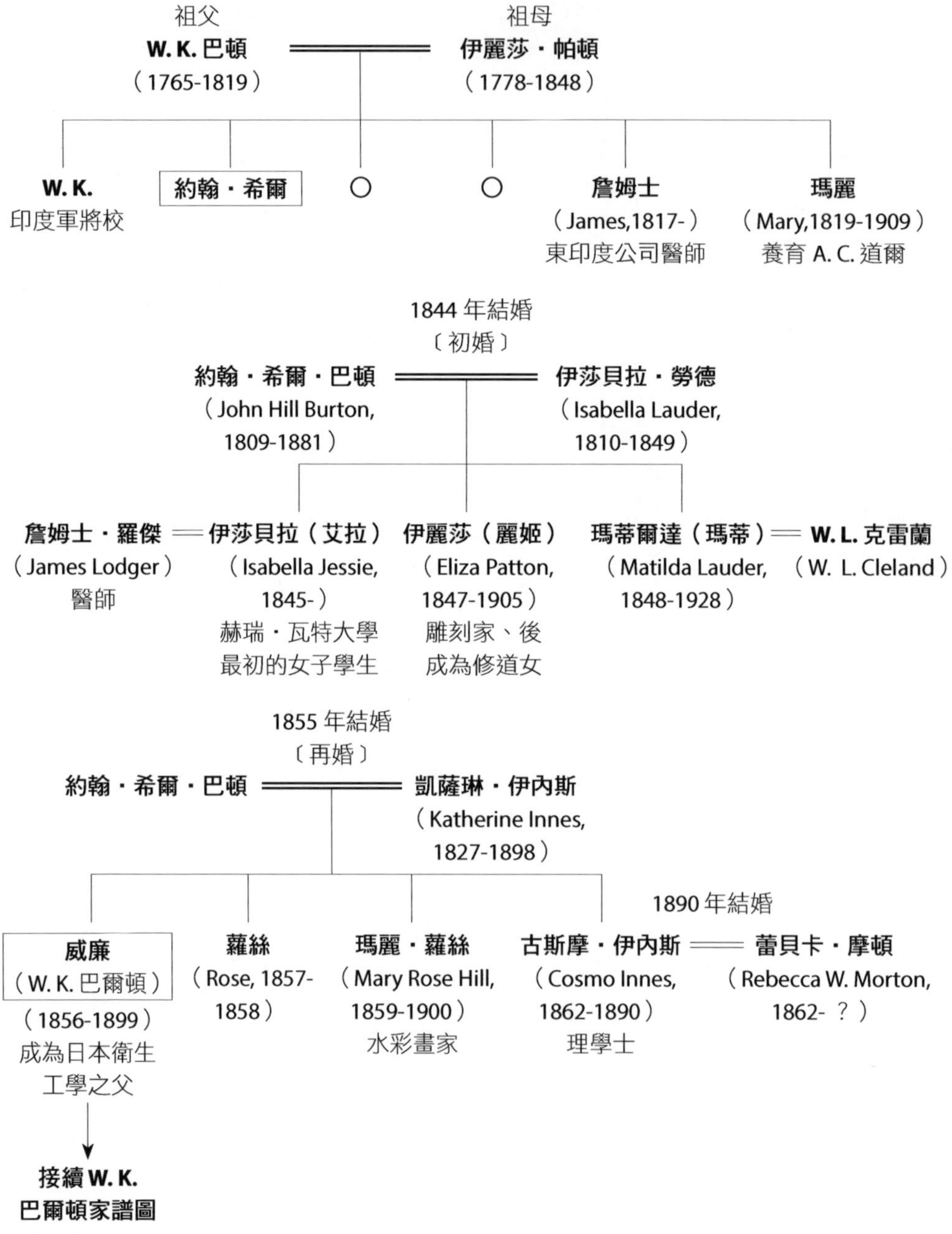
祖父
W. K. 巴頓
（1765-1819）
祖母
伊麗莎・帕頓
（1778-1848）
W. K.
印度軍將校
約翰・希爾
○
○
詹姆士
（James,1817-）
東印度公司醫師
瑪麗
（Mary,1819-1909）
養育 A. C. 道爾
1844 年結婚
〔初婚〕
約翰・希爾・巴頓
（John Hill Burton,
1809-1881）
伊莎貝拉・勞德
（Isabella Lauder,
1810-1849）
詹姆士・羅傑
（James Lodger）
醫師
伊莎貝拉（艾拉）
（Isabella Jessie,
1845-）
赫瑞・瓦特大學
最初的女子學生
伊麗莎（麗姬）
（Eliza Patton,
1847-1905）
雕刻家、後
成為修道女
瑪蒂爾達（瑪蒂）
（Matilda Lauder,
1848-1928）
W. L. 克雷蘭
（W. L. Cleland）
1855 年結婚
〔再婚〕
約翰・希爾・巴頓
凱薩琳・伊內斯
（Katherine Innes,
1827-1898）
威廉
（W. K. 巴爾頓）
（1856-1899）
成為日本衛生
工學之父
接續 W. K.
巴爾頓家譜圖
蘿絲
（Rose, 1857-
1858）
瑪麗・蘿絲
（Mary Rose Hill,
1859-1900）
水彩畫家
古斯摩・伊內斯
（Cosmo Innes,
1862-1890）
理學士
1890 年結婚
蕾貝卡・摩頓
（Rebecca W. Morton,
1862- ？）

W. K. 巴爾頓家譜圖

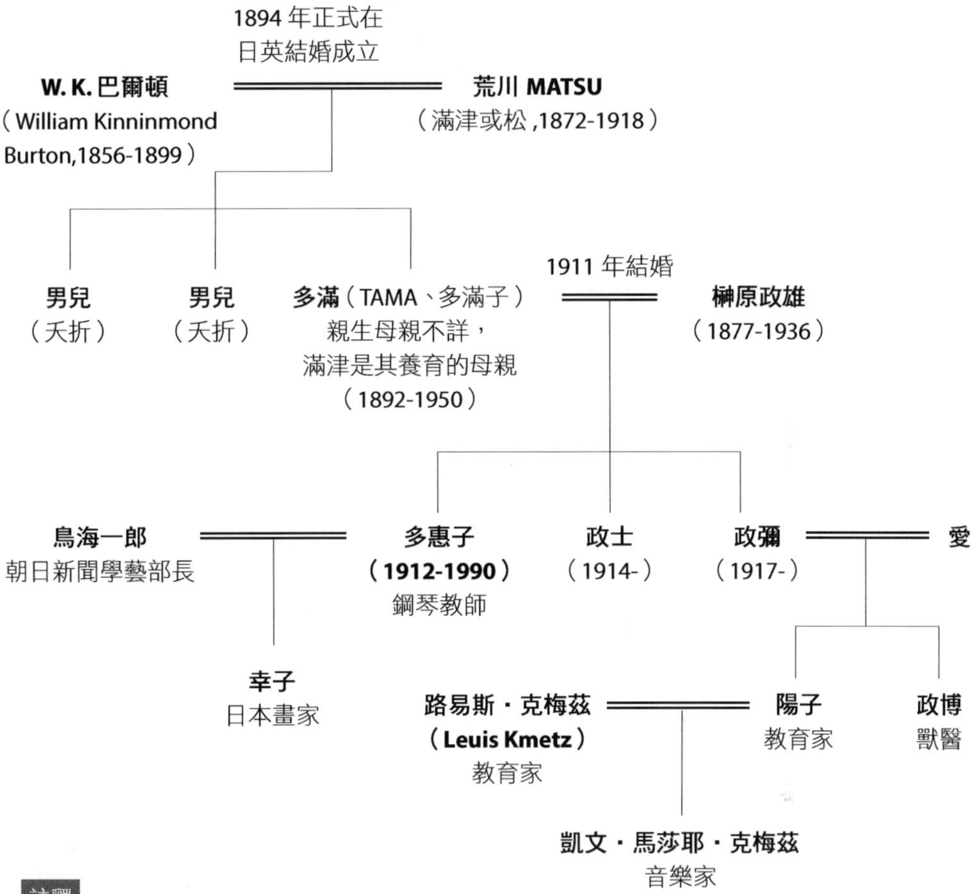

註釋

⑴ 本書在日本以巴爾頓之稱呼來表示，但有關巴爾頓在英國的家族則以巴頓來表示，還有，巴爾頓來日本前的幼少時期以威利（威廉）、青年時期則以巴頓或 W. K. 巴頓表示。

⑵ 三位的古斯摩・伊內斯的整理

在本書裡，有三位的古斯摩・伊內斯登場，因此做以下的整理說明。

（祖父古斯摩・伊內斯〔1798-1874〕）

母親凱薩琳的父親，愛丁堡大學教授，向少年威利介紹了攝影。

（舅舅古斯摩・伊內斯・朱尼爾〔1842-1887〕）

母親凱薩琳的弟弟，土木技術者，於印度活躍之後，在倫敦和巴爾頓成立了伊內斯&巴爾頓工程技術顧問公司。

（弟弟古斯摩・伊內斯・巴頓〔1862-1890〕）

敬愛兄長，成為理學士後前往上海發展。

前言

追尋巴爾頓夢想的足跡

墓碑

一九七七（昭和五十二）年一月十日，我步行在東京的青山靈園當中尋找巴爾頓的墓碑，雪花偶爾會像跳舞般飄落下來，步行累了，開始想著「已經找不到了吧」的時候，我竟然就已經站在該墓碑的前面了。

墓地的大小約有十五平方公尺，以大的天然石堆積上來的高度有一公尺，寬度有一・五公尺左右的基座上，建置高約二公尺，寬約一公尺的石碑。灌木樹叢茂密，將石碑和基座覆蓋住了。

碑文以英文和日文雕刻。

> 勳四等W・K・巴爾頓之墓、英國土木學會準會員、一八五六年五月十一日蘇格蘭出生、帝國大學工科學院教授、內務省技術顧問、台灣總督府技術顧問、一八九九年八月五日在東京往生、友人建之

「蘇格蘭出生」和「友人建之」字句令人印象深刻。

我忘記了寒意並鬆了一口氣。

日本友人建蓋於青山靈園中的巴爾頓墓碑

撥開茂密的灌木叢，繞到墓碑的後面看其背面，中央的部分寬約二十公分、高約五十公分左右，表面是被研磨過的，在這上面很謙遜地刻著：

滿津・巴爾頓女士　大正七年一月三日永眠

我在墓碑前默禱了一陣子。「日本的衛生工學之父巴爾頓是位具有魅力的人物，我想清楚地瞭解他是一位怎樣的人物」這樣的想法深植我心中。在京都大學學習衛生工學並在建設省（現在的國土交通省）負責下水道行政業務的我，受到既是先驅者亦是上司的久保赳氏的薰陶，決定把下水道作為生涯當中的志業。我在美國研修過程中，留意到自己還不是很瞭解日本衛生工學的原點是什麼，因此，一九七六年初春歸國後，開始展開了明治時代的現代化下水道相關的調查。在這過程中，知道了墓碑的所在地，因而前來此地造訪。我的巴爾頓探索行程，就是從這個時候正式地開始了。

拜訪巴爾頓的孫女

一年多以後，我知道了巴爾頓的孫女鳥海多惠子住在京都市北部的松之崎的地方，所以我去拜訪了鳥海女士的住家。

「不好意思，有人在嗎？」

輕移的腳步聲接近，而玻璃門輕聲地被打開了，此時站出來一位身形修長高雅的女性，她的身邊跟著一隻大型的狗，這隻狗一直朝著我這邊看。

「收到您的來信了，一直在等待您的到來呀！」

被迎領到客廳裡，那裡擺放著老舊的大鋼琴和史坦威直立式鋼琴，在架上則排列著棕褐色的舊唱片。

「我有在教小孩子彈鋼琴，我母親也是鋼琴的老師，母親不湊巧腿部骨折住院了，不過她有請我把歷史資料拿給您看，請稍候一下。」

這一位小姐是多惠子女士的長女幸子，她抱著一個小的瓦楞紙板箱走過來。

「最近開始會漏雨了呀！有些潮濕掉了也說不定。」是既謙虛又清晰明亮的聲音。

她讓我一個一個仔細地端詳，包括玻璃板上顯影洗出來的巴爾頓穿著和服打扮的照片、壯年時期的後藤新平的照片、來自帝國大學校長對濃尾大地震災害紀錄照片的感謝狀、巴爾頓的死亡證明書、天皇・皇后兩陛下的觀菊會的邀請函、來自台灣總督桂太郎的晚宴邀請函、伊藤博文嫡子的結婚典禮晚會的邀請函……。這些許許多多是值得被回憶的，也是巴爾頓一生中最為精采的日子的片段珍貴史料。

「這位女孩子是哪一位呀？」

是一張巴爾頓牽著幼小的女孩子的手，眼睛看著照相機方向的照片。穿著和服、戴著中國風的毛皮帽子的女孩子十分天真可愛的模樣。

「是我祖母多滿哦！祖母好像待過台北的樣子。」

重拾記憶

再次訪問的時候是一九七九（昭和五十四）年，新年期間的一月二日的午後。

這一天，兩個幼小的兒子也一起，家族四人去訪問，兒子們因為也有在鋼琴教室學鋼琴，所以我想多惠子女士她們應該很高興才對。

多惠子女士拄著松葉木拐杖，一邊護著骨折的腳，一邊走出來迎接我們。一見到面，在我們之間完全沒有出現隔閡的氣氛。愉快地聽了兒子們的鋼琴演奏後，多惠子女士好像重拾了對巴爾頓的遙遠思念，然後開始敘說了起來。

「有關祖父巴爾頓的事情，我其實並不是很清楚，因為在母親多滿幼小的時候他就往生了。母親從貝爾茲・花夫人那裡聽到的話，我多少有記得一些。還有，母親曾說過房屋被火燒掉，貴重的遺物及書籍類的東西好像也都完全被燒光光了。

我手中擁有的東西，都是祖父的友人及認識的人，或者他的弟子們手中握有的偶爾寄過來的東西，母親將這些轉贈的東西妥善珍貴地保管，之後由我加以接續傳承。

說到有關祖父的工作，聽說他在帝國大學從事衛生工學的教育，並指導地方都市的上下水道計畫及設計，其中特別為人所知的『淺草十二樓高樓』的設計，還有他是一位有名的攝影家。他可說是一位無困頓於名譽和金錢的人，好像經常一副相當『魯直』的樣子，因為常像親生父母親一樣地照顧學生們，所以聽說是位相當受歡迎的老師。也聽說經常在口袋裡暗藏威士忌酒，因為他是遠從蘇格蘭來的人，有時會思念起故鄉，而變得很感傷呀！此時此刻威士忌酒就是他最好的朋友了吧！

聽說母親小時候也非常可愛，所以母親經常被祖父抱起來，親親臉頰，用鬍鬚搔得她癢地哇哇叫，還會有捲葉香菸的味道傳來，『一聞到捲葉香菸的味道，真是說不上來的懷念情緒呀！』她如是說。

也曾經有過這樣有趣的事情。有一天應該已經是出門去大學了，但突然回到家來，『小多滿、小多滿！趕快來看！』大聲地呼叫著。出去一看，祖父用兩隻手小心翼翼地捧著帽子的帽緣站立著。

『小多滿！妳看！小蝌蚪哦！』

『爹地！牠很有精神地游著呢！從哪裡拿來的呀？』

『就是小多滿經常去玩的對面的小河呀！一定會變成青蛙的。滿津！請把玻璃的器皿拿來裝喔！』

祖父還有母親也都期待著小蝌蚪變成青蛙，聽說兩人還學青蛙呱呱叫，並且活蹦亂跳地跳來跳去玩成一團的樣子。

祖父後來受後藤新平先生拜託，渡海前往台灣，聽說這是非常艱辛的工作，但不幸地卻罹患了瘧疾，返回東京之後不久就往生了，也就是所謂的因公殉職這樣的情形呀！空留母親一個人忍受寂寞。」

「巴爾頓老師回到東京是為了治療瘧疾嗎？」

「好像不是那樣子，有關生病的事，聽說當時身體大概是已經復原了。祖父是利用這樣的機會取得長期休假的許可，決心想要帶家族的人一同回去故鄉蘇格蘭，不過聽說是因為有不得不歸國的事情發生。總之，因此先返回東京一下，但是，祖父卻突然去世了，想見其勞累是累積多時了吧！聽說祖父往生後，普林克利先生一家人及貝爾茲・花夫人把我們當作親人般地照顧我們。」

「剛才，有提到多滿女士『空留寂寞』，但是她的母親滿津女士當時還在呀！」

「祖母滿津對多滿而言，是養育她長大的母親。我的母親時常嘆氣地說『我真正的母親，在我出生後不久就死去了，我和親生父母的緣分真的是很淺……』。

在長大以前，她把滿津當作是自己的親生母親看待，滿津很喜愛祖父，將多滿當作是自己的小孩一樣疼愛著，但是，母親完全不知道親生母親的長相。」

多惠子女士繼續說。

「母親聽說普林克利一家人把她們視為自己家人一樣的看待，普林克利家有四個兄弟姊妹。母親把大她五歲的次男傑克當作兄長、大她二歲的次女稻子小姐當作是姐姐一樣的崇拜，所以整天繞著他們轉來轉去。特別是傑克，他是一個頑皮的光頭小男孩，常戲弄和惡作劇她的母親，並常說許多有趣的話。之前的戰爭對母親和我們而言，都是痛苦悲傷的回憶。母親在戰後投靠到我這邊來，但圍繞在母親的周遭好似會漂浮著凝重的空氣一樣呀！她於一九五〇（昭和二十五）年五月往生，享壽五十八歲。」

巴爾頓逝世八十週年紀念

我把寫著一九七九（昭和五十四）年八月四日日期的紀念照片好好地保管著。這是巴爾頓逝世八十週年紀念日時，在其墓前拍攝的照片，以巴爾頓的孫子榊原政士先生為中心，可以見到上下水道工程界重要人士的出席。政士先生是鳥海多惠子女士的弟弟。在逝世八十週年紀念日上，當時的國際水道協會會長石橋多聞東大教授代表主人家致詞。我則受石橋教授的拜託進行「巴爾頓的事蹟和其人物像」的演講。之後，石橋教授寄來附有逝世八十年週年紀念日的紀錄及英國土木學會等資料的信件。信件中除了寫滿石橋教授對巴爾頓真摯的思念外，同時也寫了「想委託您研究巴爾頓並一同彰顯其事蹟」。同時期，京都大學時代的恩師末石富太郎教授也寫來「我想你應該很忙，但請繼續探索『巴爾頓的夢想』」這樣激勵的話語。

一九八六（昭和六十一）年十二月，針對日本的水環境問題，我站在「文化」的觀點，我想應該從國民的立場來著手處理，在友人和熟識人士的協助下成立了「下水文化研究會」，所謂「下水文化」的字句是我個人所創造的語句，意味著「自人類誕生以來，就一直在人們的生活深處裡，有著守護生命之水的智慧」。在此文化研究會裡，從事與人和水相關聯的歷史和生活等的調查，以及舉辦各種的研究發表會，另外還為了重新審視我國的衛生工程學的原點，決定每年舉辦巴爾頓逝世紀念，巴爾頓逝世紀念日的時候，就會讓人想起已往生的石橋教授的優雅笑容。

巴爾頓的忌日，從墓地的除草到講演會的企劃，得力於諸多的上下水道關係者的濃情厚意，例行的活動得以被持續下去。有在墓前的演奏、有來自各領域的來賓演講等讓人得以親近的活動，活動就這樣被定調直到現在。

我於一九九三（平成五）年，將一同和巴爾頓前往台灣的高徒，在老師往生後將其計畫實現，並為了台灣的上下水道事業盡心盡力的濱野彌四郎的人生《都市之醫師─濱野彌四郎的軌跡》（水道產業新聞社）這本書付印。當然，巴爾頓也是此書的重要主角。

這本書，在司馬遼太郎先生的《台灣紀行——步行街道》（朝日新聞社）書中被介紹過了，台灣人也閱讀了此書。出版紀念會上，巴爾頓的曾孫女鳥海幸子女士和濱野彌四郎的孫子濱野陽一郎先生，在巴爾頓死後經過九十四年的歲月初次會面的瞬間，至今仍然無法忘記當時感動的情形。幸子女士說「母親如果現在還活著的話，不知道會有多麼地高興啊！」她邊懷念在一九九〇（平成二）年於七十九歲去世的母親多惠子的同時，邊說出她的感謝之意。

來自霧中

這年的三月，我從建設省轉職到大阪經濟大學，從已經住習慣的東京搬遷到出生孕育的京都居住。去拜訪寒暄時，幸子女士說：「有一本母親寫給稻場先生收的筆記本遺留下來，是這樣的一個本子，不知道能不能幫得上忙？」一副很擔心的表情並拿出一本的筆記本。

這是一本小學生用的既小又薄的筆記本，記載著多惠子女士在年幼時聽到祖父巴爾頓的懷念記憶，不過尚未完成。

寫出來的東西，就這般地開始。

「平常即使是寫個信，都覺得是萬劫不復的我，最近不知道怎麼地就覺得非要把祖父巴爾頓的事蹟寫下來不可。（略）。我想母親不知該如何來描述在她還不懂事時就過世的祖父的事情會比較好，這宛如在濃霧中伸手探索般地感到沮喪。（略）。

要自己寫祖父的個人形象可說是全然沒辦法的事，所以就從祖父過去身邊的人們所聽到的生活情節等等開始來寫吧！」

我覺得「對多惠子女士真不好意思，多惠子女士是多麼地想要訴說祖父巴爾頓的事情啊！」悔悟的念頭不禁湧了上來。

「這是很珍貴的筆記本，要能夠出刊發行可能得下點功夫看看，不過，只有這個筆記本的話，要把它做成書籍恐怕還是有困難，我想您母親有遺留下來的詩歌集《土之香》吧！還有多惠子女士給您的短詩歌也很好的，如果還有未發表的短詩歌的話，我覺得可以和這本筆記本合併收錄在一起耶！」

「那有好多喔！母親經常一有靈感的話，就會寫在剪下的剩紙張或傳單的背面上，那些在紙箱裡還遺留很多，還好沒把它丟掉。」

多惠子是位很優秀的詩人，短詩歌中也有很多是歌頌母親多滿的作品，在那些作品裡，無形中洋溢著寂寞的愛惜情懷。

幸福遠離及深深悼念中
　母親難掩哀怨訴說著

戴著鍊子的老花眼鏡捻著線
　編織毛線的母親在那裡

戴著麥稈編織的大帽子
　夏日下母親身影變小了

我特別注意了遺文中的「伸手在濃霧中探索」這樣的語句，標註「遺稿　來自霧中─懷念祖父巴爾頓」的標題，以非營利組織法人日本下水文化研究會的一冊叢書出刊發行。

逝世百年紀念

一九九九（平成十一）年，是巴爾頓往生後百年紀念年。這一年有關巴爾頓新的序幕已悄然升起。

有位名叫石井貴志的先生，來詢問了這樣的事情。

「巴爾頓曾對夏洛克·福爾摩斯的作者柯南·道爾說『是你的話，一定可以寫出有趣的作品』，他是規勸過柯南並讓他開始寫小說的恩人，所以我一定要去巴爾頓的墳墓祭拜呀！」

我從石井先生那裡聽到了有關巴爾頓與道爾的關係，不禁讓我對於巴爾頓新的一面大開眼界。

在描述巴爾頓的人物像時，來自蘇格蘭親族的訊息是非常重要的切入口。我家的好朋友片山通產審議官夫人弘子女士介紹了日本蘇格蘭協會的理事稻永丈夫先生讓我認識，這位稻永先生運用其人脈將尋人啟事的文章投稿到蘇格蘭的各新聞報紙上。其結果，找到了巴爾頓的祖母的弟弟的子孫大衛·帕頓先生。帕頓先生是蘇格蘭經濟界的有力人士，當他以經濟視察團團長身分來到日本的時候，曾經在長崎及東京等地尋找巴爾頓以前走過的足跡。

稻永先生將巴爾頓的母親凱薩琳所著作的《約翰·希爾·巴頓回憶錄》進行翻譯。此回憶錄成為了知道巴爾頓人物像的重要線索。

巴爾頓的父親約翰·希爾透過福澤諭吉對日本的現代化也有了巨大的影響，此時變得更見明朗，妻子的友人腦神經外科醫師藤原一枝先生送給我福澤諭吉協會的隨筆作家馬場紘二先生的隨筆集《五日之信》。

在閱讀乾淨俐落的短篇小說時，看到了「福澤諭吉的暢銷書『西洋事情外篇』，是英國的政治經濟的翻譯書，作者是約翰・希爾・巴頓」的介紹，我不假思索馬上端正姿勢，這不正是巴爾頓的父親嗎？在我的詢問當中，馬場先生馬上將哈佛大學阿爾巴特・克雷格教授的「《西洋事情外篇》的原著者是誰？」這樣的調查論文送給我。

就這樣，一九九九（平成十一）年的巴爾頓歿後的百年忌日，除了上下水道關係者參加外，還迎來了石井先生、稲永先生、馬場先生、玄孫榊原凱先生・淳女士姊弟，以及優秀的女性吹笛者小林由香里小姐等多領域的賓客的到來，成為一個很充實的活動。

源自十八世紀以來的牽絆

取得大阪經濟大學長期休假（長期海外研究許可）的內定是在二〇〇四（平成十六）年晚秋時。二〇〇五（平成十七）年四月開始約有五個月的期間，以英國為據點在歐洲進行研究活動的我，利用這個機會進行巴爾頓的母國英國的足跡調查。正巧此時，帕頓先生以蘇格蘭經濟使節團代表的身分來到日本，經由稲永先生的引介，為了要與幸子女士見面，他特地繞到京都一趟。

我們和幸子女士商量，計畫帶帕頓先生去參觀京都御所，以及在下鴨茶寮用午餐。下鴨是巴爾頓的愛女多滿結婚之後所居住的地方，殘留的宅邸遺跡與其有因緣之地。帕頓先生與幸子女士，於十二月一日上午十一時在楓葉正美、天空晴朗的京都御所建禮門前初次會面了。

帕頓先生緊緊地握住幸子女士的手。二人的邂逅，好像一瞬間將長長的時空的隔離消除掉了。

D. 帕頓氏與鳥海幸子女士

帕頓先生是身高很高的端正紳士，幸子女士則是溫柔且凜然的淑女，二人面貌長得很相似，同顏色的駱駝色大衣很相配。

帕頓先生好像非常喜歡下鴨茶寮具有季節感的餐廳，還有細緻的日本料理和日本酒。他很高興地說知道了溫和的幸子小姐酒量很好一事。

「幸子小姐和姊姊莎拉長得一模一樣。」

傍晚時刻，帕頓先生因為與他人有約，所以返回東京了。

二〇〇五年四月，我的願望實現了，開始了在英國的調查工作。

故事即將要開始了。這是一部以巴爾頓為中心，貫穿巴爾頓家族三代所被埋藏的日英交流史。

01

故鄉愛丁堡

不可思議之事

當我忙於張羅休假的各種準備時，感覺到冥冥之中有人或有某種怪異的跡象正需要我去行動、去深入調查。因為有一連串令人起雞皮疙瘩且又無法得到合理解釋的事件，不斷地在我出發前發生。

首先，台灣的許文龍先生，某日突然透過在日本的拓殖大學研究所研究台日關係的學生杉山美子小姐傳來「能否拜託您火速地來台灣一趟？」這樣的要求。許先生是全球知名的液晶顯示器製造商奇美產業的創辦人，他是有「台灣的松下幸之助」之稱的台灣少數的實業家。

「我想復原重新雕塑曾對台南發展有相當貢獻的濱野彌四郎的銅像，希望能聽聽您的意見。」

我強烈地感受到許先生的心願，並於取得濱野的孫子陽一郎先生的同意後，我決定去台灣走一趟。

三月下旬，起身前往台南，抵達當天遇到爭取台灣獨立的百萬人遊行活動，直到傍晚時分遊行人潮仍在街道穿梭喧嘩著。我在許董事長秘書的引導下，從側門快速進入許董事長宅邸內。許董事長笑容中帶點威嚴，讓人覺得是位具有高尚品格的人士。當晚享用他特地準備的美味台灣料理及欣賞優美的音樂。

「濱野先生是位難能可貴的日本人，而他的指導老師巴爾頓先生則是位天才呀！台南當時是個水資源相當匱乏的地方，若沒有濱野先生幫忙整備自來水道，台南就沒有今日的發展了。巴爾頓先生和濱野先生兩人拚了命努力做的事情，為台灣現在的衛生環境打下良好基礎。我們呀！真是受到他們相當大的恩惠了。」

許董事長感觸良深、平心靜氣地如是說著，之後隨手拿起放在鋼琴上的小提琴，演奏起〈荒城之月〉、〈濱邊之歌〉等日本歌曲。

「我和朋友們都是從小的時候作為日本人被養育長大成人的，小學或者中學的老師們也都沒有區別地熱心教育我們呀！」

小提琴是著名樂器品牌的瓜納里製的，配合著許董事長拉出來的充滿懷念的音色，我們一起合唱了起來。一邊歌唱，一邊讓我不禁地想起司馬遼太郎曾經說過一個令人審思的問題，那就是「所謂國家指的是什麼？」

台灣、日本、以及中國，許董事長曾在這三個國家之間度過少年期，在青年時期則在日本學習琢磨技術，長久以來在企業界為台灣人民盡心盡力，而為提升並實現自己的理想，也前往中國大陸投資直到今日。

蘇格蘭也是從好幾百年前開始直到二十一世紀的今日，仍一直持續背著「所謂的國家是何物呀？」的包袱。

我走在台南市區街道上時，遇到突如其來急風驟雨的西北雨，這是我在日本從來沒有經驗過的傾盆豪雨。此時的我，終於徹底了解巴爾頓所推薦的「屋簷下走道（即騎樓）」的意義了，畢竟雨水是從高處匯集再往低處流去。

台灣位處於亞熱帶地區，氣候悶熱，從地面上爬升上來的毒氣就是引發「台灣熱」的主要原因，為避開這毒氣的侵襲，巴爾頓主張寢室應該設置在二樓。這是我來到台南之後，第一次實際感受到巴爾頓說法的正當性，也讓我強烈地意識到蘇格蘭調查之行，不應該只是停留在單就歷史事實的調查而已，也要把和現代有所關連的人、事、物都結合在一起，這才算是真正完整的調查。

接著，我在愛丁堡市區尋找適合居住的地方，在找房子期間的某一天，巴爾頓的曾孫克梅茲・陽子寄來了附有照片及資料的郵件。

陽子是多滿的次男政彌的長女，住在青森縣三澤市，和鳥海幸子是表姊妹。這是初次來自於她的聯絡，我也是這時候才知道她的名字。我在電話中告訴她在愛丁堡房子不好找，陽子在電話的另一頭回覆我說她似乎已為我準備好了。

「我的朋友莫伊拉的樓房也許有空著的也說不定，我來問看看吧！」

過了幾天後有她的聯絡過來，說目前有空著，可以馬上搬進去住。這房子距離愛丁堡市中心徒步十五到二〇分鐘，是個非常難得的好地點。我是如此地幸運，高興地雀躍不已。二話不說，我馬上寫信跟莫伊拉說我立即要入住。在這因緣下，我和莫伊拉從此建立起深厚穩固的友誼。

蘇格蘭靈魂的培育

在倫敦確認了英國土木學會、國立圖書館、泰晤士水利事務所等地，並參訪了福爾摩斯博物館後，便搭乘歐洲高鐵列車向北移動。

列車行駛到韋弗利車站時已是二〇〇五年（平成十七年）四月十七日三點半過後了，下了車站站立在月台的我，從倫敦的國王十字車站九·五號月台搭乘開往霍克沃茲方向的列車、好不容易抵達目的地，感覺就好像是故事中的人物登場一樣。韋弗利車站位於山谷底，左側有陡峭的岩壁，在岩壁頂端屹立著愛丁堡城堡，右側有緩斜坡的寬廣公園，這畫面超出我的想像，是個不可思議的地形。天空籠罩著灰色的雲層，即使是接近四月下旬，也覺得好像要下雪的樣子。

那冷冽好似滲到骨子裡般的寒風徹骨，我不知不覺地拉起外套的領子，並覺得全身都在顫抖著。從計程車裡往窗外看出去，古色古香的石塊搭建的建築物櫛次鱗比，散發出中世紀時代沉重的氛圍，被這異次元的世界所震撼的我，一時之間覺得被囚禁在「來到了一個不可思議的地方」，呆默良久竟然忘記了自己要來的初衷。

古都愛丁堡是巴爾頓的故鄉，巴爾頓在這地方出生，作為一位技術者，獨立後在倫敦蓬勃發展，之後，更前往日本大展雄才。

計程車約十分鐘後抵達格拉斯市場的飯店，飯店所在地區被稱為卡斯爾，它圍繞著愛丁堡城堡，在韋弗利車站的對面，從車站過來的話雖有一段路，但當地人大都認為這是可步行的距離。從飯店的窗戶可遙望聳立於天空中的愛丁堡城堡。

在飯店附近散步後，進入了一間咖啡店。

「麻煩給我一份英國茶。」

可是，得到的回答竟是我們沒有這種東西。

「糟糕！原來這裡是……，那麼就來個蘇格蘭茶吧！」

店裡的女店員，馬上露出燦爛的笑容端杯紅茶放在桌上。

巴爾頓的墓碑上刻著「蘇格蘭出生」的背後裡，似乎隱藏著蘇格蘭脈脈相傳的魂魄。

飯店前廣場的一個角落裡，有一個古老的公共水井遺址。遺址銘文上刻有「西弓井」的名稱，以及一六七四年。以日本的年代來說，一六七四年剛好是日本江戶時期第四代將軍德川家綱的時代。當時的愛丁堡，婦女和小朋友們都會拿著水桶三五成群地來到這口井取水，街頭的小販和擔負運貨工作的牛馬也會在那裡喝水後再啟程吧！

巴爾頓在東京拍攝的照片裡，有一張是圍繞在木製水井架旁邊聊天的女人們和玩耍的小孩子們歡樂情景的照片。從這張照片的取景來看，或許巴爾頓是回想起故鄉的水井吧！

在水井前面的地面上，鑲崁著一個巨大的圓形紀念板。

在上面刻有以下的文字。

眾多的殉教者和誓約者獻身於新教的信仰

這裡作為定期的市集已經有四〇〇多年了，此外它也曾經是一個公開的刑場。

在十七世紀後半，許多盟約者（新教的國民誓約者）在此地被處以死刑。

因此這片土地上，已經印記了塗滿鮮血的蘇格蘭歷史。

三天後，我搬去莫伊拉女士位在乾草市場車站前的樓房。和剛抵達韋弗利車站時的天候完全截然不同，此時此地，春天的陽光明媚閃耀。就這樣停留在愛丁堡的我，開始正式地調查巴爾頓的生平事蹟。

我過去曾經受到愛丁堡大學經濟社會史學系的照顧，所以我首先去拜訪該學系的系主任史丹納・尼納迪克教授，稟告他我已抵達本地。之後，前往愛丁堡大學圖書館辦理可自由進出圖書館的通行許可證。

愛丁堡城堡附近鋪設著鵝卵石的道路兩側，有著兩個大型圖書館，那就是蘇格蘭國立圖書館和市立中央圖書館。我一直希望能在蘇格蘭國立圖書館的特別資料室和市立中央圖書館的愛丁堡資料室裡保存的歷史資料中，尋找到有關巴爾頓所遺留下來的蛛絲馬跡。

我之所以能夠獲得查看特別資料室的許可，乃是因為我和愛丁堡大學有著特別的關係，還有最重要的是，我居住在這城市並繳納了住民稅。特別資料室可說是一個奇蹟式的地方，除了可閱覽到古文書、信件類等東西的原版文件外，館員也很親切友善。讓我實際深深地感受到英國這個國家，直到今日仍是多麼地重視歷史，並以此感到自豪的心理。

巴爾頓的殘影餘暉

抵達愛丁堡數日後，不經意地走進了一家舊書店，看到一本名為《殘留歷史的南愛丁堡》的書，不禁拿在手上翻閱起來，突然翻到有一頁描述巴爾頓家族的文字，我的雙眼好像被釘子釘住似地一直注視著該部分的內容。其內容如下面這樣寫著。

「希爾・巴頓博士在克雷格宅邸生活了十七年，是莫寧賽德有名的人物。希爾・巴頓博士每天從克雷格宅邸走路到他位於喬治街的辦公室，也就是法務部監獄署。這一段路相當漫長，每每看到他的人都會不禁地說『好奇怪的服裝喔！』因為有博士之稱愛讀書的他，總是披著一件長外套走在馬路上，而其大大的口袋裡總是經常塞滿了書本和報紙。」

「巴頓博士的長子威廉在這地區也是無人不曉的人物，大家都叫他『小威利・巴頓』，這位可愛的少年擁有一頭到肩膀的亞麻色的長髮，隨風瀟灑地飄逸著。他常坐在他姊姊瑪蒂駕馭操控的小馬所拉的小型馬車上，在克雷格宅邸周圍繞來繞去的。」

顯然，我們的巴爾頓先生小時候是一位非常可愛的小男生，甚至連愛丁堡的人走過他身旁時，都會不知不覺地回頭多看一眼。

普羅頓舊書店

當我去圖書館時，偶爾會在異國文化之地的愛丁堡市區的街道上走走繞繞。從愛丁堡城堡通到荷里路德宮的皇家一英里大道上，尚遺留有四個舊有的公共水井的遺跡，大道兩旁的石造建築也是同樣年代的歷史建築物吧！在觀察這些建築物的途中，我巧遇了名為普羅頓的舊書店，並與店主彼得漸漸熟悉，後來變成好朋友了。

普羅頓舊書店，顧名思義，因坐落在

父親約翰・希爾・巴頓（擁有圖書獵人稱號的知識巨人。W. B. Hole 所畫）

面向普羅頓大街而取名的，附近有亞瑟・柯南・道爾出生時的公寓，而在公寓前面豎立著夏洛克・福爾摩斯的銅雕像。

當我在普羅頓書店第一次見到彼得時，彼得在微暗的書店裡頭安靜地看書並聆聽著莫札特的音樂。當我跟他熟悉後才知道他是一位熱愛莫札特音樂的人，也是一位浪漫的作家。我給彼得看了我要他幫忙找的書單。

「嗯～書單上的書都盡是些幾乎不容易拿到手的呀！」

在我話還沒說完之前，他在我手心上放了一本書。

「這本書描述了愛丁堡四百年的自來水道的歷史。」

這是詹姆士・柯爾斯頓的著作，書名為《愛丁堡的水道史》。這本罕見貴重的書本於一八九〇年出版，限量發行四〇〇冊，封底有點破損，但其中包含許多精美細膩的手工印刷畫。我不假思索地馬上買下這本舊書本。從那時起，彼得給了我很多寶貴的相關資訊和建議。

02

知識的巨人、父親約翰・希爾・巴頓

家族強大的牽絆

巴爾頓的父親約翰・希爾・巴頓是當時蘇格蘭首屈一指鼎鼎有名的知識巨人。國立肖像美術館入口正面的大廳被稱作「光榮廳」，裡面展示著蘇格蘭歷史上最傑出人物的雕像，約翰・希爾的半身銅像也佔有這大廳一隅的一席之地。

同樣的銅像在蘇格蘭國立圖書館也有收藏。該國立圖書館原為律師圖書館的建築物。約翰・希爾是一位相當有能力的律師，他曾擔任過圖書館設計委員會的委員及館內藏書的選定人。十九世紀時的圖書館，沒有今日這樣現代化的設備，但館內的書籍對市民而言是非常珍貴的。約翰・希爾自認為是一位很會找書籍的圖書獵人，他傾全力地收集各領域的書籍。

我在這裡也找到了另一個美麗的紀念碑。當我訪問亞伯丁大學馬歇爾學院的米歇爾大廳時，其正面宏偉的彩色玻璃的中央左下角有一幅約翰・希爾的畫像。

巴爾頓與他父親之間的關係，可從蘇格蘭國立圖書館特別資料室裡的文件檔案夾中查詢到。館內收藏有好幾冊檔案是有關約翰・希爾親手書寫的信件。該文件包含數十封孩子寫給父母親，尤其是寫給父親的信。孩子們為了討好爸爸的歡心，常常爭先恐後「親愛的爸爸」、「親愛的爸爸」地寫信給父親，早也寫，晚也寫，坦率地傳達自己的心情感受。這些檔案當中有少年威利寫給父親的信，也有父親回覆給威利的信件。

父親約翰・希爾・巴頓的半身銅像

凱薩琳的《約翰・希爾・巴頓回憶錄》

凱薩琳在其丈夫去世後不久，書寫了《約翰・希爾・巴頓回憶錄》，收錄在丈夫約翰・希爾的主要著作《THE BOOK HUNTER》（《圖書獵人》，一八六二年）的新裝訂版上。約翰・希爾於一八八一年八月十日時去世，享年七十一歲。而回憶錄是在九月二十日就完成稿子，這麼快速地完成，主要是因為凱薩琳只花一個多月就把它寫完了。這是有一〇四頁的大作品，此回憶錄更添加了巴爾頓的妹妹瑪麗・蘿絲所畫的原畫作，以及雕刻家的同父異母的姊姊伊麗莎雕刻的版畫，這些都是難能可貴的第一手繪畫。

回憶錄出版後的十餘年後，也就是一八九二年三月，愛丁堡大學英語文學系教授大衛・梅森在他的著作《愛丁堡素描》（*Edinbugh Skeches & Memories*）的第十一章裡有獻給「約翰・希爾・巴頓」的文章。

此章節是參考凱薩琳回憶錄的記載，確確實實的把約翰・希爾的生涯做了個完整的介紹，並以溫潤的筆觸補足了凱薩琳描述不齊全之處。

另外，還有一個值得我們注目的評論。約翰・希爾的著作《政治社會經濟學——其實際之應用》（*Political and Social Economy: Its Practical Applications*, 1849）於一九七〇年在美國作為經濟學的經典書籍之一，再度被出版上架在各書店裡。在複製版的開頭裡，刊有一篇哥倫比亞大學約瑟夫・多夫曼教授對約翰・希爾所撰寫的簡短評價。該評語主要的重點，是在敘述複製的目的以及描述約翰・希爾的前半生，特別是他在社會改革活動上所依據的哲學思想加以說明。

我常常利用圖書館翻閱凱薩琳的回憶錄和其相關評論、戶政事務所登記的戶籍記錄，以及一七〇〇年代至一八〇〇年代的國勢人口普查紀錄等歷史資料。我想利用這職務的特性，追尋約翰・希爾走過的足跡，用自己的眼睛來確認，用身體來親身感受約翰・希爾生涯上的點點滴滴。

大地主千金與北方警備士兵之戀

巴頓家族在中世紀曾是王國的英格蘭的東南方埃塞克斯州雷頓自治市（現在是倫敦的一部分）的做生意人家。約翰・希爾的父親威廉・奇尼蒙德・巴頓於一七六五年三月誕生為巴頓家族的次男，中間的名字奇尼蒙德來自於他母親伊麗莎白娘家的姓，威廉從小就擁有繪畫天賦，在倫敦的繪畫學校得到老師的認可，要想成為畫家並不是難以實現的夢想。但是，受到法國大革命（一七八九～一七九九年）餘波的影響，包括威廉在內每個國民都被捲入強烈的危機意識中，因此威廉堅定地決定去當兵保衛鄉土。歐洲霸權拿破崙軍隊的行動，迫使英國軍隊必須進駐北方保衛國土，邊境的防衛戰略愈來愈重要，威廉所屬的部隊於一七九七年左右被派往北海要衝的蘇格蘭的亞伯丁。

亞伯丁郊外有一大片廣闊土地，從數百年前起，就是帕頓家主人約翰・帕頓大地主所有，帕頓常常利用節慶假日在宏偉豪宅花園裡舉行聚會派對，邀請駐留部隊的士兵們來參加。威廉也不例外，常被邀請去打牙祭，不久之後就與帕頓的千金伊麗莎陷入熱戀。

伊麗莎從少女時期就非常聰穎，特別喜愛寫詩，是一位羅曼蒂克浪漫的女性。而威廉雖然已經三十幾歲了，但他穿著筆直威風軍服的姿態，讓人不禁想起被稱為邦尼王子查理的英國王子查爾斯・愛德華・史都華德這樣的中世騎士故事主角的模樣。

讚嘆威廉所畫的肖像畫和風景畫，並對倫敦的話題感到興奮、嚮往，伊麗莎被威廉深深地吸引著，對他產生好感。而威廉不僅是愛上了教養好又有智慧，也會噓寒問暖溫柔體貼的伊麗莎，兩人以身相許，終於在一七九九年八月二十日結婚了，當時威廉三十四歲，伊麗莎二十一歲，而這兩個人就是巴爾頓的祖父母。

約翰・希爾之誕生與其修業時代

威廉於一八〇七年九月被任命為派遣印度軍團的中尉，不帶家眷單身赴任，但在一年多後因身體不適而返國。回國後除了療養自己的病外，並在亞伯丁教堂正式舉行了婚禮，這婚禮時隔十年才正式補辦。之後一八〇九年八月二十二日生了第二個兒子，老二的出生正足以證明威廉與伊麗莎再度生活在一起，而這位男生正是巴爾頓的父親約翰・希爾。據史料記載，祖母伊麗莎也盡量開源節流來支應家裡的生活開支和教育費用，並參照盧梭的著作《愛彌兒》來教育孩子們。

約翰・希爾二歲左右，威廉被調派到澤西島駐軍，澤西島位於英吉利海峽英屬海峽群島中最大的島嶼，距離法國諾曼第地區西海岸只有二十五公里，是與法國對峙的重要基地。威廉帶著家人一起去澤西島赴任，並做滿三年多的任期。回到亞伯丁的威廉再度因健康因素，不得不於一八一二年左右辦理提早退役，其官位不高只是低階軍官而已，因服役期間短，所以退役養老金也很少，生活仍然艱辛困難。

一八一九年，威廉在家人的隨側下走完了五十四年的人生，此時，長男二十歲、次男約翰・希爾十歲，三男和四男孩很小，五男詹姆士二歲、么女瑪麗還是個嗷嗷待哺的嬰兒。長男威廉不久就進入陸軍的部隊，次男約翰・希爾於是擔負起實質的長男之角色任務。

飽受失去丈夫悲傷的伊麗莎沒有時間在那裡嘆氣，威廉過世不久，為了孩子們，她以一雙女子之手扛起家計的重任。約翰・希爾也為了減輕母親的家計負擔努力地工作。亞伯丁市區是由一個新市鎮和一個舊市鎮所組成的，新市鎮緊鄰蘇格蘭首屈一指的最佳港口，該港口經濟活動相當發達。從這港口可直通倫敦、巴黎、阿姆斯特丹、斯德哥爾摩等歐洲各大港口城市，國內外的最新資訊也會從此地傳來。約翰・希爾從事不動產租賃工作來分擔家計，在工作中所接觸到的各式各樣的社會現象，讓他意識到社會有必要進行改革。

約翰・希爾學業優秀，在魔法學校畢業之前就已經獲得獎學金資格了。在亞伯丁大學裡，有在新市區的馬修學院和在舊市區的國王學院。前者設立於一五九三年，是蘇格蘭第六所歷史悠久的學校，而後者的設立年代則在一四九五年，比起前者約早了一〇〇年的歷史。

約翰・希爾取得獎學金資格後，立即進入馬修學院就學，學習法律學。為了挑戰司法考試，於一八三〇年十一月前進首都愛丁堡，並於十二月突破司法考試的難關，翌年夏天，修了律師的實習課程，在二十二歲成為法庭的辯護律師。

伊麗莎相信兒子約翰・希爾的能力，賣掉僅有的一點點財產，準備一筆為了讓他成為法庭律師的資金。約翰・希爾雖然已成為律師，但維持生計的事並不容易，因此，被逼得必須要用文筆來賺取生活費，因而走上了記者這條道路。不久，約翰・希爾把母親和妹妹瑪麗從亞伯丁接來，一起開始在愛丁堡郊外的沃里斯通街的公寓生活。

約翰・希爾以匿名或筆名在新聞報紙或雜誌上，不斷地書寫發表散文或押韻文、小說，甚至是戲劇長篇小說，可說是只要有投稿的地方都有他的文稿、著作。主要執筆的場域，包括蘇格蘭人、愛丁堡評論、威斯敏斯特評論和大不列顛百科全書、教科書等類之出版物。反正無論如何，家裡所有的生活費支出全靠約翰・希爾手上握的那隻筆得來的。

約翰・希爾和普通人不一樣，他是個一天只要睡數小時即很充足、體格強壯的人，兒子巴爾頓也遺傳到他的體質。因此他就這樣地進入了他最擅長的文筆寫作道路。在凱薩琳的回憶錄中有以下的描述。

「約翰・希爾喜歡寫作且樂在其中，所以他不認為寫作是一件苦差事，而是宛如人們愉快地遊戲那樣輕而易舉的事情，討厭寫作被人們稱為是一種工作。」

「約翰・希爾不喜歡有關哲學、家庭、社會的小說，每當朋友推薦他某某小說時，他總是問『小說內容是不是有許多殺人事件的呢？』他對這方面的故事是最不感興趣的。」

約翰・希爾這樣的喜好影響了道爾和羅伯特・路易斯・史蒂文森等人的寫作風格了吧！

這些人物所寫的作品並不是沒有趣味，不久之後都在新聞媒體的世界嶄露頭角引人注目。

他的主要休閒活動，就是在市區中散步以及在高地上搭便車旅行，他擁有超人的腳力，一天即使走個六十公里或七十公里，都是很稀鬆平常的事，一點都難不倒他。

約翰・希爾是座談的有名大師，在他口中有趣的話題像湧泉般滔滔不絕地跑出來，吸引了諸多聽眾聽得如癡如醉，針對與散步相關聯的事以及約翰・希爾的性格等，回憶錄用小故事來介紹讓人瞭解。

「約翰・希爾生涯中最討厭乘坐的是利用馬的各種乘車工具，因為他無法忍受看到馬被鞭打等動物遭受肉體的痛苦情事發生。他也不喜歡聽不到鳥叫聲和寵物聲音的家，以上兩者對他而言都是痛苦的事。」

奠定論壇的評價

約翰・希爾在準備律師考試的同時，在愛丁堡大學聽了很多課程，其中特別吸引他的是經濟學。經濟學分為亞當・史密斯、大衛・理查德的古典派經濟學和大衛・休姆的經濟哲學。他主要關心的是經濟問題，日後在其經濟歷史的相關著作也都貫穿了這觀點，因此他的著作充滿無人可及的新鮮感。

約翰・希爾從大學時代開始就熟悉傑瑞米・邊沁的思想。邊沁主張，各種的社會制度應根據功利主義的原理來進行改革，也就是說，能為最大多數的人帶來最大幸福的改革，才是真正的改革。

精通邊沁的思想和古典經濟學的約翰・希爾開始對社會有所評論，不久之後，作為一個評論家開始嶄露頭角，其才華引起了人們的注目。因此，《邊沁著作集》這本書總共十一卷，以約翰・希爾和約翰・鮑林共同編輯的形式，從一八三八年至四三年整整發行了六年的時間。約翰・希爾透過編輯出版工作以及各式各樣的評論活動，早已被視為是重視議會政治的改革派輝格黨之辯護者。

約翰・希爾在《邊沁著作集》的編輯過程中，與埃德溫・查德威克變成好朋友。查德威克於一八〇〇年一月出生在曼徹斯特近郊，比約翰・希爾大九歲，十歲時隨父親移居倫敦，十八歲時在律師事務所當實習生，後來成為法庭的律師。由於倫敦的地利之便，查德威克從邊沁理論和古典派經濟學的信奉者變成被認可的辯護者，並成為邊沁身旁的秘書。邊沁死後，查德威克於一八三二年就任與救貧法立案相關聯的皇家委員會的委員。就這樣，這法案奠定了日後公共衛生改革的基礎。

《邊沁著作集》開始出刊的一八三八年發生了穀物法反對運動。一八一五年拿破崙一敗退下來，大陸封鎖令即被解除，廉價的小麥流入英國，導致穀物價格暴跌，讓地主與農家們叫苦連天。

穀物法，是為了穀物價格的穩定，在農民與相關人士的支持下所制定的。而商業界和工業界則站在其對立面，強力地反對，工商業者主張應以古典派經濟學為論點來推動自由貿易。約翰・鮑林大聲提倡「耶穌基督是自由貿易，自由貿易是耶穌基督」，這是一種教條主義上的煽動。

穀物法反動運動的領導人是理查德・戈布登和約翰・布萊特。他兩人的立場是，提倡成立小型政府，反對克里米亞戰爭，支持南北戰爭的北軍，並反對對埃及的軍事干預。

大約在此同時，約翰・希爾擔任愛丁堡最大的報社史考特曼報紙的臨時編輯，展開了反對運動。戈布登呼籲約翰・希爾加入反對運動的行列，儘管這是一個極具吸引力的邀請，但約翰・希爾婉拒了，因為他認為蘇格蘭人的反對運動雖有必要繼續，但《邊沁著作集》的出刊發行才剛剛開始而已。約翰・希爾經常拜訪蘭開夏郡的反對運動總部，並與戈布登進行多次的討論。反對運動的機關報紙「反穀物法旬報」於一八三九年四月開始發行，成功地組織了群眾運動。因而，《穀物法》於一八四二年被修訂，並於一八四六年被廢除了。

約翰・希爾與查德威克之間的關係於一八三〇年代末變得更加緊密。查德威克當時大力提倡有必要進行全國公共衛生調查，因為多數的勞動者變成工業革命的犧牲者，查德威克主張為了排除勞動者的犧牲，有必要把公共衛生運動從「醫療中心」改成「衛生工學的預防中心」，約翰・希爾對此也有同感表示了共鳴。

查德威克進行了全國性的公共衛生調查，並將一八四〇年的蘇格蘭也納入調查範圍。約翰・希爾全面協助了這項調查，以此調查結果的資料為基礎，在一八四二年發表了「大英帝國的勞動人口衛生環境相關報告」，該報告發表後立即得到了極大的回響。因此於一八四八年制定了「公共衛生法」，領先世界的英國公共衛生行政管理於焉誕生。這個系統後來也讓日本岩倉遣外使節團的隨員長與專齋受到感動，他從英國帶回來這套系統，成為日本衛生行政誕生的基礎。

在一連串改革的風暴中，約翰・希爾陸續刊出了《邊沁著作集》，並在次年一八四三年出版了《邊沁理論》，這本著作成為他的主要著作書籍之一。

如花朵般美麗的伊莎貝拉

約翰・希爾一八四四年七月二十三日，與心愛的女性伊莎貝拉・勞德在伯斯州舉行了婚禮，伊莎貝拉是伯斯州弗雷菲爾德的勞德中尉的女兒。在蘇格蘭國立圖書館的特別資料室有保存著他們兩人從認識到結婚時相互往來的五〇〇封以上的書信。結婚時約翰・希爾三十五歲，伊莎貝拉三十四歲。結婚後，約翰・希爾和伊莎貝拉搬到蘇格蘭市中心，母親伊麗莎和妹妹瑪麗則搬到了利伯頓銀行的房舍。

他們兩人是愛丁堡知識名流階層的中心人物。妹妹瑪麗晚年回憶往事時曾說「當時愛丁堡文學家們成立一個很不錯的文學之友會，我也是托哥哥之福才得以進去的」。約翰・希爾入會之後受到很多好朋友的照顧，一八四五年八月生了第一個女兒，取名為伊莎貝拉・潔西。一八四六年他出版了一冊書名為《大衛・休姆的生涯和書信》的著作，自此奠定了其在英國論壇的地位，隔年的一八四七年他的著作《羅伯特公爵和卡洛登的鄧肯・霍夫的一生》一書問世。該年四月他的第二個女兒伊麗莎・巴頓也出生了，因此他在工作和家庭上兩得意，生活變得非常充實。

一八四八年六月十一日，他的母親伊麗莎在利伯頓銀行房舍結束了她七十年的生涯，埋葬在迪恩公墓，墓碑上刻有「故威廉・奇尼蒙德・巴頓中尉之妻子」等字眼。這墓碑是由著名的雕塑家布羅迪所雕刻的。在悼念儀式上穿著喪服痛哭失聲的約翰・希爾、弟弟詹姆士和妹妹瑪麗，可能會聽到浮出墓碑上的伊麗莎正親切地微笑著對他們說「請不要傷心，我會在天上守護著你們的哦！」

此時，約翰・希爾夫婦在第三個孩子的出生前幾個月搬到皇家新月樓，新家面積更大，地點也更方便文學家和思想家等人的聚集。

正好那個時候，凱薩琳在傑佛理公爵舉辦的晚會中，第一次和約翰・希爾・巴頓夫婦同席。當時二十四歲的凱薩琳作夢也沒想過她會和約翰・希爾結為連理的命運。傑佛理公爵擔任蘇格蘭檢察總長，是司法界翹楚的大人物，也是輝格黨的政治人物。

凱薩琳的父親古斯摩・伊內斯和傑佛理公爵相當熟稔，是位法庭的律師，也是愛丁堡大學憲法與歷史學的教授。古斯摩・伊內斯比約翰・希爾大十一歲，兩個人透過歷史研究成為無所不談的心腹好友。

「巴頓君！受法國的二月大革命的影響，自由主義革命的浪潮已推向了整個歐洲各國。米勒的『經濟學原理』對社會主義的批評難道不會太嚴苛了嗎？要讓自由主義不要太過猶不及的話，我們該怎麼做比較好呢？請問你的看法如何？」

「傑佛理公爵！我正在整理我對政治社會經濟學的看法，並準備出書。問題在於，從政治與社會的觀點來看，經濟應該如何是好呢？米勒的『經濟學原理』是足以作為參考的。但就如您所提及的法國二月革命對我國的影響，這應該如何來評價呢？伊內斯教授！您的看法如何呢？」

「凡事適可而止，切記不要過猶不及。輝格黨的政策雖是主張自由經濟，但這一制度取決於議會的功能是否能有發揮，反穀物法也是由保守黨托利黨的皮爾首相所實現的成果，由此可見議會功能是多麼的重要。公共衛生法最後也成為皮爾首相的功績，巴頓在查德威克的調查中，似乎相當協助的樣子。」

「政治就是這樣，但不管用什麼手段，只要能讓公共衛生法通過，這才是最重要的。霍亂似乎正在流行，但霍亂僅靠法律是無法遏止它肆虐的呀！」

在夜晚的聚會上，這種議題的討論是在很自然之下進行辯論的，對約翰・希爾來說，這是他取得重要資訊的來源。

十二月十二日三女瑪蒂爾達・勞德誕生，她好像是往生的母親伊麗莎轉世來的樣子。長女伊莎貝拉・潔西被暱稱為「艾拉」、次女伊麗莎・巴頓則為「麗姬」、剛出生的瑪蒂爾達・勞德叫作「瑪蒂」。約翰・希爾被三個女兒團團圍繞，一副很幸福的樣子。『政治社會經濟學——其實際之應用』文稿的完成剛好就在這個時期。

到了一八四九年，英國各地開始可以看到霍亂流行的徵兆，和暑氣一同地猛襲而來，死者達三萬五〇〇〇人，而即使在倫敦也犧牲了一萬五〇〇〇人。

查德威克主張「因為倫敦裡頭的污濁物流入泰晤士河之故，以致擴大霍亂的流行」。

即使是愛丁堡也沒有例外。此年一八四九年十月九日，他最愛的妻子伊莎貝拉溘然而去，應該是因為感染症而驟逝的吧？約翰．希爾不顧他人眼光，流下了男人淚。而每天都在家裡哭著尋找她們最喜歡的母親的艾拉和麗姬，還有未滿一歲的瑪蒂也不例外。

妹妹瑪麗只好扛起幫忙照顧孩子們的工作，但是，在皇家新月樓偌大的房子裡，只剩下約翰．希爾獨自一人沉浸在痛苦的深淵裡。很害怕自己會不會像母親那方的祖父約翰．帕頓心愛的妻子往生時一樣，喪失了自我。

祖父約翰．帕頓相當年輕時就與英格蘭出身的絕世美女瑪麗．蘭斯結婚，擁有七個女兒和三個兒子，過著大地主優渥且自由自在的生活。但是，蘭斯夫人因為生了很多小孩，再加上養兒育女等繁重的家務纏身，造成身體無法負荷垮掉了，因而臥病在床上。他不眠不休地照顧自己心愛的妻子，但是，不放心孩子的蘭斯夫人仍然熬不過死亡的命運，離開人間。

失去心愛妻子掉入悲痛深淵的約翰．帕頓失去了理智，他不讓任何人埋葬妻子的遺體，而把自己的大莊園靠近森林的一隅當作聖地，放置妻子的棺材，但也不把棺蓋給合起來，此外，每天早晚都會來到這裡邊含淚水邊祭拜。即使到了二十世紀中葉，聽說還有人在帕頓家的森林中，看到披著長長的斗篷，拿著鏟子，戴著大黑帽的紳士約翰．帕頓走向聖地方向的身影。

深切的情感和強烈且細膩的氣質，在約翰．希爾身上也能找得到同樣的遺傳，在《回憶錄》中，有段敘述寫著「伊莎貝拉突然過世後，他每天早晨從痛苦中醒來，而一到夜晚則悲慟地撲倒在地板上，斷絕一切的社交活動，對社交界的熱情再也無法恢復了」。

我們可從上揭描述中得知，此時期的約翰・希爾身心所受到的劇烈打擊是多麼地令人心疼。當時他埋首於執筆工作，並發揮律師的專業身分，出版了《蘇格蘭刑事審判物語》和《蘇格蘭破產法》，更厲害的是也將《蘇格蘭史——從革命到雅各派的叛亂》一書問諸於世。在這身心飽受煎熬之下，萌生了他畢生的鉅作《蘇格蘭史》的發想，對他人生而言是至關重要的。這個想法奠定了約翰・希爾・巴頓作為一位歷史學家永恆不朽的聲譽。

《學校與家庭教育的政治經濟學》一書，也是此時期執筆的，是約翰・希爾應錢伯斯公司的要求，以「政治社會經濟學——其實際之運用」為基礎撰寫的。《學校與家庭教育的政治經濟學》不僅是一般通識教育用的經濟學，也作為政治學、社會學、國際關係論等範圍廣泛的解說書。《學校與家庭教育的政治經濟學》和《政治社會經濟學——其實際之運用》這二冊書籍可說是姊妹篇。文久二（一八六二）年一月，遠渡歐洲的福澤諭吉在倫敦購入了此書，他於慶應四（一八六八）年冬天出版的《西洋事情外篇》就是以此書為範本所催生出來的書籍。這樣一本書籍經過形式的改變後，竟然對日後日本社會的變革產生了巨大的影響，這大概連作者本人也都沒想到吧！

伊內斯家族的團圓

約翰・希爾此時期對寫作竟如此著迷，日夜不停地埋頭執筆寫作，他的友人們都在想「他何時會停筆休息呢」。他為追求內心的平靜，經常去里斯河沿岸漫步，並且駐足面向他的好友古斯摩・伊內斯住的因弗內斯宅邸的方向。

古斯摩・伊內斯經常邀請約翰・希爾一起和家人共進晚餐。約翰・希爾講話技巧很好，伊內斯家的女兒們有時會覺得很好笑而不禁地爆出笑聲來，受到這歡樂氣氛的感染，約翰・希爾逐漸恢復往昔正常的生活。

古斯摩・伊內斯，在歷史、文學、語言學、戲劇、美術等方面的造詣很深，在英國的攝影技術和攝影藝術界占有一席之地，也被稱為該業界的先驅者，是一位感情豐富具有魅力的人。伊內斯家族以埃爾金北部一帶為他們活動的據點，是蘇格蘭數一數二的天主教有名之家，愛丁堡大學至今仍有冠以伊內斯・克朗家族的名義，提供天主教學生的獎學金制度。

千金凱薩琳

伊內斯夫婦的長女凱薩琳，是位聰慧活潑外向，又對社會具有敏銳觀察力的少女。在一位女性家庭教師的教導下，她擁有多項的才能，聽說從來不接受女學生入學的愛丁堡大學，也特別地開放給她作為聽講生，參加藝術和醫學講座。在法國接受高等教育的母親伊莎貝拉・羅斯曾感嘆地說：「像我們這樣對女性權利非常瞭解的家庭，您到哪裡去找呢？」伊莎貝拉・羅斯是支配北部因弗內斯一帶的羅斯家族的公主。羅斯・克朗家族以勇猛著稱，「卡洛克城的羅斯」在蘇格蘭歷史上相當有分量，直到今日仍被人們持續地談論著。

母親方面的祖父古斯摩・伊內斯和祖母伊莎貝拉・羅斯夫妻（在伊內斯家族因弗內斯宅邸的庭院裡）

凱薩琳在英國參加克里米亞戰爭時，採取了讓她父母親驚天動地的行動。克里米亞戰爭是一八五三年因為土耳其和俄羅斯在爭奪土耳其領土內聖地的管理權，因而開啟戰端。一八五四年三月英國站在土耳其這邊向俄羅斯宣戰，並出兵到克里米亞半島。

英國軍隊在阿瑪河的戰役中，負傷者人數眾多，實在慘不忍睹。黑海沿岸的斯庫塔里陸軍醫院裡到處是受傷的官兵。目睹傷情慘重的佛蘿倫絲・南丁格爾（一八二〇～一九一〇）向社會求助支援，率領從全國各地招募來三十八名的年輕女性組成的護理團，開拔前往至斯庫塔里鎮。

熱情的凱薩琳，響應南丁格爾的號召投入護理團。凱薩琳從醫院寫給她妹妹的信中，描述了受傷官兵的悲慘狀況，以及護理團極為艱苦的每一天和護士惡劣的待遇等戰地情形。

命運般地與約翰・希爾結婚

凱薩琳從悲慘的戰地回到了愛丁堡，但困惑於世間不可理喻荒誕之事，鬱鬱寡歡。約翰・希爾相當擔心這模樣的凱薩琳，因而故意拿他的新書給她看，想聽聽她的感想，有時講講邊沁和米勒家族相關的有趣笑話，或者闡述包含女性權利的社會改革的理念，逐漸地，凱薩琳終於再展歡顏。

凱薩琳對具包容力的約翰・希爾的信賴日益加深，漸漸地，被他的學識與風度所吸引。而如凱薩琳這般女性的優缺點都能瞭解，而且能接受的人，除了比她大十八歲，且博學的約翰・希爾之外，別無他人了。

約翰・希爾於一八五四年成為蘇格蘭刑務廳的書記官，保證年薪七〇〇英鎊。他作為一個法律人，作為一個反對雇用差別化的人士，一以貫之地追求「人為何會手染犯罪？又如何來防止犯罪？」這樣的議題，所以經常帶著誠意去監獄聽取服刑人的想法。而且他確信「人生來世上皆相同，惟透過教育可以改變人生，接受教育是人的基本權利，透過學習人可以過更好的人生」。此思想影響甚多人，慶應大學創始者福澤的「學問的入門」之基本理念就是來自「天在人之上」。約翰・希爾與凱薩琳結婚後，當然也接受她為了女性教育的權力而活動。

古斯摩・伊內斯很直率地將長女凱薩琳交給好友約翰・希爾來照顧，命運將二人結合在一起，於一八五五年八月三日在愛丁堡的約克廣場的聖保羅教會舉行了結婚儀式。

03 威利誕生、巴爾頓幼年時期

約翰・希爾和凱薩琳在愛丁堡舊市區的羅利斯頓廣場二十七號地上建蓋了新居，那裡離愛丁堡大學和古堡非常近，被稱為米朵的寬廣草坪則在新居前延展開來。

儘管距離市中心很近，但是受惠於周遭都是自然環境優雅的風景名勝之地，走在縱橫於草地當中的小徑散步時，可以聽到許多小鳥歌唱的聲音，以及看到松鼠跳來跳去可愛的模樣。從春天到初夏之際微風吹拂令人心曠神怡，凱薩琳駕馭著小馬拉的馬車，美髮隨風飄揚隨處散心，並享受日光浴。

一八五六年五月十一日午後六時三十四分，約翰・希爾・巴頓夫妻生下了一個很健康的男嬰，這嬰兒繼承了父親這方祖父的名字，被取名威廉・奇尼蒙德，此男孩正是我們的巴爾頓這個人呀！巴爾頓被暱稱為威利，被大家所疼愛著，養育成為一個淘氣聰明的男孩。

小嬰兒誕生時，約翰・希爾寫給古斯摩・伊內斯的信上，高興地寫著彷彿要跳躍起來的文字「古斯摩！你已成為爺爺了呀！凱特和小嬰兒也都很健康」。約翰・希爾第一次就一舉得男，欣喜若狂。凱薩琳在家族當中過去被稱為「凱特」。

古斯摩・伊內斯夫妻的相簿裡，夾著一張威利童年時用鉛筆所畫的「坐在驢子上的士兵」的圖畫。當時年紀雖小，但圖畫得很不錯。從祖父母細心地保存這張畫來看，可以想像出祖父母對他的疼愛，即使經過了一五〇年的歲月我們仍可以感受得到。

翌年一八五七年出生的妹妹蘿絲，得到很嚴重的痲疹，然後還染上百日咳。在轉地療養的地方南昆斯費里的伊內斯家族別墅中結束了其幼小的生命，當時她僅有一歲而已。

約翰・希爾夫妻兩人因此受到很大的打擊，之後約定死後要一起埋葬在郊區達爾梅尼教堂的墓地裡一起陪伴著小蘿絲。一八五九年七月，另一個妹妹瑪麗・蘿斯誕生了，宛如就是小蘿斯轉世來的一樣。瑪麗・蘿斯繼承母親熱情的性格和巴頓家祖父的藝術天賦，不久之後成為水彩畫家。

約翰・希爾的妹妹瑪麗・巴頓和哥哥一樣都是個講義氣的人，她曾想過要去南丁格爾的斯庫塔里野戰醫院幫忙，但是想到她哥哥的三個孩子需要有人幫忙養育的事，正是她現在應該做的事，因此就留下來在利伯頓銀行的房舍裡照顧她們了。

少年亞瑟・柯南・道爾也曾經短暫一段時間棲身於這個利伯頓銀行的房舍，在道爾家裡由於他父親經常酗酒出現酒精中毒的關係，因此他在亞瑟的家庭裡無法被好好地撫育，此時同屬於一個聖保羅教會的伊內斯家族伸出援手，提供身

母親凱薩琳・伊內斯和孩子們

六歲左右的巴爾頓（和妹妹瑪麗・蘿絲）

心兩方面的援助，並委託給瑪麗・巴頓來照料。因此威利和亞瑟就像兄弟一樣度過了少年時光。亞瑟・柯南・道爾在晚年時曾說過，大他三歲的巴爾頓是「我的第一個朋友，也是終身的友人」。威利的三個同父異母的姊妹中的前兩位艾拉和麗姬一直與姑媽瑪麗住在一起，瑪蒂也在約翰・希爾再婚時，開始和她們在一起生活了。

克雷格宅邸

結婚六年以來，原本生活的羅利斯頓廣場也逐漸都市化了，它對凱薩琳而言曾經是「夢寐以求的家」的所在地。那是個位在愛丁堡可眺望遠處最美麗景緻的丘陵上，秘藏著各式各樣的歷史傳說，以及一座由紅色石磚所建蓋的大房子。

綿延著克雷格宅邸的丘陵被稱為布萊德山丘，從那裡眺望愛丁堡是最美的地點，遠處的佛斯灣常常有濃霧籠罩著，是個朦朧美的海灣，右側遠處是一個太古時期的老冰川侵蝕過的岩塊，名為亞瑟的座椅矗立在那，而正面則聳立著愛丁堡城堡的石岩頂，城堡的對面正是凱薩琳父母親住的房子。

布萊德山丘就像一隻彼得兔一樣可愛，也好似可愛的松鼠一樣無拘無束地在綠地上奔跑著，也彷如雲雀在空中自由地飛翔著。

和家人共同幸福生活的克雷格宅邸

約翰・希爾下定決心要租借房子了，他於一八六〇年十月二十八日凱薩琳三十三歲生日的時候，把一份重量很重的禮物交到她手上。

「凱特！祝妳生日快樂！打開來看看呀！」

禮物是凱薩琳「夢寐以求的家」克雷格宅邸的一串大鑰匙。隔年的一八六一年三月五日，一家人就在威利五歲的時候，春風稍歇之際搬家了，因而成為克雷格宅邸的住戶。在克雷格宅邸的玄關前面，還有通到玄關前的道路的兩側並排著茂盛的樹木，而名叫待雪草的花朵也開得到處都是。

在凱薩琳的回憶錄上，對這個家的由來有下列的敘述：

「屋裡的大部分是一五六五年瑪莉女王和達林公爵結婚時所建蓋的，其中也有更古老的部分，特別是既古老又長又漂亮的拱門形狀的地下道。但是為什麼會有地下道誰也不清楚，約翰・希爾博士常常說這好像是羅馬時代所遺留下來的建築物。」

威利的少年時代

克雷格宅邸常有許多作家、編輯或者有時有探險家等訪客到訪，他們來的目的主要是希望約翰・希爾給予他們文章的修正指導。出版社寫給約翰・希爾收的信件上，有「請協助喬治・艾略特」這樣一句話，讓我深感佩服，留下深刻的印象，這表示約翰・希爾是一個深刻理解並支持婦女權利和主張認為婦女有必要進入社會的人。

約翰・希爾的書房裡塞滿各類書籍，在克雷格宅邸裡有一間圖書室，逾一萬冊的書籍整齊有致地分類排放在書架上。

剛搬家時的夏天，非洲的旅行探險家史匹克大尉長期待在這裡，接受有關探險記《尼羅河起源之發現》的撰寫指導。威利是個很健康的男孩，很景仰史匹克，經常跟隨在他後面。隔年一八六二年七月，威利的弟弟誕生了，繼承了母親那邊的祖父姓名，被取名為古斯摩・伊內斯。

少年時代的威利

姊姊瑪蒂的曾孫女辛普森夫人的著作裡，瑪蒂曾描述對「克雷格宅邸的回憶」，就是巴頓家的小孩們在四月的復活節時，與朋友們為了尋找五顏六色的復活節彩蛋而瘋狂，亞瑟也經常來玩、凱薩琳和孩子們在吃飯時的有趣聊天，假日時來玩耍的威利的朋友看到約翰・希爾像個書呆蟲埋頭念書的表情雖表欽佩，但看到有趣的地方仍忍不住發出笑聲，而《寶島》的作者史蒂文森也是她家晚餐的常客等等各種豐富熱鬧的畫面。

亞瑟似乎非常景仰瑪蒂，但瑪蒂經常看到他的穿著對著他說「你看你看，不要穿得太邋遢」，一九〇〇年代後，亞瑟曾去訪問住在澳大利亞的阿得雷德市瑪蒂的家，他跟瑪蒂的兒子說他非常懷念以前在她家種種有趣的情景。

「一看到你的母親，讓人不禁想起在克雷格宅邸歡樂的每一天呀！」

威利在雙親和古斯摩・伊內斯夫妻良好的教育環境中成長，他從小時候開始就極自然地對歷史和地理、文學和語學、數學和化學、經濟和法律等非常有興趣，且自動自發地去研究。因沒有負擔所以很快地吸收了很多高水準的知識，特別是數學和化學更是他的強項。除此之外，聽說他也會法語、德語、希臘語等五國語言，因為有找到他用法語寫的論文、以及引用來自歌德的作品的論文，當時只有十七歲的他已經具備了足與大學的教養課程匹敵的學歷。從後來幾年出版的攝影技術入門書和衛生工學教科書裡，可以發現他寫作的文章表現是非常淺顯易懂的，並可窺見其是位才華洋溢的作家。

另外，威利少年的時候和他的友人以及堂兄弟們，有時甚至是和愛丁堡大學的學生們，在伊內斯家的大庭院裡打木棍球打得汗流浹背，雙腳健壯博學的父親則會帶他到高地上親近山川漫步優游其中。約翰・希爾對威利滔滔不絕地述說蘇格蘭偉大的歷史和自然，且一點都不覺得累。

祖父古斯摩・伊內斯對於特別喜愛化學的孫子威利比誰都來得疼愛，此外，祖父也非常熱心地接觸剛被發明的攝影最先端技術，伊內斯教授是愛丁堡攝影家協會的創始會員，曾開辦攝影班，並參加世界各地的攝影旅行。威利對於化學與藝術融為一體的攝影世界著迷不已，深入地貫注在所謂攝影的領域中，且終生持續不斷地進行技術研究，提高攝影的藝術性，並致力於其普及推廣活動上。

在完成初等教育後，威利進入愛丁堡高等專科學校，這所學校招集了來自世界各地的菁英，為良好家庭的孩子而設，講師的程度相當於愛丁堡大學的教授來擔任講師這樣的高水準。

04 朝技術者之道邁進、巴爾頓青年時期

愛丁堡高等專科學校

「愛丁堡高等專科學校」不管怎麼調查都無法查到，最後終於在市立中央圖書館的愛丁堡資料室中發現了一本《十九世紀的愛丁堡的學校》這樣大幅面的小冊子。

這個學校位於夏洛特廣場的北側。在喬治王朝時代莊嚴建築物櫛比鱗次的歷史街區裡，其北側的中央現在還保存有愛丁堡高等專科學校厚重的建築物。這個建築物現在變成是「蘇格蘭國家信託總部」。

愛丁堡高等專科學校是亞齊波爾多・哈米爾頓・布萊斯博士為了實現自己的教育理念，於一八六七（慶應三）年開校的。隨著該博士的逝去，該學校也同時在一八九五年廢校。該學校是一所有名的私立男校，招集了許多學習能力與運動兩方面兼具的優秀學生。記載的資料顯示志願入學者除了英國國內之外，德國、俄羅斯、美國、印度及其他的殖民地，甚至連暹羅王國（泰國）也都有人來入學，由愛丁堡大學教授擔任講師的課程有很多，堪稱是擁有與大學同樣教育水準的高等教育。

威利的出眾才華讓人瞠目結舌，從較低的學年開始，他就說「我在這學校已經沒有可以學習的東西

了，所以換我來教大家吧」，然後站上講台代替教師來講課。聽說這個學識豐富的學生後來去了日本，讓教師覺得萬分可惜，所以寫信給他催促他趕快回國。

威利是打板球的名手，也擅長射箭，對運動的關注也很高，之後幾年常將日本的柔道和相撲的資訊傳送給亞瑟。亞瑟也善用來自威利的資訊於夏洛克・福爾摩斯的諸多作品上。

《愛丁堡高等專科學校雜誌》封面（愛丁堡市立中央圖書館藏）

我還發現了很多不可多得的文獻，那是一八七一年發行的手冊《愛丁堡高等專科學校》和一八九一年發行的活字體雜誌。前者是有文學志向的學生們所編輯的雜誌合本，這些就是傳達時代的氛圍的寶貴證人。這本小冊子充滿了年輕人向海外發展的嚮往與熱情，收藏了好幾篇學生對海洋冒險故事的創作，每篇都有詳細的手繪插圖，包括帆船和輪船。威利的父親約翰・希爾的《蘇格蘭人！飛向海外吧！》一書被廣泛地閱讀，由此可見他孕育了很多人展翅高飛往海外發展的夢想。

從岩倉遣外使節團開始與日本的關聯

一八七二（明治五）年十一月岩倉遣外使節團一行投宿在愛丁堡的皇家飯店。飯店離學校相當近。威利初次見到歐亞大陸東端來的日本人。

副使伊藤博文青年時期因格洛弗指南手冊的關係，從他在倫敦留學時就對工業繁榮的格拉斯哥感到興趣，因此伊藤一到愛丁堡，便出發前往格拉斯哥。同期的山尾庸三曾告訴他說，若要學技術的話沒有比格拉斯哥更好的地方了。伊藤訪問格拉斯哥大學時，拜託學校幫忙聘請日本現代化所需的技術人員。結果，選出了九名技術人員，以土木工學見長的亨利・戴爾為首，還包括地質學家約翰・米倫等人，米倫來到日本後成為地震學家，並和巴爾頓結下很深的交情。

此技術團隊於一八七三（明治六）年來日本，同年七月三十日在工部省工學宿舍裡開設了工學校，這就是後來的工部大學校，然後再成為帝國大學工科學院的前身。戴爾當時二十五歲，就任工學校的老師，大膽地進行理想的工學教育。

一八四八年出生於格拉斯哥的戴爾，其父親也是土木技術者，十七歲左右開始持續著學徒期間，並在安德森學院的夜間學習課程中讀書。這時，認識了山尾庸三，山尾在馬關戰爭期間沒有返回家園，而是從倫敦搬到了格拉斯哥，白天在納比亞造船廠跟隨實習造船技術，晚上則在安德森學院學習。渡海到倫敦後，他在英國待了七年，直到一八七〇（明治三）年為止，期間努力學習現代工業技術。該工學校，是以山尾的原案和戴爾的構想為基礎，融合了實踐教育與學術教育，朝著成為整體的、全人性的工程師教育的目標前進。

山尾當時是工部大輔（相當工業部次長），是工部省具有實質影響力的人，而山尾則全面性地接受在格拉斯哥時期就認識的戴爾的工學教育方案。

即使到今日，這種實踐教育在工程領域上仍是不可欠缺的。但是，由於過度強調實踐的關係，因此該校的工學無法擠入已在歐洲具有學術地位的學校名榜上。後來，戴爾希望導入已在日本試行過的高等工學教育的理想體制到母國的蘇格蘭。為了實現這一夢想，他創立了格拉斯哥西蘇格蘭工科大學（現為斯特拉斯克萊德大學）。

在布朗兄弟下的學徒制修業

高等專科學校畢業前，十七歲的威利苦惱著自己未來的出路，因而他找上父親約翰・希爾商量的信件就得以被遺留了下來。進大學這一條路，不管在學歷方面或者經濟方面應該都是最簡單的。但是，威利選擇的是學徒制的課程，也就是成為徒弟累積修業，將確實的技術習得加諸在身上，然後入社會出人頭地的道路。

一八七三年，威利進入剛起步的大型船舶及船舶機械的「布朗兄弟」設計公司當學徒，開始步入技術者之道。

這家公司的創業者是發明家安德魯・貝茲・布朗，他是愛丁堡攝影家協會的會員，從少年時代開始就和威利祖父伊內斯教授一起進出同一個協會，看到專注熱中於新的拍照技術和攝影的威利，他的卓越特質符合作為一個技術者，因此歡迎他進入布朗兄弟公司。

威利在安德魯底下學習機械工學、水理學、港灣及橋梁工學的理論，還有最先進的現場設計、製圖、機械製作等的技術，一八七七年到倫敦支店上班，然後，於隔年的一八七八年回到愛丁堡，升任布朗兄弟公司羅斯班克鋼鐵工廠（機械製造工場）的設計主任。

我有一天恰巧從普羅頓舊書店的彼得先生那裡拿到一本《邦寧頓》的小型通訊雜誌，從該雜誌獲得了寶貴的資訊。「邦寧頓」是愛丁堡港口附近的「利斯」地區的地名。

那個冊子上刊載著「布朗兄弟——海洋技術部」一頁大的廣告。

「布朗兄弟是船舶機械領域世界性的公司。

於一八七一年由安德魯・貝茲・布朗和他的弟弟大衛・布朗共同創業的。以生產轉換器的製造馳名於全世界，並於一九七二年成為維克斯的集團公司之一。（以下略）」

根據這份資料，該公司一直存續到我拜訪的那一年之前的三十三年。然而，在席捲全球航運業的世界經濟不景氣中，它被一家名為維克斯的超大公司併購。

我於隔天早上，一手拿著地圖自行前往去尋找布朗兄弟公司。

在邦寧頓地區有一個叫作羅斯班克公墓的廣大的墓園，照理應該是在墓園後面，但那裡已成為社會住宅地的建設施工現場。即使詢問了作業員，也沒有人知道有關布朗兄弟公司的事情。但很幸運地，在墓園的石牆邊放置一個已舊了的、鐵製的布朗兄弟之介紹紀念牌，依靠這個介紹紀念牌子，我重新再次開始搜尋，終於注意到社會住宅施工現場的入口處矗立一個「鋼鐵工廠」的鐵製紀念牌。羅斯班克鋼鐵工廠過去是布朗兄弟公司的機械製作部門。一進到建築工地現場，那裡的後面就是以前羅斯班克鋼鐵工廠的廣大土地用地，仍保留有巨大的煙囪，還有幾棟的廠房及研究大樓這樣的廢棄屋。另外，用地的一角仍有鐵道引入支線的軌道軌跡，當時有可能就是使用這個軌道，運用機關車將製作好的產品運送到港口吧！

有關布朗兄弟公司的事，再進一步到愛丁堡的國立公文書圖書館，以及格拉斯哥大學的檔案室去查訪調查。

市立中央圖書館愛丁堡資料室裡保存的新聞剪報記事當中，對於布朗兄弟公司相關報導的檔案還有些被留下來，其中也發現了布朗兄弟公司的公司史。布朗兄弟公司直到二十世紀中都還是世界性的船舶機械工廠。之後受到造船業不景氣的衝擊，再加上一九六四年遭遇大火災的不幸，最後的結局是在一九九五年被維克斯集團併購了。

奠定公司基礎的創業者之一安德魯・貝茲・布朗，他是非常罕見的發明家，發明了優良的船舶用的自動穩定器（安定裝置），自動穩定器是所有的船舶都必須得用到的東西，也就是世界上沒有不受到安德魯的自動穩定器照顧的船舶，可見其舉足輕重的重要性。

布朗兄弟公司在創業當初，是製造一般的機械裝置和礦山用的機械裝置、幫浦設備、蒸氣及水力用的起重機，此外還有生產船舶用的轉換器等，但是後來逐漸地轉變成專門製作船舶用的機械。威利從這樣的機械原理、設計方法到製作的全部製程，都以安德魯為師，徹徹底底地接受教育學習。

安德魯・貝茲・布朗在一八四一年出生於愛丁堡。學徒制時代在瓦特學院及藝術學校的夜間班上課，並到曼徹斯特機械學院學習，之後，在倫敦創立公司開業，和弟弟大衛共同進行自己擁有專利的蒸汽引擎及鍋爐的製造銷售。就這樣，蓄積足夠資本的布朗兄弟於一八七一年返回故鄉愛丁堡，設立機械製作的布朗兄弟公司，該公司後來發展成為世界級的船舶機械製造公司。

奉獻一生的工作

學徒制的期間是傳統式的七年，這個制度在威利的時期已相當崩壞了。因為這樣子的關係吧！威利簽訂了五年的契約，而接續的二年期間則比較像是酬謝性效勞的意味。

威利即使已經成為學徒，但仍持續抱著「自己，生涯中應該做什麼呢？」的疑問。他於一八七六年七月四日寫給父親的信件中，有如下的一段話。

「我的父親曾對我說：關於『我應該做的事情是什麼呀？』這件事，問題整理好之後，不管什麼時候都可以寫信給我。（以下略）」

這一段話，真的是令人感觸很深，印象深刻。其一是，對於威利人生的真摯態度。其二是，父親約翰・希爾期望能夠實現兒子願望的誠摯之心。威利已經滿二十歲了，對於自己應該選擇什麼道路前進十分地煩惱著。

自己雖然正走在輝煌技術的世界裡，但他本人卻不斷地思考著「這樣就好了嗎？」為何如此呢？「有什麼不對」的想法一直在腦中揮之不去，讓他不得不這麼想，克服產業革命陰暗面的東西，應該才是更重要的使命。

亞瑟・柯南・道爾是在蘭開夏的耶穌會的斯托尼赫斯特學校畢業的，並於一八七六年十月進入愛丁堡大學醫學部就學，當時十七歲。

少年時代開始，威利就教了亞瑟攝影技巧，還有寫小說時會互相對調互作確認，不久威利對於亞瑟的小說變得十分地熱衷著迷，並鼓勵他「亞瑟！你一定能夠寫出很棒的作品哦！你要一直一直地寫下去比較好，後續的作品我會再讀下去。」

「亞瑟盡寫些似乎是父親喜歡的既恐怖又有趣的小說。」

約翰・希爾發覺亞瑟出眾的才能，不惜介紹給出版社認識，並提供各項支援。有一次，《戈爾斯索普的幽靈房屋》一書描述兩個男人遭遇到恐怖事件的小說，其原稿被寄放在布拉克伍茲出版社，但由於承辦人員的轉職或者驟逝，那本書就這樣被擱著，那是一八七七年的事情。

二〇〇一年在英國的各個新聞報紙上，報導了「那樣的事情只是初步的話題而已，華德生！我們的原作者從很年輕時就開始為我們的事情著想喔」（三月三十一日斯科茲曼報），「不可思議的童話故事寶箱，在地下保管室被發現」（二月十六日先驅報）。從國立蘇格蘭圖書館地下保管庫的布拉克伍茲出版社堆的像山一樣高的資料當中，發現了十八歲的柯南・道爾寫的一二四年前的幽靈鬼屋及兩個男人的短篇文的原稿。雖然其原稿及新聞相關報導得以在國立蘇格蘭圖書館找到，但館員還是說「每次請非常小心地拿取」，親手將原稿交給我們，道爾和一般年輕人一樣，一字一句地認真地寫，沒有需要訂正的文字，此時我手持書籍的手好像不禁抖了起來。

夏洛克・福爾摩斯的主角代表人物是愛丁堡大學醫學部的約瑟夫・貝爾教授，而成為作家是緣起於七歲時與約翰・希爾及威利、巴頓家族及伊內斯家族的每個人所建立的緊密關係。

當時，羅伯特・路易斯・史蒂文森也有苦惱。羅伯特於一八五〇年在愛丁堡的佛斯灣近郊霍華德廣場出生，比威利年長六歲，其父親是燈台技師，是愛丁堡的名人。羅伯特生來身體就很孱弱，但想像力豐富，很憧憬冒險工作。父親期望兒子能夠繼承自己的工作，所以羅伯特接受父親的期望，在十七歲時進入愛丁堡大學的土木工學科，這是在一八六八年左右。但是，羅伯特對土木工學沒有興趣，所以持續了三、四年悶悶不樂苦惱的日子。其中並開始關注波西米亞風格的東西，也變得開始反抗其父親，其父親也很擔心兒子的未來去處。

羅伯特以約翰・希爾・巴頓為理想目標，向父親表明自己「想成為作家」的本意，雖然明知道不可能得到贊同的，所以與父親得到的妥協是，只能成為像約翰・希爾那樣的法律家。如果成為那樣的話，「作家的道路就能開拓」。父親對於羅伯特的提議無奈地勉強同意了。因此，羅伯特在一八七五年取得律師資格，開始步入作家的寫作之道。

羅伯特於一八七六年在巴黎郊外的巴比松村戀上一名叫法妮・歐思夢的女性，法妮比羅伯特大上十一歲，和其丈夫分居中。

法妮最終離開他的美國丈夫，羅伯特追隨於其後。羅伯特和法妮則於一八八〇年五月結婚。

約翰・希爾並不會強要兒子威利依照自己的意思來做，而是完全尊重威利的意志。約翰・希爾從倫敦寫給妻子凱薩琳上面押了日期一八七七年四月二十五日的信件裡，有如下的文字。

「昨日送給威利一冊技術書，如果那本書對他有所幫助且他覺得很高興的話，那就很好呀！（以下略）」

約翰・希爾為了雅典娜俱樂部（Athenaeum Club）的聚會來到倫敦。

威利二十一歲，當徒弟第四年時，在布朗兄弟的倫敦支店上班。父子倆在倫敦的餐廳一起用餐，並一起就一本書加以討論，其內容應該不會是與威利的「應該做的事情是什麼？」的疑問相關吧！學徒制的期限還有一年，必須要決定將來方向的時間應該也近了。

所謂約翰・希爾特地書寫送給妻子的技術書，到底是什麼書本呀？第一，並不是產業革命光明面的部分，而是應該與其陰暗面部分相關的書籍本。第二，其內容好像與妻子凱薩琳也有關係，也就是，約翰・希爾與凱薩琳雙方都關心的課題。第三，威利本身在那之後，傾向朝衛生工學的方向發展。符合以上這些條件，再加上約翰・希爾這樣的人物至目前為止所推薦的書籍，恐怕是與技術思想或者是哲學相關的書本，譬如說會不會是像查德威克的《大英帝國勞動人口的衛生環境相關的報告書》這樣的書本吧？

舅舅古斯摩・伊內斯・朱尼爾

同年，舅舅古斯摩・伊內斯・朱尼爾從任職所在地的印度抱著傷痛的心歸來。古斯摩・朱尼爾是母親凱薩琳的么弟，當時三十六歲，以一介鐵道技師的身分，期待將來能成為土木技術者。以年齡來說的話，他此時開始可說是一個重要的時期，不過卻在印度的貝納雷斯遭遇到交通事故，由於這個事故以及帶病的風濕病再次發作之故，讓古斯摩・朱尼爾不得已得離開回國，徒生「也許無法再回到印度了」這樣不安的心情。

古斯摩・朱尼爾於一八四一年十一月十一日在愛丁堡出生，於愛丁堡學院接受基礎教育後，在倫敦的國王學院應用科學科畢業，並成為土木技術者羅伯特・辛克雷亞的徒弟。結束學徒制課程後，錄取為首都圈東部鐵道公司的技士，在那之後的二年後，以專業的土木工程承包業者約瑟夫・布雷的代理人身分，遠渡前往印度。

布雷擔任連結孟買和馬德拉斯之間的鐵道建設的責任。取得布雷信賴的古斯摩・朱尼爾，於一八七〇年二十九歲的時候就任印度政府公共事業局的技監，古斯摩・朱尼爾在海得拉巴及貝納雷斯執導鐵道建設的陣頭指揮工作。因此，在獲得一時短暫歸國的許可之下，意氣高昂地歸鄉去了，但是卻罹患了風濕病，由於聽說在氣溫高的地方對治療比較有幫助，所以又回到印度去。而在那裡，卻又很

舅舅古斯摩・伊內斯・朱尼爾給予巴爾頓的生涯極大的影響

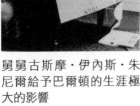

不幸地遇到了交通事故。

新人生的出帆

某日，約翰・希爾去找了歸鄉的威利。

「威利！在倫敦我送你的書，有幫到忙嗎？」

「有呀！給了我很多思考方向，我對衛生工學深感興趣呀！」

「首都倫敦是世界第一大的都市。威利誕生二年後的一八五八年被稱為大惡臭之年，也可說是辱國之年。這是怎麼一回事啊？你知道嗎？」

「我不是很清楚，連倫敦支店也都這樣，相當難以置信！」

「那年的夏天，艷陽高照持續著，泰晤士河的水量也變得很少。而整個倫敦的污水和尿糞都往泰晤士河流去，好幾天的分量都滯留在那裡呀！惡臭瀰漫了整個倫敦市中心，這可是真實的事情。沒有人不怕瘴氣的，產業革命繁榮的陰暗面底下，許多人因而喪命。

保守黨的迪斯雷利上呈了首都圈管理修正法，給予了首都圈公共事務局有關泰晤士河的淨化及污水下水道整治的權限。此法律馬上被通過施行，倫敦因而開始污水下水道事業。透過土木技師的巴札爾君的帶頭指揮，沿著泰晤士河岸邊建造大的污水下水道幹線。那個效果顯著，終於回復到不會傷及泰晤士河及首都倫敦威信的程度了。

威利！為國家帶來財富的船舶產業之發展的確是很輝煌的，不過，它的另一面，則是拯救那些為產業革命犧牲的人們的衛生工學，我個人認為那是非常有價值意義的。」
「父親！我想從事與人們幸福相關的工作，不過，現在做的是設計的工作，以及學習土木技術相關的，譬如船舶機械相關的水理學及橋梁的設計等事情而已。」
「威利！你還年輕。活用至目前為止所熟練的技術，我想在別的領域上還是能夠有所助益，這應該是十分很有可能的呢！」
聽了二人的話，凱薩琳也靜靜地說了。
「我也贊成你父親的想法喔！佛蘿倫斯・南丁格爾經常這樣子說，生病的治療是很重要，但預防更是重要哦！所以衛生工學是相當重要的呀！」
在英國倫敦最好的聖湯瑪斯醫院裡，有南丁格爾所設立的看護學校，進行看護師的養成工作。南丁格爾不僅是在看護領域，還包括醫院管理及醫院經營、醫院建築及衛生設備計畫等都有涉獵，她以聖湯瑪斯醫院經營陣容的一員，發揮實力，追求理想的醫療體系。
「土木技術方面，古斯摩舅舅應該會很高興的教我呀！」
約翰・希爾和凱薩琳不會無理地勉強，也不會硬強逼迫，而是將威利當成一個人來尊重，率直地把自己的想法說出來。
威利在學徒修業五年的期限終了前的一些時間裡，決定轉向專攻衛生工學。而另一方面，舅舅古斯摩・朱尼爾在一八七八年一月十五日被選為英國土木學會會員，被認定是一流的土木技術者。威利在五年的學徒契約結束時，決意離開布朗兄弟公司，準備邁向新的人生。

05 永別與自立

祖父古斯摩・伊內斯的驟逝與瑪蒂及艾拉的自立

祖父古斯摩・伊內斯於一八七四年七月三十一日，在高原地方旅行途中被長頸鹿撞到突然死亡，八月五日被埋葬在愛丁堡的華里斯頓公墓。

他是從威利出生後開始，就守護其成長，透過攝影、希臘戲劇和板球等替他開展通往世界的門扉，並期望「孫子的人生能幸福」的祖父。

威利繼承了攝影相關的遺產，並持續承繼了祖父深愛攝影的夢想。因此，攝影技術的研究對威利而言，已超越興趣的領域，成為其生涯的課題。威利即使在布朗兄弟公司忙於技術獲取的艱難時期，也不敢怠惰於攝影的學習，為了如此，睡眠時間大幅減少。

威利摸索朝自立之道的時候，同父異母的的姊姊瑪蒂和艾拉也都面臨了命運的轉機。

一八七七年已二十八歲的瑪蒂和莫寧賽德診療所一位名叫威廉・雷諾克斯・克雷蘭的二十九歲青年醫師認識。克雷蘭醫師，澳洲出生，從一八七二年開始在愛丁堡大學醫學部的凱利博士底下學習新的手術方法，取得外科醫學士的資格在各地到處實習，於一八七六年在克雷格宅邸附近的診療所上班。

克雷蘭醫師對美麗的瑪蒂一見鍾情，而從小就喪母的瑪蒂，臉上時常露出落寞神情，不過最終還是被克雷蘭醫師的體貼打開了心胸，變得笑顏逐開。

克雷蘭醫師向瑪蒂做了愛的告白。約翰・希爾擔心瑪蒂嫁到遙遠的國家，但在雅典娜俱樂部聽了一同出席的克雷蘭家人和親近的牧師的話之後，同意他們結婚了，並於一八七七年六月二十一日在莫寧賽德的基督教堂舉行結婚儀式，瑪蒂就此啟程出發去澳大利亞。

在姑媽瑪麗・巴頓的利伯頓銀行房舍養育長大的長女艾拉（伊莎貝拉・潔西），前往赫瑞瓦特大學就學。聽說是位傳承了其父親約翰・希爾的文筆能力的才女，留有《諾曼人征服英格蘭》（*The Norman Conquest*）等英國史關係的著作。

艾拉，於一八七八年四月在莫寧賽德的基督教堂和亞伯丁出身的醫師兼藥劑師詹姆士・羅傑舉行結婚典禮。這位詹姆士・羅傑，就是寫信給人在日本的巴爾頓「轉達凱薩琳去世的消息，及催促威利歸國」的充滿知性且有溫和特質人格的人。

克雷格宅邸與摩頓宅邸

約翰・希爾過去是個身體強壯的人，不過在一八七七年底初次生了大病。那個時候，浮上了在克雷格宅邸周邊蓋醫院的計畫，克雷格宅邸後來賣給了皇家精神醫院協會。

在約翰・希爾完全康復的一八七八年五月二十日，一家人從長年居住習慣的克雷格宅邸搬遷到距離約三公里左右郊外的摩頓宅邸居住。

克雷格宅邸之後歷經多次的變遷，被保存為愛丁堡的納皮爾大學的校地，被稱為「老克雷格宅邸」，然後被使用在各式各樣大學的活動中。

而摩頓宅邸是個綠意盎然的大宅邸，其主要的魅力當然是豪宅的主屋，但甚至其門柱或以前的守衛房、庭園、後院，還有倉庫小屋等所有的地方也都充滿吸引人的魅力。

特別是，後院的所謂貝薇迪亞的神祕塔過去好像發揮了展望台的功能，而巴頓家則把它當作是威利和古斯摩沖洗照片用的專用暗房。

亞瑟有時也會造訪該實驗室。在夏洛克・福爾摩斯的《山毛櫸森林屋的怪物》裡頭，有所謂「塔上的樓層成為攝影的暗房」這樣的台詞登場。

閃耀光輝榮譽的約翰・希爾

約翰・希爾在克雷格宅邸的十七年間，重要的作品一個一個的發表，並受頒各式各樣的榮譽。在一八六二年發表了《The Book Hunter（圖書獵人）》，還有一八六四年發表了《蘇格蘭人！飛向海外吧！》，因而博得著作家的名氣。一八六七年發行《蘇格蘭史》前半段的四卷，書寫了從羅馬的將軍古諾・尤留（Gnaeus Julius）入侵英國開始，到一六八八年的榮譽革命之間的歷史。

這個時候，約翰・希爾被推崇擁戴成為倫敦的雅典娜俱樂部的會員，這個俱樂部，是個創立於一八二四年有關文學、藝術、學術的團體。一說到會員，在日本來說就相當於學術會議的會員。還有，皇家歷史編撰室出現缺人，約翰・希爾被推薦擔任編撰官，編撰官年薪一九〇英鎊，其權威相當高。

凱薩琳在回憶錄上寫到：

「因為當時是保守黨政權的時代，所以編撰官的就任是更值得恭賀的。而這應該是約翰・希爾在政治上是極為自由派之故。」

約翰・希爾在一八七〇年發行了後半段的三卷，另外還加了一卷，所以完成了從蘇格蘭的建國開始，到一七四五年雅各派的反叛亂鎮壓的《蘇格蘭史》全八卷。

《蘇格蘭史》編撰所造就的功績，不僅亞伯丁大學和愛丁堡大學，還有牛津大學也都因此贈與約翰・希爾榮譽法學博士的稱號。

約翰・希爾完成《蘇格蘭史》之後，著手執筆《安女王統治史》。此作品是約翰・希爾的最後作品，一八八〇年後半左右在摩頓宅邸完成。

悟出死期的漂亮臨終

約翰・希爾下定決心將此作品完成以及賣掉全部的藏書。愛丁堡的市民幫他取了「Book Hunter（圖書獵人）」這樣奇特的名字，他的禮服大衣上的大口袋經常幾乎被書本填滿到鼓了起來，約翰・希爾以這樣的一個奇人的身姿被敬愛著，他花了一生所收集到將近一萬冊的藏書，一點也不覺得可惜地決定賣光它。

凱薩琳在回憶錄上寫到：

「放手掉人生引以為傲的以及滲血般辛苦所收集來的寶物，這樣的事到底是很難想像的。但是，約翰・希爾認為『藏書是為了使用而收集，目的均已達成，這和所謂蒐藏家的藏書是不一樣的，目的如果已經完成，換成現金的方式是最好的。』」

約翰・希爾悟出死期。兒子們並沒有和他一樣踏入新聞報業這條路，即使遺留了貴重的藏書對兒子們也是沒有用處的，如果那樣子的話，將藏書變換成有利的金錢，對遺留下來的家族而言應該是最好的選擇之道。約翰・希爾如此確信，下定決心賣掉藏書。書籍處分之後，約翰・希爾為了改裝書房，寫信給威利並附上平面圖與其商量。

約翰・希爾從一八八一年一月開始過著長期臥床的生活。經常患氣管炎，被肺充血症狀襲擊，八月八日陷入重症狀態，於十日傍晚逝去，享年七十一歲。

達爾梅尼教堂之墓碑

有關約翰・希爾的埋葬地，親族之間意見紛歧。約翰・希爾的妹妹瑪麗・巴頓主張埋葬在迪恩公墓是理所當然的事，迪恩公墓是有名人士高規格安葬的墓地。而且加上約翰・希爾的母親伊麗莎，還有年輕就去世的前妻伊莎貝拉・勞德也被葬在那裡。但是，凱薩琳頑強地拒絕了瑪麗的主張，對凱薩琳而言，她不可能將她心愛的約翰・希爾埋葬在其前妻長眠的墓地上吧！

「約翰和我，曾經堅定地約定要一起埋葬在小蘿絲一個人寂寞地葬在達爾梅尼教堂的墓地。

所以，不管怎麼樣我都不可能說讓步的。約翰・希爾在生前失去的小孩也只有蘿絲而已，他悲傷嘆氣的樣子，即使到現在我都還留有記憶。」瑪麗最後接受了凱薩琳的主張。

達爾梅尼教堂的凱爾特樣式的墓碑，由畫家的瑪麗・蘿絲設計，並由雕刻家的姊姊伊麗莎雕刻，被做成很漂亮的凱爾特模樣，傳達了悼念父親約翰・希爾深深的情感。但是，本應被埋葬在一起的凱薩琳的名字，卻沒有在墓碑上，其理由不清楚，尚待進一步持續調查。

06 活躍倫敦、迎向日本

伊內斯&巴爾頓工程技術顧問公司

威利・巴爾頓和古斯摩・伊內斯・朱尼爾，已一起在倫敦設立了顧問公司。首都倫敦的生活環境改善事業急速地成長，威利從布朗兄弟公司離開，開始步向自立的道路。

兩人的顧問公司，於一八八〇（明治十三）年開設在阿德菲區約翰街七號建築物的一樓，該事務所距離英國政治的核心地區西敏區非常近。

鐘樓的大笨鐘位於西敏橋的左側，朝向泰晤士河下游，右側一帶是聖湯瑪斯醫院，而南丁格爾博物館則附屬於該地點內。阿德菲區位在西敏橋往泰晤士河左岸的下游步行約十分鐘的地方，其附近有個築堤地下鐵車站，它成為泰晤士河航行的繁榮基地。於十九世紀中葉，倫敦首都圈的土木技師長約瑟夫・巴札爾把護岸工程合併施工，鋪設了污水下水道的大幹管線渠道，並且建蓋了地下鐵路。倫敦因為此項工程的建設，轉型成一個現代化的都市。為了紀念此一大工程的完成，在築堤地下鐵車站內豎立了一座巴札爾的紀念碑。

約翰街現在已改稱為約翰・亞當街，當時七號的地方如今也被建蓋為名叫「阿德菲」的宏偉大樓。在這棟大樓對面的那一側，有一棟名為「學術通商學會」的學術團體之建築物，我鼓起勇氣向該學會的職員詢問巴爾頓公司相關的訊息。兩天後，檔案管理員拉納・韋伯先生發來了傳真。

「西敏區內有專門的公文書圖書館，如果去造訪該處的話，應該可以得到若干的線索也說不定。」

我根據被保存在那裡的《郵政通訊錄》，確認到了公司的正確所在地和其變遷的地方。我向名叫艾莉森的女性檔案管理員說明是透過韋伯先生的介紹而來的，所以她特別讓我翻閱《郵政通訊錄》的資料，這是郵局專門所使用的地址簿。

一八八一年版的地址簿上，公司名登記為「伊內斯&巴爾頓工程技術顧問公司」，地址則是約翰街七號。翌年，公司名稱更改為「伊內斯&巴爾頓土木工程技術公司」，之後合併為「倫敦衛生保護協會」，並且在一八八三年，地址改到亞當街一號的地方。之後的三年之間都沒有變更，來到一八八七年則變為古斯摩・朱尼爾個人的名字，之所以變更為一個人的名字，是因為這一年的四月W・K・巴爾頓前往日本去了。古斯摩・朱尼爾則在六月不幸往生，因此這公司的名稱就從倫敦的《郵政通訊錄》中消失了。

一八八〇年公司設立之前，W・K・巴爾頓接受了古斯摩・朱尼爾的特訓，因而累積了公共衛生的相關實際經驗。在一八八〇（明治十三）年六月召開的公共衛生會議中，所發表有關「老房屋的衛生檢查和供水排水設備的更新」的紀錄至今還被保留著。如果有市民來洽詢的話，即使是很細小的事情，首先都會檢查水質，然後更換必要的設備，基本上是採取如此忠實且親切的對應方式。

八月時，威利・巴爾頓參加了古斯摩・朱尼爾的母校國王學院為期一個月的分析化學課程。在鑽研照相化學的同時，應該有必要獲取公共衛生上所需要的水質分析方法以及關於試劑的最新知識。這一年，與古斯摩・朱尼爾共同著作的《一般住宅的衛生檢查》出版了。當時，各個建築物的污水・尿糞儲留槽快速地轉換成沖水式的廁所。在巴札爾的指揮下，污水下水道的整備工程進度快速地往前邁進。在這樣的時代背景考量下，此書是具有重要意義的。

一八八二（明治十五）年「倫敦衛生保護協會」成立，古斯摩・朱尼爾一就任理事，就馬上拔擢巴爾頓擔任主任技師，並立案地區的衛生計畫、學校及醫院的衛生設備之設計、施工、維護等，巴爾頓變得相當活躍及忙碌。

巴爾頓與南丁格爾應該是很有緣分的關係吧！聖湯瑪斯醫院、西倫敦醫院、東北地區的兒童醫院、伊頓學校和寄宿宿舍、以及劍橋大學的衛生設備等都出自他的手裡，光看過去留下來的紀錄，就可以想像當時的他所從事的工程有多麼的巨大。尤其是獲得聖湯瑪斯醫院的信任，這信任在無形中連結了他通往日本的道路吧！

倫敦的永井久一郎

巴爾頓在推動環境保護活動之時，內務書記官永井久一郎，奉衛生局局長長與專齋之特別命令，來到了倫敦。

秋庭太郎所著《考證永井荷風》，記述如下：

「明治十七年五月，在內務省衛生局擔任內務書記官職務的久一郎，代表日本政府出差至英國倫敦參加世界衛生博覽會，緊接著又以丹麥世界衛生及醫療會議暨羅馬國羅馬世界衛生會議之委員身分出席會議，進而順道視察德國、法國及其他國家之衛生情況，然後於隔年的明治十八年九月二十五日歸國（略）。

久一郎出席歐洲各國的衛生會議，並且視察該地的衛生情況，期間認識該領域的權威人士巴爾頓，歸國後向上司的內務省衛生局局長長與專齋推薦招聘巴爾頓前來，讓巴爾頓的來日得以實現。（以下略）」（頁四十八～四十九）

長與在其自傳《松香私志》上，將有關巴爾頓來日的經過撰寫如下：

「巴爾頓是英國的工學士畢業生，因任職於倫敦市的水道事務局，而成為熟悉於衛生工程的人員，去年在倫敦召開世界衛生會時，衛生局派遣永井（久一郎）出差去參加，此時開始他認識了巴爾頓，返回東京後馬上向我推薦他。」

參加倫敦世界衛生博覽會，對日本而言是件不幸的事。日本政府傾全力準備的展出品運到香港時卻被火災全部燒個精光，因這突來的不測，博覽會衛生工程部門的主席審查委員長鮑德溫・拉薩姆對永井表示同情，給予了很多方便之處。拉薩姆在一八三六年出生於柴郡的蘭蒂奇，他是位一步一腳印的實力派的土木工程師，他的著作《衛生工學——下水道及私設排水設施之建設》，被認為是一本名著。

不過，剛剛二篇文章的記述有著錯誤的地方：巴爾頓既不是「該領域的權威」，也不是「工學士」，更沒有在「水道事務局工作」。

但是，下列二點則至關重要。

第一，W・K・巴爾頓好像是永井在倫敦停留期間才認識的。永井的海外出差長達一年四個月，被認為停留倫敦的期間相當長。永井在一八八七（明治二十）年四月一日發刊的《巡歐記實衛生二大工程》（忠愛社）裡面，針對倫敦的上下水道事業有詳細的記載。如此詳細的調查，縱使永井再怎麼有才能，如果沒有長期的滯留是不可能達到的吧！

第二，永井在W・K・巴爾頓的招聘上好像發揮了功用一事。但是，在永井的著作《巡歐記實衛生二大工程》裡所獻上感謝詞的技師是巴札爾和拉薩姆二人。還有，招聘教師的選考過程當中也出現過拉薩姆的名字，但是W・K・巴爾頓從未出現過。永井向長與「回到東京後推薦」的事，與所謂「招聘從英國來的技術者」這樣一般的方式應該是不一樣的吧！

不過，二人在倫敦有所認識，且W・K・巴爾頓協助永井做調查的事應該是事實吧！

在永井的報告調查內容當中，非常確實的可以看出，已超越一位事務官的能力範圍。此調查是以在首都東京要建立與倫敦同樣的計畫，並就事業的經營為前提下所進行的，這是沒有錯的。

永井從一八七一（明治四）年七月到一八七三（明治六）年十一月約二年四個月的期間，以尾張名古屋藩的貢進生名義去美國留學，這是他在二十歲至二十二歲期間的事。他也曾經在福澤的慶應義塾學習，英語能力很好。再加上，曾是世界衛生博覽會的日本政府代表，並且在他的意識中始終存在著「日本作為一個國家不應該只是這樣」，正因在這意識之下，可能催促其進行大量研究，以至於才有這麼出色的調查報告。永井曾如此自評。

「在倫敦於一八三一年到一八五四年之間，曾有過三次的霍亂流行。一八五〇年死者就多達二萬人。根據調查，死亡人數多的地方通常是污水下水道不完備的地方。污水下水道改良過的地區能免於霍亂的侵襲流行，所以污水下水道的整備與否，和霍亂的流行有密接的關係，此事是無庸置疑的。」（頁五十九～六十的摘要）

因此，永井嚴格恪遵巴札爾立案的污水下水道計畫。

永井想沿著下水道的主要幹道鋪設管道，至於要採取圓形或者橢圓形，將檢討其中那一種比較有利。此外，他也訪問擁有污水處理站的克羅斯內斯，以找出確定排放地點的各種理由。

此外，繼續探討事業財源的機制。首先，資金的募集是以發行公債來處理；接下來，課徵目的稅（污水稅），稅收用於進行公債的每年贖回，並調查在這種情況下，產生的稅收負擔的可行性。倫敦的污水下水道事業是以公共事業的方式來處理，但是，自來水的供水事業，則是在政府的核可下由民間來經營管理。永井針對有關倫敦的供水事情，寫了如下的內容。

「倫敦的供水，委託八家的自來水公司來處理，渠等接受地方政府供水檢查官的監督。水源來自泰晤士河百分之五十、李河百分之三十八、井水百分之十二。自來水在過濾後，儲存至蓄水池，利用幫浦加壓揚水至供水塔，在此開始進行輸配自來水。輸配水管雖然是鐵管，但貧困的家庭還是無能力拉支管。自來水公司，依據國會的議決被允許以發行股票募集資金。每一個人的負擔額度都不多，但在東京，仍是難以負荷此負擔吧！而即使在東京也已經將木管的自來水道更換成鐵管的自來水道了，為了供應質純良好的水給每個家庭，廢除全部的水井是當前的緊急要務。」（《巡歐記實衛生二大工程》，頁二十一～二十七之摘要）

永井是日本政府代表，倫敦首都圈廳不惜餘力地協助永井。W・K・巴爾頓作為倫敦衛生保護協會的專任技師，接受水道部局和首都圈廳的委託，大力地協助永井的調查。這可能就是讓人誤以為長與所說的巴爾頓是「服務於倫敦市的水道局，相當知曉衛生工程」的人。相對的，對於W・K・巴爾頓來說，一定是個有魅力令人難忘的經歷，因為能以倫敦這麼大都會區的遼闊空間為對象再重現整個水道計畫規劃的全部過程，並且調查確保實現該計畫的融資方法及財務資源的所有內容。他過去擁有大型醫院和大學的供水和排水規劃方面的相關經驗，但就單一個都市為對象來規劃則沒有經驗。這種具魅力的經歷是否逐漸變成了他對日本的嚮往了呢？

永井回國後一八八五（明治十八）年九月三十日升任內務省衛生局第三部長，隔年三月六日轉任東京帝國大學書記官（相當於秘書長），還有在這一年裡，大家萬萬都沒想到會出現史無前例的霍亂疫情之流行，這震撼了政府領導人，也促成工科學院土木工學科決定從英國聘請衛生工學專家來擔任該科的教師。

攝影與道爾和小說

一八八一年八月十三日A・C・道爾參加約翰・希爾・巴頓的喪禮，他和喪家的W・K・巴爾頓兩個人徹夜不眠地談了對偉大故人的思念，以及自己將來的事，還有攝影技術和小說等事情。道爾在愛丁堡大學醫學部畢業後，預定上船成為非洲航線的貨客船馬永巴號的船上醫師，目前正在等待船隻啟航中。

終生之友的作家柯南・道爾（美國議會圖書館藏）

這年的十一月八日，W・K・巴爾頓加入英國攝影協會的會員。當時他已是《英國攝影雜誌》投稿的常客，該雜誌當時是最具有權威的攝影專門雜誌，總編輯W・

B・波爾頓是W・K・巴爾頓在攝影界的好友。兩人經常在雜誌社辦公室內隨意地做實驗。W・K・巴爾頓住在離方便做實驗的雜誌社徒步數分鐘的約克街。

此約克街很接近貝克街，也和道爾之後所住的德文沙爾郡廣場距離很近。夏洛克・福爾摩斯的作品中，有福爾摩斯進行化學實驗的場面，這好像不同於醫學部所做的實驗，但就是在描寫他們兩人一起做攝影的技術實驗。

W・K・巴爾頓於一八八二年在英國攝影界有了劃時代的輝煌業績展現。其論文《修正明膠過程》（*On Modified Gelatine Process*）在英國攝影協會的總會被公開朗讀，而且，在《攝影雜誌日誌》十一月二十四日號上，刊載了論文《巴爾頓的新乳化法》，巴爾頓利用高感度開發了無斑點的明膠乾板，也就是攝影膠捲的製作方法。

這年，巴爾頓出刊發行了《現代攝影技術ABC》（*ABC of Modern Photography*），這本書再版多次，不僅法語版及德語版，還有來日本後也出版了日本語版的。W・K・巴爾頓儼然已經完全是歐洲攝影界閃耀的一顆星星。

A・C・道爾，於一八八二年在樸資茅斯附近的南海開設醫院，患者人數幾乎用手指頭都數得出來，相當的少，也因為如此他開始轉向認真寫小說。正式地開始作家活動的道爾，其初期的小說中以W・K・巴爾頓為登場人物。一八八二年五月號的《倫敦・社會》雜誌上刊載的《我家的德比賽馬》一文中出現了「巴爾頓先生的住宅排水裝置那可無法挑出毛病」等台詞。道爾常常取笑威利說「威利！你真的是我們城鎮裡的水道先生」。

此外，道爾寫給母親的信上有提到：

「威利・巴爾頓寫封很令人愉快的信過來給我。昨日他和《攝影新聞》的老闆亨利・格林伍德，以及其他攝影界的名士們一起用餐，聽說話題都圍繞著我。因此，他就跟他們說了過去和我交談過的內容，由於大家認為很有趣，所以H・G宣布他會來南海和我見面。（以下略）」（《柯南・道爾書簡集》，東洋書林，二〇一二年，二二五頁）

巴爾頓此階段不僅鼓勵道爾，自己也開始撰寫小說。道爾於一八八四年二月寫給母親的信上，其中有一行寫了「據我聽到的消息，巴爾頓把我當作小說的主角寫成一本小說，他說這樣子的話，可多得到一位像我這樣的讀者」（《柯南・道爾書簡集》英語版，二二五頁）。

巴爾頓鼓勵道爾「亞瑟！寫長篇小說，就要寫除了你之外沒人可取代你寫的作品」，道爾在這樣的激勵下，於一八八四年開始撰寫初次的長篇小說《吉德斯通商會》，此作品迂迴曲折的經過六年後，於一八九〇（明治二十三）年出版了。但那時巴爾頓已遠渡到日本，道爾的最初長篇小說的完成，可說是獻給了威廉：「最初的友人，也是終生的朋友」。

一八八七年夏洛克・福爾摩斯在世界上展露頭角時，巴爾頓和其家人都成為許多故事中的角色人物。例如，盟友華德生醫生是以「約翰・H・華德生君」的角色呈現、希爾・巴頓博士則出現在（《著名的委託人》），以及下水道工程的米爾・巴頓先生（《兩個罪犯者》）、婦女參政權活動家的女性們（《金邊眼鏡》）、卡爾・巴頓和台灣黑死病（《瀕死的偵探》）等。另外，日本的柔道、正倉院等也出現書中，這些訊息都由巴爾頓提供給道爾的。

因為巴爾頓是一個如此自由和知性的人，所以即使他來到日本，他也會和長與、後藤、馬德克和普林克利、康德爾和米倫、貝爾茲及威斯特等具獨特個性且知性豐富的人建立深厚的友誼關係吧！

巴爾頓前往日本——河瀨公使明智的人選

我從以前就一直想知道「巴爾頓為何來到日本」，為了尋找出此疑惑的線索，也是我停留倫敦的目的之一。日本政府，並非是在收到永井的報告後就直接聘請巴爾頓的。相反地，永井沒有推薦巴爾頓的可能性也很高。如果駐英日本公使河瀨真孝遵照日本政府相關人士的建言，那麼巴爾頓就應該不會被選中的吧！因此他來到日本的事情，只能說是命運兩個字。

谷口清治（已故、日本大學教授）發現了兩封書信。其中一封，是帝國大學校長渡邊洪基先生，根據永井的建議致函予河瀨公使的信：「有關人選我想與鮑德溫・拉薩姆商量。因為他是有名的土木工程師，也曾擔任世界衛生博覽會的衛生工程學部門的審查委員長，為了日本的未來，我希望能得到他的協助。」

渡邊校長以岩倉遣外使節團的隨團人員身分，視察了歐洲，他也曾當過外交官。有事師在佐倉的佐藤舜海攻讀荷蘭語的經歷，也在佐倉順天堂學習醫學。永井當時是帝國大學的書記官（相當於秘書長），此信函想必是永井本人起草的吧？因為信上所描述的如果不是永井的話，是無法知道相關的事實。這封信可說具有重要的背景，我們通常會聘請拉薩姆所推薦的工程師，但河瀨公使卻沒有這樣做。

事實上，還有另一封信函可說明此事。這一封是河瀨公使發給渡邊校長的選考結果報告。據此，河瀨沒有接受渡邊校長的意見，而是拜託了聖湯瑪斯醫院的院長布里斯托爾博士來推薦人才。拉薩姆推薦了名叫「布魯季斯」的技術員，而布里斯托爾則推薦了「W・K・巴爾頓」。河瀨公使親自面試這兩人，並認為「W・K・巴爾頓」人格特質較優，因此決定錄用他。

從該報告中明顯地看出，選拔的工作不是由文部省（即教育部）來做，而是交給了外務省（即外交部）。事實上，在一八八六年十二月一日文部大臣森有禮請託外務大臣井上薰來選拔工科學院教授，並由河瀨負起全部人才拔擢的責任。

根據河瀨公使的報告，W・K・巴爾頓和永井無特別關係，而是透過布里斯托爾這樣的人物引介浮出檯面的。

而我的研究調查，始於為確認證實谷口發現的書信。

拉薩姆也是一位被載入《牛津名人大詞典》（*Oxford Adult Names Dictionary*）中的著名技術者，他的名字也出現在永井的《巡歐記實衛生二大衛生工程》這本書當中，永井認為「如果是此人推薦的技術者的話」也是不無道理的。

布里斯托爾博士和布魯季斯，是什麼樣的人物呢？

首先，有關布里斯托爾博士。根據調查，聖湯瑪斯醫院的總裁是英國王儲，報告中的「醫院院長」，至少不是「醫院總裁」。

我調查《聖湯瑪斯醫院史》，看看有沒有和布里斯托爾相似的名字。結果發現了「約翰・S・布里斯托」醫師的名字。也許是河瀨公使把「布里斯托」聽成了是「布里斯托爾」吧。這位人物是內科主治醫師，但有可能把主治醫師寫錯成醫院院長了，實際上，布里斯托是在環境衛生領域上成就卓越的人物，因此他的成就也被收錄在《牛津名人大詞典》上。巴爾頓是倫敦衛生保護協會的專任技師，所以他應該和布里斯托很熟吧！承包聖湯瑪斯醫院的供水與排水工程，還有將南丁格爾的看護學校整併到聖湯瑪斯醫院。想到母親凱薩琳和南丁格爾之間的關係，可以知道巴爾頓與聖湯瑪斯醫院的關係也是很深厚的。因此，我可以確信河瀨公使的報告上「布里斯托爾」就是「布里斯托」。

至於布魯季斯呢？根據在英國土木學會的調查，布魯季斯是由拉薩姆的推薦而加入土木學會會員的，但沒什麼業績可言。我想布魯季斯在被面試時，可能沒有留給河瀨什麼好印象。經過一系列的調查，明顯地得知，河瀨並無私心的真正進行了徵選優良人才的徵才活動。

我訪問了日本大使館，並請公關文化組的田中剛士書記官對於我的看法表示意見。田中書記官的見解是「布里斯托被誤聽成為布里斯托爾的可能性相當高，但現在無法去證實」，有關這點我也是抱持著同樣的看法。

河瀨公使如照渡邊校長的建議，採用拉薩姆推薦的人也不會有任何問題才對。為什麼要採用這麼費神的選考過程呢？另外布里斯托推薦W・K・巴爾頓的理由又是什麼呢？還有，讓巴爾頓下定決心去日本的理由又是什麼？為了解決這樣的疑問的方法，我認為有必要瞭解當時英國土木工學界的狀況以及巴爾頓本人是怎麼樣的一個人物。

當時的英國土木學會的代表人物是約瑟夫・巴札爾。如果渡邊校長建議河瀨公使「來與巴札爾商量吧」，那公使將遵循吧！說實在的，拉薩姆的名聲並不好。有一次，拉薩姆被邀請針對柏林的排水計畫提出意見，他對計畫內容批評得體無完膚。設計者無法忍受如此嚴厲的批評，因此致信巴札爾，要求進行公正的評論。拉薩姆似乎是一個頑固且令人討厭的人，因此，河瀨公使決定再拜託一位公正的人士推薦人選，那個人就是布里斯托，布里斯托被評價為環境衛生方面的權威人物，也是對衛生工程學造詣很深的學者。

河瀨，是長州藩歷戰的勇士，曾擔任蛤御門之變的游擊隊隊長，在馬關戰爭中也表現得非常出色，並於一八六六（慶應二）年對幕府軍的攻擊中擔任游擊隊參謀加以奮戰。翌年，他奉長州藩之命去英國留學，並於一八七一（明治四）年回到日本。此後，他成為外交官。他經歷了多次的生死之戰，並熟悉英國的實際情況，可說是一個能夠理解賦予自身任務且又知道該如何完美地完成任務的人。

布里斯托推薦了W．K．巴爾頓，我們到現在為止還不知道，布里斯托如何將河瀨公使的要求傳達給巴爾頓，並說服他滿足這一要求。

河瀨公使面試了布魯季斯和巴爾頓。也許布魯季斯是個比較順從聽話的人。由於拉薩姆是一個固執而憤世嫉俗的人，所以接受他的人會是一個不太主張自己理論的人。這是創造令人滿意的社會環境的必要條件，但是在指導新興國家的年輕人的時候，這並不是優勢。另一方面，巴爾頓是一個有獨立氣息，想法非常自由的人。除此之外，河瀨與在格拉斯哥待了很長時間的山尾庸三很熟，山尾也是長州出身的人，他也知道格拉斯哥大學的亨利．戴爾創建了日本的工學教育體系。巴爾頓也還記得當他在高等專科學校時代時，當時來訪問愛丁堡大學的岩倉遣外使節團一行的事情。在此情況下，河瀨的策略當然以巴爾頓為主要人選。河瀨於一八八七年三月十六日將選考結果通知外務省。

遠離倫敦

帝國大學工科學院錄取教師的消息，在三月十日左右傳達給W．K．巴爾頓。巴爾頓在三月十七日舉行的倫敦地區攝影協會的例會上，報告他被錄選為日本的工科學院衛生工程學的教師，並向大家道別。這一消息傳開來，攝影界極為氣餒，因為被視為具有實力的、才華洋溢且充滿希望的人才將要離開

在倫敦拍攝的W・K・ 巴爾頓的照片

倫敦了。因此，該攝影協會推薦巴爾頓成為榮譽會員，希望能維繫此關係於不斷。英國攝影雜誌於三月三十日在霍爾本餐廳舉行了歡送宴會。大約五十幾位朋友和熟識的人來參加了歡送會。好朋友道爾、恩師安德魯・貝茲・布朗和研究攝影技術的波爾頓，也都紛紛表示不捨離別之情。巴爾頓非常斷定地說：「在日本完成我的使命後，我一定會回到倫敦和大家再聚首的，所以這只是短暫的離別而已。」會場中他分贈給每一位參加人員一張自己的肖像紀念照。但任誰也都沒想到，這一次餐會最後竟然成為大家與威利・巴爾頓的永別之會。

於一八八四年就任英國土木學會會長的巴札爾，在會長演講上向土木技術者說了以下的話：「所謂土木的工作，是以增進大都市居民的健康和舒適、以及延長人類的壽命，為其主要目的。」為了達成該目的，土木工程學與醫學必須緊密地結合在一起。前往日本的Ｗ・Ｋ・巴爾頓正是忠實地實踐巴札爾話語的技術者，而這樣的事情，結果也導致把巴爾頓和日本牢牢地綁在一起了。Ｗ・Ｋ・巴爾頓，於一八八七年四月六日離開倫敦，遠渡大西洋，到達了紐約。然後從紐約搭乘列車橫越美國大陸，抵達舊金山。聽說好像在紐約的遊樂園裡坐了剛開始營業不久的雲霄飛車，體驗了新奇快速的感覺。

巴爾頓為何經由美國再來日本呢？這主要受其父親約翰・希爾的影響，其父親花很多精力在蒐集美國相關的書籍上，克雷格宅邸的圖書館裡有關美國的各式各樣的書籍塞滿了一整個書架，所以透過父親的藏書，在巴爾頓心中應該對自由的美國充滿了憧憬吧！

一八九四（明治二十七）年刊行的《都市的供水與水道的建設》的書本當中，寫到了印加的自來水水道，讀到這個記述時，發覺無法直接看到設施的話，有許多內容是無法寫的。恐怕，巴爾頓滯留美國之際，應該會以某種形式得以見到印加文化的機會吧！在那裡，繼承自父親的奮勇不懈的冒險基因還呼吸著呢！

07 巴爾頓先生的登場

美麗的國度——一八八七（明治二十）年五月二十六日

巴爾頓沿著走廊傳來的跑步聲打開了艙門。

有人在甲板上呼叫著。

「富士山！富士山！大家快來看富士山啊！」

巴爾頓趕快爬上樓梯。在地平線上的富士山山頂被皚皚的白雪所覆蓋，閃耀著光芒。船被大浪衝撞地搖搖晃晃的，讓每個人不得不趕緊抓住船舷的扶手。

「怎麼有這麼美麗的國家呢！」

看到北齋的浮世繪「波浦之富士」，一直都抱著嚮往的心情，而此光景如今就展現在眼前。郵輪雪梨號（City of Sydney）一路以東京灣為目標，向前航行。在數小時之後，我們將踏上日本土地的第一步，烙下我們的腳印。

四月六日離開倫敦之後，已經經過了五十一天了。三月底的送別會上，五十多位的友人和熟識的人來參加，大家都依依不捨。

巴爾頓的腦裡充滿不安的情緒，橫濱及東京也是在去年飽受霍亂的肆虐，疫情不知是否被控制住了。自己被邀請到帝國大學教學的目的，是為拯救日本和日本國民免遭受此類的災難，而我是否足以勝任自己設立的第一個衛生工程課程教授的任務呢。

一閉上眼睛，父親約翰‧希爾的身影浮現出來，隱約可以聽見安靜的聲音。

「威利！沒問題的，請燃起蘇格蘭的靈魂。英格蘭和蘇格蘭也都為產業革命付出犧牲了，新興國家的日本也走上了同樣的道路，不救是不行的，我們必須拯救它，我和查德威克也為此盡心盡力了。」

父親的臉龐，不知何時轉換成母親的，母親凱薩琳伸出手來。

「威利！沒關係哦！只要盡心盡力就可以了，但請不要忘記，一定要回到我的身邊哦！」

說著說著淚水不禁從眼角潸然流下，有船員小跑步地四處來回提醒大家「快到橫濱港了，請各位準備好行李以便下船」。

雪梨號已經繞進浦賀水道，馬上進入東京灣了。

於一八八七（明治二十）年五月二十六日，客貨船的雪梨號在橫濱港下錨了。從舊金山於五月五日出航後，經過二十二天的航行。港口內有二個突出的突堤碼頭，東側是專供外國人使用的碼頭。

數艘接駁船大力地划到雪梨號的一側，在船夫們嘎吱作響的划船身姿上，看不出有霍亂肆虐的陰影。

「好的！好不容易來到這個國家，我們要開始新的每一天囉！」

W・K・巴爾頓興致高昂，此時的他剛滿三十一歲。

「Burton」的發音，尤其是「r」的發音，對日本人而言，不管如何好像都會聽成「巴爾頓」一樣。因此，從抵達當日開始，就被稱為「巴爾頓老師」或「巴爾頓先生」。

一出海關，來迎接的是一位帶有美國腔會說英語的年輕官員。

「巴爾頓老師！歡迎您來到日本，我是永井書記官（相當於秘書長）要我來接您的，接下來我會先帶您去教育部禮貌性拜會，然後再引領您到宿舍去。」

雖然巴頓對於自己的名字被叫作「巴爾頓」一事，感到很有趣，但有了一位能說英語的青年，倒也讓他感到很安心。

「我來晚了，我父親生前告訴我說若有機會出國的話，一定要去美國看看，所以我先經過美國，紐約和舊金山都很令人驚艷，這就是我晚到日本的原因。」

「我也曾經到美國留學，老師的話，我很明白。」

「謝謝！即使如此，橫濱也是非常的熱鬧呢！」

橫濱在開港當初只是一個位在沙嘴一隅的貧寒鄉村，經過不到三十年的現在，橫濱居留地的歐美人士約有二〇〇〇人，當時居留在日本的歐美人士當中的百分之五十以上都居住在此地。居留地的中央是世界首屈一指的巨大商社怡和洋行商會，其屋頂上高高地掛著英國國旗在飄揚。

環抱太平洋一邊的新興國家美國，以及另一邊自豪具有悠久歷史的國家日本，不管是哪一國，對巴爾頓而言，兩個國家都是充滿青春活力的國家。

「由於去年霍亂的流行，覺得日本應該被打垮了才對，但……」

青年對於巴爾頓的話，點頭深表同意。

「去年的流行很猛烈，在夏季時即使在東京也是一天就有幾百人因而死亡。一想到感染就覺得是很可怕，嚇到都食不下嚥。為防止病菌的傳播，各個地方的道路也都變成禁止通行，大家都認為日本已經不行了。

可是國民卻很頑強，霍亂的肆虐一旦趨於收斂，今日為了生存下來，就開始積極地工作。可以說是對明日充滿希望，或者說是相信未來的力量吧！站起來克服災難，而不是一直拖延著它。」

「原來是這樣子呀！相信未來的力量呀！真是優秀的國民性呢！」

想像停滯的日本的狀況，對巴爾頓來說，如果說他沒有存在某種恐怖害怕的感覺的話，那是騙人的。所以聽了青年所言，他安心許多。

「老師！接著下來要搭人力車去橫濱車站，然後再搭火車往東京移動，路上請仔細觀察。日本政府在內務省的長與局長的帶領之下，努力地籌畫防止霍亂流行的對策。我想大家應該是期待老師您來到日本，以開始首都東京的上下水道計畫的制定吧！」

霍亂之流行及其發端

巴爾頓來日本的前一年，一八八六（明治十九）年的霍亂流行，是未曾有過的大災難，而撲滅霍亂的事業，可說正是攸關國家興衰的最大的事業。

如果知道罹患霍亂瞬間就死亡的悲慘情況的歐美人士的話，通常任誰要來日本也都會躊躇猶豫不決的，但是，巴爾頓明知道此事卻還飛進此漩渦中，主要是因為他想要把日本從霍亂的禍害中拯救出來，巴爾頓的蘇格蘭靈魂熾烈地燃燒上來了。

這個霍亂流行、當時的首都東京的狀況，還有其發端時的一八七七（明治十）年的西南戰爭中的霍亂病菌的侵襲等事，要在這裡先做個說明。有關內務省衛生局的《明治十九年虎列刺病（即霍亂）流行紀事》（內務省衛生局，一九二七年）記載如下：

「明治十九年的流行是明治十二年以後最大的流行，患者人數達十五萬五五七四人，死亡者人數十一萬八八十六人。經過一整年，未出現患者的日子沒有超過十七天。

在東京，從八月三日開始十五個行政區內的患者人數一天一〇〇名以上，而從十八日開始則是二〇〇名以上，於三十一日則已經達到三〇〇名以上，九月一日、二日也都持續同樣的狀態。在東京一天達到三〇〇名以上的患者是過去未曾出現過的事。五個隔離醫院被患者塞滿，一個接一個被送過來的患者也妨礙到道路的交通狀態，火葬場則是日夜不息地進行遺體的火化，棺木堆積如山，其慘狀真是無法形容。」（《同紀事》緒言，頁一、本文頁三摘要）。

有關這個大流行的起源，在《明治十年虎列刺病（即霍亂）流行紀事》（內務省衛生局，一九二七年）中，列舉了太輕易地接受英國公使的意見、還有於西南戰爭之際，沒有對進到長崎港的英國艦船進行檢疫等事項。由於這個不好經驗之故，我國在那之後成為擁有冠於全世界的優良檢疫制度，特別是，對於凱旋歸國的軍隊採取嚴格的檢疫，並得到全世界的好評價。《紀事》上如此傳達著：

「大清帝國駐在地領事於七月十五日打電報給外務卿「在廈門已發生霍亂的流行」，內務省（相當於內政部）下指令於神奈川、長崎、兵庫三縣準備檢疫的制度，並設置隔離醫院，還有，將開設港口檢驗病情規則的影本送達各國公使。

但是，英國公使提出了「在日本並沒有一定要設置隔離醫院的必要性」的意見，因而，對於三個縣的指令被取消了。雖然如此，霍亂一旦入侵的話，並不是容易阻擋的，因此內務省衛生局通令下達「虎列刺病（即霍亂）預防法心得」、「養生法吐瀉物洗淨法」等法令規定讓人民依循。九月之後，神奈川縣和長崎縣陸續開始出現霍亂的患者。普魯士的士官從九月六日開始，收到了「英國艦艇上有霍亂的患者，請注意」這樣的資訊。於八日，因為同艦艇上國旗降半旗，所以立刻質問英國艦艇的理由是什麼，結果得到的是「一名水夫因霍亂而死亡」。之後，從同艦艇上降下二艘小船，以護送東西。不久後，聽到從大浦山地發出三發的砲聲響起，這應該是將遺體埋葬了。長崎港的感染者聽說是在這埋葬地附近所發病的，而在長崎罹患的霍亂傳染到鹿兒島，然後在西南戰爭中，再傳染給從軍去的政府士官兵。如此，已感染霍亂的士兵們凱旋回到各地的影響，變成全國性的流行。」（同《紀事》，頁四～七摘要）。

近代化的表與裡

「巴爾頓老師！以目前的現狀來看，橫濱港還稱不上是國際港。布蘭頓先生最早規劃制定了築港的計畫，現今擔任內務省顧問的帕馬先生正再次檢討中。布蘭頓先生也有參與橫濱居留地的污水下水道整備工作。

帕馬先生現在也正忙於橫濱的現代化水道的整備工作，二位也都對橫濱的發展貢獻良多。布蘭頓先生已經回國了，但帕馬先生即使是現在也仍在日本活躍著。接續著橫濱，要著手的應該是首都東京的上下水道工程吧！我聽了去歐洲調查上下水道制度的永井先生的演講，講題是『巡歐記實衛生二大工程』（之後編輯成冊出刊發行）。老師！在日本現代的上下水道整備的問題正是風雲告急。」

「這樣子呀！內心很雀躍興奮呢！」

「我們也差不多要往橫濱車站了吧？在那邊有人力車在等我們。」

巴爾頓和青年坐上了二人乘坐的人力車，車伕則架式十足氣勢萬分地往前跑出去，年輕的車伕身上也看不出有罹患霍亂的不好跡象。

巴爾頓在半路上看到了攝影器材店，不禁地將身子探了出去。

「您！想要看看那家攝影器材店是吧！……」

「車伕先生！請幫我在那家店的前面停車。」

攝影器材店是和色彩工房併設在一起的，工房把在歐洲很有人氣的橫濱照片當作是日本的特產品。

巴爾頓認為「這樣的話，即使在日本也能和倫敦一樣從事攝影技術的研究了」，嘴角不由地上揚微笑起來。

二人再次搭乘人力車，抵達橫濱車站。

「阻止霍亂的流行，真的是一件很辛苦的事情，方才也有提到橫濱會是病菌侵入東京的一個破口，去年七月二日在橫濱港出現了罹患的患者，為防止病菌入侵東京，即使在車站也需要實行陸上的檢疫工作，而且也設置了好幾處的消毒所，我們即將前往的新橋車站的站內也設置了消毒所。

這鐵道二年後會通到神戶，因為現在正加緊地進行工程中。現在需要花一週或者十天時間的旅程，將來都不需要花一天就能抵達。這樣雖然變得很方便，但是霍亂這樣疫情的傳播也會變得很快，文明開化是有需要的，但是預防對策該如何做呢？真的是很兩難呀！」

英國為了克服產業革命所帶來影響的部分，就花了這一〇〇年的時間不斷地苦惱過來。

巴爾頓對於青年所說的話，「就是這樣呀」深深地點頭表示。

「在日本，火車一事被叫作『陸上蒸氣車』，就像把蒸氣船放到陸地上跑一樣吧！如果以貴國位居世界上火車發達第一名的眼光來看的話，也許看起來相當的奇怪也說不定，乘客車廂是鋪榻榻米的，日本人沒有坐在椅子上生活的習慣，而我在自己家裡則是坐在歐洲風的椅子上，可說是極為舒適。到新橋還有一段路，請再稍微忍耐一下。」

巴爾頓脫下鞋子，上到榻榻米上面，然後坐在行李箱上。有好幾組的乘客將香菸盤放在正中間然後坐下來，巴爾頓也模仿這樣盤腿坐看看，但不久後，可能是長途旅程跋涉，顯現了疲累，開始恍惚了起來。不知不覺中，火車抵達了新橋車站。

「巴爾頓老師！漫長的海上旅程，您累了吧！接下來要帶您去文部省（相當於教育部）。」

首位衛生工學教授之誕生

巴爾頓去文部省禮貌性拜會，報告已抵達日本。因此，帝國大學工科學院土木工學科衛生工學講座的初代教授於焉誕生。衛生工程學，是守護人類生命的工程學，因此該講座在我國誕生一事，值得特別書寫一下。巴爾頓的職稱在日本被表記為「教師」，但在英語裡是「教授」。這種表現方式，在當時外國人雇用上是全部共通的。任期是始自一八八七（明治二十）年五月二十六日至一八九〇（明治二十三）年五月二十五日為止的三年，月俸是三五〇日圓。

但是於此時巴爾頓可能從未想過他的聘任契約書會更新三次，並娶日本女性為妻，而且還從事與台灣的衛生改革相關的工作，然後就這樣地一直留在日本的這片土地上吧！

「老師！待會我們會經過工科學院，然後會介紹坐落在本鄉（地名）老師您將居住的地方，您看了那裡之後，就到目前的宿舍去吧！」

當時的工科學院就把虎之門的工科大學校當作校舍來使用，遷移到本鄉是在巴爾頓赴任後的隔年，也就是一八八八（明治二十一）年七月。因此，工科學院就在離文部省很近的地方。

工科學院的發祥地，是從一八七一（明治四）年工部省所設置的工學宿舍開始，然後在一八七七（明治一〇）年將它改為工科大學校，另外由於一八八五（明治十八）年工部省被廢止，改由文部省來管轄，在隔年根據帝國大學命令，變成帝國大學工科學院。工科學院從其成立的過程來看，其重視實際的學習，課程很多都是使用英語進行，當時的學生不管是英語的聽、說、讀、寫均有絕對的條件。

人力車繞著工科學院的周圍，快速地來到位在本鄉的帝國大學外國人教師會館的一群建築物的旁邊。

「先生！是教師會館幾號？」

「能幫我拉到九號館嗎？」

人力車經過舊加賀屋敷的赤門，然後在九號館前停下來。

「這個建築物就是老師您將來要居住的官舍。」

那是個相當寬廣的西洋建築，附有植栽的庭院，讓人覺得是可以安心生活的地方。巴爾頓終於鬆了一口氣，得以安心了。

「相當雅緻的建築物呢！」

「那麼，我們要去旅館了哦！」

行李從倫敦送達官舍，直到安頓好之前，需要暫時先住在旅館。

教師會館第九號館

巴爾頓沒多久就搬遷到教師會館第九號館。

貝爾茲・花描述明治十年時期的加賀屋敷的樣子如下：

「那時來到的加賀屋敷，完全不像在首都中心，傍晚時分，池塘裡的野雁與野鴨帶領著雛鳥一隻接一隻晃呀晃地，來到廚房的火爐旁邊蹲著（略）。因為這樣的關係，一到晚上宛如變成鬼屋一樣，房屋的屋簷下的走廊上，狐狸、貓咪或者小狗成群嬉戲，以致非常熱鬧，而且有時候，小狗會從不忍池叼著

貝爾茲・花夫人

野鴨來，好像不是居住在首都裡一樣。」（摘自《加賀屋敷的回想》）。

有一天下午時刻，巴爾頓來到庭院，搬出桌子和椅子，一個人靜靜地喝著紅茶。此時，距離從倫敦出發，已經經過六十多個日子了，周遭環境完全變得不一樣，教師會館的周圍充滿大自然的景緻，讓他回想起故鄉愛丁堡郊外佩特蘭丘陵上的摩頓宅邸。

巴爾頓的思念移轉到舅舅古斯摩・朱尼爾的身上。

「舅舅啊！您怎麼了呀？」

為何您一個人默默地坐在事務所裡？巴爾頓腦海中無法拭去舅舅寂寞的身影，為了擺脫消沉的情緒，巴爾頓站了起來。

「接下來，我要去神田或淺草看看。」

從神田到淺草附近一帶，有華麗的聲光及熙熙攘攘、人聲鼎沸。隅田川的河面微風輕拂，看見各式各樣的日本船隻上上下下的光景，讓巴爾頓不禁回想起倫敦，內心頓時感到很平靜，因為巴爾頓原本就熱愛大海及船隻的。

巴爾頓看著拉人力車的人或馬、天真無邪玩耍的孩子們、商店買賣做生意的樣子等等一般的日常情景或場面，都覺得畫面很有趣和美麗，他天生具備了這樣的感性。巴爾頓喜歡在街道上漫步，這應該遺傳自其父親吧！

再者，漫步在街道上的話，可以看到並瞭解土地的地形及地勢、或者街道的形成，這對衛生工程學者是必要的，而這也成為在制定首都東京的上下水道計畫上不可欠缺的基礎知識。

08

攜手突破國境的藩籬

普林克利和安子

數日後，巴爾頓接受主掌英文報紙《日本・每週・郵報》的普林克利夫婦的邀請，來到他們的宅邸作客，安子夫人是位氣質佳，比普林克利還年輕差不多二十歲左右的女性，她抱著一位可愛的嬰兒來歡迎他。

「好可愛的小男嬰喔！幾個月大了呀？名字叫什麼呢？」

「三月二十五日剛出生，所以只有二個半月大。名字叫作傑克。」

普林克利很得意地微笑著。

夫人是水戶藩士的千金，名叫田中安子，在新教的家庭中成長，二人結合於一八七八年（明治十一年）。當時英國不承認和日本人結婚的婚姻，但普林克利無法接受這樣的事情，於是向英國法院提請訴訟，並獲得勝訴，兩人重新在一八八六年（明治十九年）辦理正式的結婚登記。他們夫妻除了傑克這個小孩以外，還有一位普林克利和其前妻所生的九歲長男哈利，以及六歲的長女英子・多蘿西，所以對他們兩人而言，傑克是個特別的小孩。

「我想利用我的報紙盡可能早一點傳達老師您來到日本的消息。因為我想讓您先知道日本這個國家的優點，所以，今天請聽我說一下，最初我被這個國家所吸引、並喜愛上它的原因是什麼。」

法朗西斯・普林克利過去是英國陸軍士官，一八四一（天保十二年）年出生於愛爾蘭屈指可數的名門之家，在倫敦近郊的伍爾維奇陸軍士官學校學習槍砲技術。他與在橫濱現代水道工作的帕瑪是同窗，在堂兄香港總督理查德・麥克唐納爵士底下擔任過副官，一八六七（慶應三）年以軍人身分來到日本。之後，經過幾番波折轉變，現在在日本成為一位廣為人知且受歡迎的記者。

「喜愛日本的理由有兩個，一個是被這個國家的陶器之美所打動；另一個則是當我來到這個國家時，在偶然的機會裡見識到了武士決鬥的場面。

首先是被陶器之美吸引迷住了，我來日本之後致力於陶瓷器的蒐集，現在有時還被請託擔任古陶器的鑑定工作。

另一件事是決鬥，我來到日本不久，馬上在偶然的機會裡見識到武士們的決鬥畫面，二位武士很認真地交鋒對峙，一人被斬殺了，我被勝利的武士凜然的禮儀風範所感動，

普林克利的妻子安子

法朗西斯・普林克利

這位武士將自己的羽織披風鋪在倒地的屍體底下，並將被斬殺的人的披風蓋在上面，然後他合掌跪下。我深受其凜然的態度衝擊，悟出原來這個就是武士道呀！見到此光景前，我並沒有打算久留此地，但之後，我想更加瞭解這個國家更多的事情。向江戶表的帕克斯公使報告了決鬥的情形，並傳達了「將日本視為東洋的一個小國是不恰當的」這樣的見解。並且向陸軍部提出請願書，成為公使館的派駐武官。之後，結識勝海舟、西鄉隆盛、伊藤博文、陸奧宗光等優秀的武士，並與他們結交成為好友。

西鄉是薩摩藩士，伊藤則是長州藩士。薩摩藩和長州藩都屬於攘夷派，和我英國海軍作戰過，那是薩英戰爭與馬關戰爭，兩役都由我英軍戰勝。伊藤在馬關戰爭前曾經使用格拉瓦準備的船隻秘密出國，到倫敦留學，但突然接到開戰的通知就緊急回國了。

我親眼見到這個國家的劇烈變動，而且也常常想起武士決鬥的情景，啊！這個國家的武士道呀！」

被武士道所迷戀住的普林克利想要看日本將來會變成怎樣，因此改變身分成為一名記者。

巴爾頓想到蘇格蘭與日本之間不可思議的關係。

「這樣子啊？格拉瓦先生是亞伯丁的人。」

「這個書櫃上有您父親的著作，以前我在橫濱的私立學校教經濟學，當時相當受惠於您父親撰寫的書籍，令尊在哲學及歷史學等廣泛的基礎上論述經濟學，因為他認為切割經濟關係而論述的學說是無意義的。」

「父親如果聽到普林克利先生所說的話，應該會相當欣慰吧！」

「令尊曾編撰《蘇格蘭史》全八卷，我也打算效法令尊撰寫日本的歷史。因為日本、蘇格蘭、愛爾蘭的歷史有很多相似的地方，我個人深感興趣。」

「普林克利先生！我本來以為日本人應該被去年的霍亂疫情擊倒了，但實際上卻沒有如此。」

「去年的流行病因為蔓延得很嚴重，事實上自己會不會受到感染，其實我們也很不安。但，這個國家的國民卻很挺得住，國家整體有很強的氣運提升，現在已經成為一個真正的大國了吧！先生您不顧個人安危來到日本，欲將日本從霍亂疫情中拯救過來，我個人對於您具有的蘇格蘭的精神魂魄深感敬佩。這個就是今天想和您談的主題，想在我的報紙裡面介紹先生您，所以能不能告訴我們有關您在倫敦從事的工作等等的事情。」

《日本・每週・郵報》六月十一日號刊載了「新任的衛生工學教授巴爾頓先生」來到日本的報導。

「帝國大學為了招聘衛生工學專任教師，特別進行選才工作，結果選出了巴爾頓先生。巴爾頓先生是倫敦衛生保護協會的會員，也是衛生工學的專門技師。他是至今為止曾在聖湯瑪斯醫院、東倫敦眼科醫院、東北地區的小兒科醫院、伊頓學校及其宿舍、劍橋大學等地，從事過衛生設備的修護及工程建設事業的人，是極少數衛生工學的權威人士。可說是在東京及日本其他地區可以執行衛生改革的僅有人才。」

新聞報導中寫道，他特別重視醫學與工學的結合，巴爾頓是「可執行衛生改革的人才」。

貝爾茲和花夫人

愛爾文・貝爾茲的官舍是靠近巴爾頓官舍的教師會館第十二號館。貝爾茲當年三十八歲，比巴爾頓年長七歲，一八七六（明治九）年六月六日來到日本。

巴爾頓赴官舍拜訪貝爾茲時，花夫人出來迎接。貝爾茲充分瞭解衛生工學對這個國家而言是何等的重要，他不僅是位優秀的內科醫師，同時深具遠見，經常給予妥適的建言。因此，明治時期的政府相關官員爭相尋求貝爾茲的看法與建言，內務省衛生局長長與專齋就是其中一位官員。長與局長是緒方洪庵所開設教導荷蘭醫學的適私塾的塾長，也是位擔任過長崎醫學院的校長，其雖然是位具有精湛荷蘭醫術的醫師，但仍然對貝爾茲寄予深厚的期望。

貝爾茲伸出雙手來跟他握手，並開始說起去年的霍亂疫情：

「去年疫情爆發大流行的時候，我每天下午都在隔離醫院做診療，最初會帶助手前往，但他們害怕被感染所以不久就說不去了，接下來只好改由學生去，但他們也說不願意去，甚至連人力車的車伕也拒絕前往隔離醫院。這就是當時的情形，讓人非常的困擾。所以衛生工學就是拯救這個國家，促使其發展的重要基石，衛生工學也正是攸關這個國家興衰的最重要領域。」

貝爾茲・花夫人曾寫到如此悲慘的回憶：

「（從隔離醫院要將死屍搬運到火葬場）有時棺木還來不及送到，只能草草地將屍體以草蓆包起來，送上人力拉車運走。有時，也常常因搬運的人太疲累了，不小心將屍體掉落在半路中也沒有察覺，直到隔天早上才被村莊的人發現，因而引起很大的騷動。另外，還有已經被送到火葬場的死屍突然甦醒過來，然後自行回到自己家的狀況，這樣不可思議的事情，在當時竟然經常地發生。」（貝爾茲・花《歐洲大戰當時的德國》，非賣品，審美書院，一九三三年，頁二六三～二六四）

近藤富枝在其《貝爾茲・花》（瀨戶內晴美編《國際結婚的黎明》講談社，一九八九年，收錄）一書當中，敘述了花夫人與貝爾茲結緣的經過如下：

「花夫人十七歲時以女管家之姿在貝爾茲的身邊照顧服務其日常生活，此時是明治十四（一八八一）年。她的名字原本叫作「荒井初」（hatsu），出生於神田明神下，雙親是經營海外物產買賣的外國貨商，被允許可以進出會津藩，應該是相當富裕的商家。但是，在幕府時代末期的動亂中，她的父親突然過世，生活因此變得窮困。之後，她由從事神社宮殿木匠的遠親家人一手扶養長大，但這個家庭也是貧窮勞苦。因此，伊藤博文的夫人梅子將這樣的她介紹給貝爾茲，成為他的女管家。貝爾茲當時雇有秘書、車夫、廚師、女傭，貝爾茲見到她時即對她有好感，最後終於成就了兩人的戀情。」（《國際結婚的黎明》，頁一四三～一四七之摘要）

貝爾茲在三年前（一八八四年）曾經短暫歸國回到故鄉，和母親商量結婚事宜。返回到日本的貝爾茲和以前一樣與花夫人的關係繼續維持著。巴爾頓初次到訪時，他們兩人尚未正式結婚，但隔年一八八八（明治二十一）年貝爾茲向花夫人求婚並結婚了。

米倫和利根

巴爾頓接著拜訪約翰・米倫。米倫的官舍位在溜池榎坂町的舊山口宅邸，在這裡同樣地也是一位美麗的女性出來迎接巴爾頓，她是米倫的妻子堀川利根，當時二十七歲。米倫來日本二年後正在北海道進行調查工作，他在函館初次見到當時十八歲的利根，那時米倫二十八歲。二人互有愛意結合在一起，並於一八八一（明治十四）年的春天，在靈南坂教堂舉行了婚禮，此婚禮非遵循英國的法律規定。

巴爾頓有非得請教米倫不可的事情，那是關於地震的事。因為自來水管道、污水下水渠道、其他的衛生工程設施，均有相當程度的部分是埋設在地底下的，地面的震動將會造成多大的影響呢？即使是震度三級的地震，在英國幾百年幾乎也不會發生。針對巴爾頓直率的提問，米倫回應了。

「我初次抵達東京的那一天，剛好碰到地震的發生，彷彿受到了地震的歡迎一般。而在四年後的一八八〇（明治十三）年二月也發生了大地震，橫濱的部分地區宛如被戰爭破壞過的市區街道一樣。此時日本地震學會成立了，強調在地下構造物或建築物的基礎設計上應該活用地震學的成果。」

巴爾頓對於米倫所言極力地點頭表示贊同。構造物的安全性受基礎的穩固與否所左右，技術人員缺乏地震經驗會是個問題。巴爾頓一邊飲用著利根夫人端出來的紅茶，一邊打從心底如此地想著。

「您抵達橫濱前應該也有看見富士山吧？那座山是火山呀！

啊！不不不，對您這樣說真是失禮了。在日本火山事實上是很多的。」

「富士山美得讓人屏息，務必讓我們一起登山去看看。」

這個計畫馬上被付諸行動了，兩人也因此成為心靈相通的好友。而登富士山時，亨利・戴爾也一起同行。

米倫比巴爾頓年長六歲，在英國利物浦出生。米倫是位冒險家，經由西伯利亞來到日本。一開始先深入俄羅斯的領土內，然後跨越烏拉山脈，再經由外蒙古、內蒙古，從萬里長城進入上海，經歷約莫半年的冒險旅行，最後在橫濱登陸，結束這趟遠征之旅。這與巴爾頓經由美國來到日本的路徑正好相反。

二人之後共同合作了好幾件重大的事情。米倫提供巴爾頓地震學的最新成果，而巴爾頓則透過拍照攝影對米倫的研究有所貢獻。共同合作當中最重要的作品即為《日本的火山》及《日本的大地震》兩冊攝影集的完成，詳細情形將於後面敘述，不過，前一本攝影集當中的〈第一部富士山〉這一卷將富士山的火山口拍得很成功出色；而後一攝影集則是米倫在任內發生的最大地震——濃尾大地震的災害紀錄，由巴爾頓編輯企劃、拍照攝影以及說明，米倫則負責書寫地震解說的論文。正由於二人的關係可說是緊密地如滴水不漏般，最終才能攜手協力讓攝影集問世。

米倫親臨日本，彷若宣告世界地震學黎明的到來。米倫設計現代化的地震儀，並創設了日本地震學會。他回到母國英國後，在懷特島夏德丘上設置地震觀測所，將地震學傳播到世界各地。

康德爾和粂

喬賽亞・康德爾的官舍位在京橋西紺屋町，巴爾頓前往拜訪時，他馬上就現身。康德爾出生於一八五二年，比巴爾頓年長四歲，當時是三十五歲。

「數天前我剛從倫敦回來。回想起一八七七（明治十）年的時候，他初到日本，沒想到轉瞬間就經過十年了。久久一次回到倫敦當然是件不錯的事，但回去後還是很懷念日本的，所以可以說是彷佛完全被日本所俘虜了一般。」

康德爾面對巴爾頓好像是舊識的友人般，直率地說出其內心的感想，他是一位在建築師的伯父底下做學徒，學習技術的人。

「這個國家的學生非常的優秀，我第一期的畢業生僅有四位，培育了辰野金吾、片山東熊等人，他們現在都是很優秀的建築師。來日本當時我正值二十五歲，還很年輕，和學生們差不多的年齡呀！總之，當時該怎麼做才好，自己也很困擾，您應該也將要面臨此經驗了吧！」

巴爾頓愉快地笑著。巴爾頓在那笑聲中回想起遙遠的記憶，在愛丁堡高等專科學校時期，巴爾頓曾經代理老師對學生進行授課，當時的緊張感和充實感這時都被回想起來了。

「我想在這個國家學習的是日本文化，特別是日本繪畫與地震相關議題。在日本繪畫方面，我拜師河鍋曉齋老師學習，成為他的弟子，老師給我取了曉英這個名號。」

康德爾最拿手的是水彩畫，此才能也得到曉齋恩師的認可。另外他也對日本舞蹈感到興趣，拜師坂東流派菊川錦蝶，成為其門下弟子。而在這個舞蹈界裡，他初次邂逅了名叫前波粂的女性，最後並與其結婚締結為夫妻。

巴爾頓更拜訪了查爾斯・狄金森・威斯特和愛德華・戴維斯，威斯特出生在愛爾蘭的都柏林，比巴爾頓年長九歲，專攻機械工學與造船學，對於攝影技術亦抱有極大的興趣，而巴爾頓因為在當學徒時也曾經學習過相同的領域，因此兩人馬上成為意氣相投的友人。

戴維斯出生於倫敦，年齡上比巴爾頓大十九歲，曾在格拉斯哥大學學習化學，而且也進修醫學，他在帝國大學理科學院負責化學，而於衛生工學或攝影技術方面則提供許多的建言。

幸運的奇蹟

擁有出眾的智慧與才能的人，無法被侷限在國家的框架裡，跳脫出母國，集結到遠東日本這個小國家的帝國大學這樣的場域，而這對日本國家而言，真的是幸運的奇蹟。

貝爾茲・花女士書寫如下：

「外國人雇用的大概都是以年輕人居多，而這些年輕人在自己的國度居住時通常無一面之緣，彼此互相不認識，可說完全是陌生人，但奇妙之處就是一旦來到外國，通常會變得比親人還親，而且（略）被雇用者之間因為境遇相似，所以每每商量事情時都能很快有個圓滿的結果，即使遠離自己的國家，也絕無怠惰之事。（略）」（《歐洲大戰當時的德國》，頁二四九）

就如同花女士所言一般，「他們都是年輕人居多」，巴爾頓來日本時，貝爾茲當時三十八歲，米倫三十七歲，康德爾三十五歲，永井三十六歲，連後來和巴爾頓成為摯友的後藤新平也只有三十歲，而當時的巴爾頓則是三十一歲。在這個年代的人，大家都各自肩負著重大的責任。

內務省（相當於內政部）衛生局局長長與專齋將日本衛生工學技術者的培訓及全國衛生工程的指導工作交付給三十一歲的巴爾頓，巴爾頓也不負其期待奮起努力。

令巴爾頓印象深刻的是身為這些年輕人妻子的身影，當時的日本女性常被稱為「宛如洋娃娃玩偶般」，但也許可反向的思考，她們有充滿智慧的自我克制力及向上心，並且活力滿滿，十足美麗大方。

針對與外國人教師的結合，貝爾茲・花夫人曾說過的話，應該也能如實地反映出夫人們的遭遇，過去和外國人結為連理而面臨嚴峻考驗的夫人們，堅強地團結在一起，彼此互相協助關懷度過了難關。

09 首都東京之上下水道工程計畫

衛生建設的二大工程

巴爾頓開始著手準備九月即將開講的講義，所以掌握日本的實際情形是有其必要的，因此他拜訪了舊識永井久一郎先生。

永井熱心敘述了去年霍亂流行的慘烈災情、日本政府衛生行政目標，以及上下水道整治的方案等。數日後，永井帶來了一本書。

「巴爾頓先生！這是一本彙整了我在歐洲做衛生工程制度調查相關的書籍，也是我在今年一月二十九日在大日本私立衛生會中所演講的內容，當時得到很大的迴響，並被寄予許多的期望，因此把它集結成書，在四月一日出版了。長與專齋局長幫忙寫了序文，他在序文中寫了以下的話：

『衛生工程是衛生事業的根本。明治十年以後，霍亂流行了五次，喪失了超過二十萬人以上的性命，稅金也損失了六〇〇多萬日圓，對工商業直接或間接地造成了莫大的損害，對國家整體而言簡直是個大災難。因此從霍亂流行所造成的經濟損失來看，投資衛生工程設施的興建，以防止霍亂的發生乃當今燃眉之急。』（《巡歐紀實衛生二大工程》長與專齋序文摘要）。

長與局長認為在帝國大學工科學院開設衛生工學講座之後，值此同時也應該有所行動了。局長五月十八日以中央衛生會芳川顯正會長的名義，將『興建衛生工程設施的建議』之推動方案呈送給山縣有朋內務大臣（相當內政部長）。

衛生行政之創始者：
長與專齋

這個提案當天就被批准認可了，選定了五位籌備委員，並於六月三日召開首次的會議。貝爾茲老師及長與局長本人也是其中的委員。為了呼應這樣的舉動，日本政府不久也推動了『共同推動水道鋪設的內閣會議決策』，內閣決議當中也運用了我的調查成果，而英國的制度則大大地影響了這個決定。」

巴爾頓知道這個國家有一群當政者正以長與為首，一生懸命努力地尋求解決之道。

「永井先生、這個所謂『共同推動』指的是什麼呀？」

「政府決定如下的方針，即『水道鋪設，原則上地方政府以地方稅來施作，而私人公司的情形則為例外』。再者，政府為了這個例外處置，修改了地方政府適切規範公司行號的法律及命令等相關規定。日本國內至今針對水道鋪設的問題當中，有關事業主體由誰主導的論點可說是百家爭鳴。

霍亂的流行衍生出衛生工程建設的必要性。所謂衛生設施的二大工程雖然指的是自來水上水道及污水下水道，但其中計畫安全供水的水道鋪設事業主體沒有既定的方針，在這次的內閣會議中則達成一致性的決定，因此我們要在首都東京和全國的主要城市全面地開始進行衛生建設。」

「可說是論點紛陳呀！但為何方針突然被內閣會議定案了？還有，為什麼不是污水下水道工程？而是自來水供水工程？」

「去年霍亂大流行時，首都東京發生了不可思議的事件。那是八月十九日的事了，傳出有人在多摩川上游清洗霍亂患者穿過的髒衣物，而天皇居住的皇居也使用來自多摩川的水，也就是說天皇陛下也有可能飲用到這個水，而這問題可大了。

重要人士們也深刻體會此問題的嚴重性，因此，民間的有力人士提出了設立民營的自來水公司的想法。此時正朝整合各方意見的方向進行。」

「我想倫敦和東京比較起來，條件是更為惡劣的。」

「為什麼？」

「在倫敦呀！倫敦大橋邊設置了水車取水處，取用泰晤士河的河川水當作自來水用，而且由於沖水馬桶的普及，尿糞直接流入泰晤士河，所以泰晤士河的污染是相當嚴重的。教會免費提供教區內自來水共用栓的水也是這個污染過的水，因此，很多貧困的市民就因為染上霍亂而喪命。

一八五三年霍亂疫情肆虐中奪走了將近一萬一千人左右的性命，之後的五年，也就是一八五八年的夏天，倫敦再次被惡臭瀰漫覆頂，市民害怕地顫抖，認為瘴氣（毒氣）是瘟疫的元凶。英國在這一年被稱為『大惡臭年』，這簡直是國家的大恥辱。

而解決這個問題所採取的對策有兩個，一個是從乾淨水源來供水，另一個則是下水道的整治。當時瘟疫的慘狀為一個契機，促使倫敦上下水道的整治工作急速地向前邁進。巴札爾技師長（相當總工程司）拼命努力，大致達到了既定目標。

日本去年流行霍亂時，東京居民的尿糞仍完全被當作肥料加以使用，所以我想疫情的狀況比倫敦好很多。」

「我也從巴札爾那裡聽到許多有關衛生建設的諸多問題。雖然東京和倫敦相比，條件應該比較好些，但去年的疫情卻相當的悽慘。」

「病原體會自行繁殖，即使僅有些微的污染源，但病原體若處在能夠自行增生的惡質環境中，其結果也是相同的。」

現在正是採取行動的時刻

「因此綜合性的整體對策是必要的。為了制訂完善的政策，長與局長在一八八二（明治十五）年，施行了三個對策。

第一個，創立大日本私立衛生會。以普及國民的衛生觀念為目的，推行相關的啟發活動。明治十六年設立初期會員數僅約二〇〇〇人而已，隔年則快速膨脹到六〇〇〇人。

第二個，建設神田污水下水道。這個是以西歐型態的暗渠下水道為範本，試驗性地在神田地區建設，以調查其使用狀況為主要的目的。試做了三年，神田地區的土地變乾燥了，居住環境也變好了。但是，過去誰也不想為了這個事出錢來建造排水設施。

第三個，我被派遣到歐洲，進行該地區上下水道制度之調查。其成果即是這本《巡歐紀實衛生二大工程》所記載的。

另外，於工科學院設立衛生工學講座也是綜和性整體對策的一環。要做什麼事情都要靠人才，接下來，培養優秀的技術人員是必要的。

長與局長認為在這樣的綜和對策上，該是起身行動的時候了。首先決定從自來水道的設置開始，接下來是污水下水道，然後再從居家的改建這樣的順序來進行衛生工程建設。但是，自來水民營化的道路尚在摸索中，而如果自來水上水道能夠朝民間經營的方式來進行的話，公家經費就能夠多一點撥移至污水下水道的建設。

如此一來，居民將支付飲水費用，將成為自來水道財政的來源。但是，污水下水道則缺少收入的管道，只能倚賴稅金。所以請盡早和長與局長及後藤新平技術官會面。」

「明白了！我是技術顧問，請問我也可以參加大日本私立衛生會嗎？」

「當然可以呀！非常歡迎！」

在霍亂疫情再度流行前，普及國民的衛生觀念乃是相當要緊的課題。摩斯來日時的明治十年左右之前，當時摩斯也很驚訝東京曾是個那麼乾淨的城市。但隨著文明開化的展開，以及深受歐美西化的影響，日本一直以來的習慣顯得老舊又不適合了。在這樣的情況之下，大日本私立衛生會想要傳達正確的衛生觀念給日本的普羅大眾。

「我曾經在倫敦使用幻燈機，利用幻燈機將影片放映至螢幕，來參加的市民看了很歡喜，而且也很容易理解我們想要傳達的理念。我希望也能在日本以這樣的方式來嘗試看看。

然後，由公司組成的民營機構及由自治體組成的公營機構、還有費用及租稅等考量的關係來看，我非常感佩長與局長所採取的綜和性整體戰略，如果沒有採用這種方式的話，污水下水道的設置也不具意義了，所以這樣做是正確的。」

「我想英國的制度帶給長與局長強烈的影響，根據我的調查，在倫敦水公司總共有八家，彼此分攤供水的業務。皇家法令公布了倫敦供水條例，公司的設立必須經過國會的決議，取得政府的認可，而地方政務大臣則擔負實施該條例的責任。

政府根據此條例，針對自來水的水源、供水的水量及水質、淨化的方法及供給方式，甚至連對資本利潤分配等，都有做了相關的規範。地方政務局則常設自來水檢查官，負責檢查工作。自來水水費的徵收則不能超過政府所設定的標準，因為從政府為了確保自來水的公共性這個觀點來看的話，必須對其經濟活動有一定的限制。

另一方面，污水下水道事業由倫敦市的土木局所管轄，該事業根據皇家法令頒布的倫敦管制條例來執行。下水道主要幹管由市直轄；支管則由各區轄管；住宅內的私設下水道則由地主自行管理。下水道管理機制雖然是複雜的，但值得特別注意的是，可以課徵污水稅金作為管理經費的財源。此外，土木局可以將區稅作為擔保發行債券募集資金。而與固定資產連結的目的稅，或者將稅收當作償還財源，這些藉以調度巨額的建設資金等方法，真是不勝枚舉。

長與局長認為在有限的財源範圍內，如果要一併同時進行自來水上水道及污水下水道兩項工程的話，從英國的制度中可以學習的地方應該有很多。在『共同推動水道鋪設的內閣會議決策』中，雖然原則決定自來水道以公營方式來處理，但也不排除私營的自來水公司的可能性。因為即使在我國，如果擁有和倫敦一樣的環境，那有自來水公司的設立也不是什麼稀奇的事。」

巴爾頓感嘆永井是一位「確實瞭解倫敦上下水道制度一事」的人，而且他也試著去瞭解在這個國家裡自己所處的立場，及如何去加以應用，這真是一個不容易的使命。

長與專齋的背水之戰

中央衛生會會長芳川顯正在一八八七（明治二十）年六月三十日向總理大臣伊藤博文和內務大臣山縣有朋提出「在東京興建衛生設施的建議書」。建議中凝聚了長與的「即刻行動」之決心，此建議馬上被付諸實施。

「所謂衛生就是防範疾病的發生於未然，保護人民的健康。至於霍亂的預防，最根本的就是衛生設施的建設，也就是提供自來水的供給和污水的排放。

而衛生設施的建設需要龐大的資金，所以不得不從人口稠密、緊急性高的城市開始實施，首先當然就是首都東京了。

在東京如果無法同時施設自來水道及污水下水道的工程，也必須先行處理自來水道鋪設的問題。因為自來水不僅供人飲用會進到人體內，也可以成為政府收入的管道之一。

供水方式雖然取決於目前的緊急措施，雖是暫時的，但也必須努力改善。

至於經費的調度方法有三個，第一個方法就如同歐洲各國一樣，委託自來水公司，政府則負責管理監督。第二個方法是募集地方公債，以地方稅來償還。第三個則是在一定的期間內暫以國庫來支應，並告知國民相關的好處。至於選擇哪一個方法，當然這必須委由當局者的判斷來決定。

再來，水道的改善乃緊急要務，在財政上不得不以地方公債或國庫來支應，因此決定先做自來水道的改善，這不應該失去先機。」

長與是該建議書的起草委員，所謂建議的官員指的就是長與這位人士，而委託其判斷的內容則超越了政府的既定方針。

內閣決議「自來水道鋪設目的一致之案」上，「自來水道的鋪設一事，地方政府以地方稅收來施作為原則」，選擇方案的第二個為真正想要的，而根據事情的狀況也有可能選擇第三個。長與以「首都東京」為號召的旗幟，擴大選擇方案，「賦予官員來判斷」，這可說是背水之戰。

永井感受到長與一決生死的決心，直覺「在局長的腦裡充滿著英國的制度」。長與考慮的是「自來水道民營、污水下水道公營」，如果以這個方式處理的話，可以一舉整備上下水道兩者的設施。內閣決議在萬不得已的情況下，核可「法令容許的範圍內私人公司得以從事自來水事業」。

問題為是否有願意出手將它事業化的企業家，而當時以實業家涉澤榮一為中心的部分財界人士已經開始著手成立公司，那個計畫決定委託帕瑪規劃立案，但民間無法直接接觸到污水下水道計畫，而關於這點，大家則對於巴爾頓賦予極大的期待。

在日本當時的下水道工程上，希望能特別注意不含「人的尿糞」這一點，而這一點剛好與倫敦的情況正好相反。人的尿糞在日本被當作是有利用價值的資源，因此在都市構造以及生活型態上，東京與倫敦是全然不同的。在此論點上，長與及永井也都認為歐洲型態的污水下水道工程建設是必要的。也就是說，他們冀求的清潔程度高過於倫敦，而主要的理由是瘟疫的元凶正是病原菌，病原菌事實上是會自行增生繁殖的，含有病原菌的污水即使只有一滴混入自來水中，乾淨的水即有可能就全部轉變成污水。這個就是巴爾頓所持的論點。

超越悲傷

巴爾頓來到日本一個半月裡雖受到各種的衝擊，內心裡卻仍滿懷熱情地過著每一天，但正當開始適應東京生活的時候，卻傳來「舅舅古斯摩・朱尼爾突然逝世」的噩耗。

隱約聽到從遠處傳來貓頭鷹微弱呼叫聲的一個夜晚裡，眼前浮現舅舅一個人在阿德菲事務所裡畫著設計圖的模樣。

貝爾茲對心情鬱悶的巴爾頓說了話。

「三年前我回到久違了八年的德國的時候，母親視力變不好了但還蠻有精神的，而我父親已在六年前過世了，當時我人在遙遠的日本工作，家人因為擔心影響我的工作未告知於我，所以我完全不知道父親往生的消息。為了回應父親的期待，在日本我只能努力地做不讓自己後悔的事，以慰父親在天之靈。」

巴爾頓一語不發，默默地緊握著貝爾茲的雙手。

剛好在一八八七（明治二十）年的夏天，巴爾頓決定接受大日本私立衛生會的委託，參加北海道、東北地方的衛生調查之行。後藤新平就是在這個時候出現在巴爾頓的面前。

後藤新平在一八五七（安政四）年六月四日出生於南部藩（現今的岩手縣）的水澤，比巴爾頓小一歲。他十八歲時進入須賀川醫學院就學，之後歷經各式各樣的醫學學習，二

長與的左右手後藤新平（巴爾頓與後藤結為重要夥伴）

十五歲時當上愛知醫學院的校長，並兼任愛知醫院的院長。長與在一八八二（明治十五）年二月因為賞識後藤無與倫比的政治行政長才，特別拔擢他成為內務省衛生局稽查員，從這個時候開始，後藤成為長與的得力左右手。

剛與巴爾頓認識時的後藤，當時以留學德國為目標，致力於衛生制度的研究。在當年的九月後藤即發行了第一本的著作《普通生理衛生學》，兩年後更出版了主要著作《國家衛生原理》，再隔年終於被允許自費留學德國，出發迎向柏林。

北海道、東北地方的衛生調查之行是個歷經大約一個月左右的長途旅程，後藤期待在這期間能向巴爾頓討教一些歐洲的相關事務。

調查團一行搭乘相模丸號的船隻於七月二十八日從東京灣出發，一路駛向函館，進入函館港口之時正是預定的三十一日，計畫從函館開始，途經青森、秋田、仙台、福島，然後回到東京。

函館自開港以來就發展顯著，霍亂是否會侵襲它，這也是一個令人擔憂的城市。開拓者於八年前已委託美國的鐵道技師克勞福爾德規劃自來水道計畫案，而該計畫也剛經過帕瑪的審查。在秋田及青森已經開始籌設自來水公司，而相關人士也希望能得到衛生工學專家巴爾頓的意見。內務省衛生局為了將事業具體化，認為有必要事先掌握現地的情資。

巴爾頓和後藤二人在船上談論很多事情，後藤對於適用於社會及國家的達爾文進化論之社會進化論深感興趣，並問及國家衛生原理和生物界的諸多原理難道都不相通嗎？如果說國家是個巨大的生物，國家學的基礎就在於生物學，後藤執著於此假設論說，巴爾頓也接受這樣的論述。

「查爾斯・達爾文是父親的友人，我父親是邊沁理論者，邊沁的想法也是從社會進化論的觀點而來，從此觀點來看將展現不同的視野。我想日本於不久的將來也將接受產業革命的洗禮吧！衛生的目地應該不是抑制產業革命的陰暗部分吧？從進化論所謂的基本原理來看，構想衛生諸原理的後藤先生的規劃企圖心可說是無人可及的。」

巴爾頓對於後藤這樣的人物嘗試從建立宇宙和生命系統的基本原理來思考國家衛生原理，投以無比驚訝的眼神。

相模丸號按照預定時間於三十一日當天在函館港口下錨，而一行人入住到函館俱樂部的宿舍，於隔天開始繁忙的公務。

天生資質

巴爾頓具備天生教育家的資質。後藤對巴爾頓的工作進行方式感到震驚，他的工作比起任何人都來得正確迅速，而且也會聽取相關人員的意見，在現地調查結束時所有解決的方案均已備妥，而方案的內容非常經濟且合理，首先建議書的方針是先提出一些暫時性的措施，並階段性地加以改善糾正，而巴爾頓的因應方式也是循著這個基調進行。

後藤新平是一位所謂極重視「人、人、人」的指導者，那個時候他開始尋找有能力的人，並將他們的能力發揮極致，即使有失敗也自己負擔全部責任。之後，後藤一直不斷地尋找人才，他說生活就是無止盡地工作。

後藤返京後報告了巴爾頓的工作情形，當然有些評價也傳到了長與的耳朵裡。長與是一位以「小伊藤」稱號聞名的細膩實務家，能夠把首都東京這樣的自來水道建設計畫交給年僅三十一歲的巴爾頓來做，這是需要相當大的決斷力。

巴爾頓在旅行中拍了許多照片，並將這些照片送給了道爾，道爾再將這些照片以「北日本相機紀行」（Through Japan with a Camera）為題投稿到《英國攝影雜誌》（*The British Journal of Photography*），這般作法真的對巴爾頓要介紹日本文化有極大的幫助。

來到日本後的三個月轉瞬間就過去了，新學期開始了。巴爾頓衛生工學的課程是以土木工學科系二年級及三年級生、還有建築學科系（當時被稱為造家學科）則以二年級生為授課的主要對象。

松村貞次郎在他的《聘僱外國人——建築・土木》（一九六七年、鹿島出版會出版）書中，有關巴爾頓的部分曾寫道「他所開的課程就如同他個人的特質一樣，非常受到學生的喜愛，當時的門生中有的已成為大學建築系教授，有的則成為日本建築界的領導先進者，他們有時會懷念地憶起往事。」（《聘僱外國人——建築・土木》，頁一八一）。

課程通常都如下所述般地進行。首先巴爾頓進入教室，馬上會在黑板上寫下課程的要點，之後再循著要點加以說明，說明後回答學生的提問，若沒有提問則結束課程。縱使時間有剩餘也是要下課，主要是因為這樣的上課方式讓人易於瞭解，教師掌握上課當天的一切，也很明白想要傳達的訊息是什麼。巴爾頓這樣的課程持續了七年，如後面所敘述，所謂《都市的供水》這樣的教科書，在一八九四（明治二七）年由倫敦的出版社發行了。

自來水公司設立之契機

橫濱市的自來水公司從一八八七（明治二十）年十月十七日開始供水。以當時的價格日幣一〇七萬元（大約折合現值日幣一〇〇億元）的巨額及花費二年半的工期完成，是日本最早的現代化自來水設施。

當消防栓進行放水測試時，從橫濱市內中央地區的吉田橋邊響起萬民歡騰的歡呼聲，消防水管發射出強大的水柱，市民看到這個光景彷彿看到文明開化的精華展現，這個設施將使人們得以從霍亂和火災中獲得拯救，人們因此歡欣鼓舞。

侵襲東京的霍亂經常都肇始於橫濱，而自來水的水源過去是在相模川水系的道志村。伊藤和山縣兩個人都拍胸脯保證今後水源絕對不會受到霍亂弧菌的污染，市民也感同身受，因此紛紛申請使用自來水。

深受這樣反應熱烈的情況所影響，函館及秋田也加速了自來水公司事業化的行動。

在自來水公司事業化的趨勢當中，迅速地開始行動的是，在首都東京計畫設立自來水公司的涉澤先生等實業家們。橫濱的自來水事業基本上是所謂的國營事業，其設立之初雖然是以民營公司的方式成立，但因為經營失利，所以後來由神奈川縣政府接手經營。當時是尚未制定市政制度或鄉鎮制度的年代，神奈川縣是中央政府的下屬機關，因此投資經費全部由國庫負擔。

而今實業家們最瞠目結舌的原因是市民絡繹不絕的申請使用自來水，這樣子他們就確信投入的建設是符合成本的，又加上東京計畫是委託橫濱自來水公司的技術團隊負責人帕瑪來執行。因此實業家們信心滿滿，勢在必行。

長與看到民間這樣的動向，因此在一八八七（明治二十）年十一月十四日提議制定「市街私設水道條例草案」的方案。

「自來水管道的鋪設工作雖然原則上是由地方政府來執行，但若因為種種的因素而延宕的話，則不得不委託民營公司快速地來施作。但民營公司執行的時候也必須和地方政府一樣地被規範，因此有必要針對民營公司制定監督保護的方針。」

涉澤對應的動作是很積極迅速的，一到十二月，馬上向內務大臣（相當於內政部長）提出申請設立東京市自來水公司。其申請書副本記載如下。

「在衛生及經濟面上，目前已經是很難放任不管東京的供水狀況，因此我們民間發起人想要成立自來水公司來處理。聽說市區改革部門今後有供水改善的計畫，但萬一無法執行的話，請允許讓我們民間的企業可以來設立自來水公司。」

一八八八（明治二十一）年一月一四日帕瑪起草的東京市自來水供水計畫書被提出了，涉澤等實業家這樣地迫使政府整備首都東京的自來水道設施，但可惜的是，之後卻沒有顯著的作為。而長與提議的供水條例方案也躺在內務省不動，因而胎死腹中，對於涉澤等人的申請也單單只有釋出善意而已，在這樣的狀態之下，如果再次發生霍亂疫情的流行，政府的無所作為可說是先機盡失。

走投無路的首都東京之上下水道建設計畫

長與提議向內閣會議提出的「市街私設水道條例草案」當中，記載著「向中央衛生會諮詢，該會邀請專家及考察過歐洲各國回來的人當臨時委員，進行縝密的審議工作」，所謂專家指的是巴爾頓，而考察過歐洲的人士則是指永井。

長與自從提案以來，忙著向中央衛生會的主要成員進行遊說，結果他的努力奏效了，於一八八八（明治二十一）年五月九日中央衛生會詢問了該條例草案，中央衛生會並於六月十日開始審議，而巴爾頓及永井每次都參加審議會，並以專家的身分回答各種提問。

結果，該條例在七月十日由中央衛生會會長芳川顯正向內務大臣山縣有朋作報告，但卻沒有馬上被納入內閣會議中，因為根據已經在四月二十五日公布以市政府、鄉鎮為主體的地方政府的自來水事業經營，產生了其相關新規立法的必要性。因此難得的報告被保留未被採納，長與、永井及巴爾頓都不禁黯然。

七月十五日磐梯山火山大噴發，同時「大清帝國霍亂疫情發生」的消息也如電擊般地傳來。

「廈門港連續每天出現三、四十名的患者，症狀嚴重。廈門近郊的漳州府日夜臥倒街頭的人則有一〇〇名以上，但此刻居留在當地的外國人還沒有被感染到。」接獲這個消息的長與立刻向內務大臣報告，並發出以下的通告。

「因為大清帝國各地霍亂疫情流行，神奈川、兵庫、長崎三個港口將實施檢疫工作，其他沿海各地也請充分注意，實施預防措施。」

因為這樣的狀況，內務省及東京府內也都引起騷動。此時此刻供水的問題已非最急迫的事了。同時在七月下旬，涉澤等人已撤銷民營自來水公司的設立申請。

理由如下：

「政府當局目前正忙於供水條例的制訂，將等待該條例公告後再重新提出申請。」

對於長與等人而言，這簡直是到了窮途末路無處可走的境地了。

開啟突破點的東京市區改善條例之公布

「有霍亂流行跡象」的消息一傳出，喚起人們想起一八八六（明治十九）年疫情大流行的惡夢，而這正是一個突破點，於一八八八（明治二十一）年八月十七日適時公布了東京市區改善條例。所謂的「市區改善」指的是都市計畫革新，該條例就是現行的都市計畫法、或者稱為首都圈整治法。雖然參議院以財政籌措困難為由否決該案，不過內務大臣（相當內政部長）山縣有朋和大藏大臣（相當財政部長）松方正義卻無視參議院的否決，上奏並公布該條例，這撼動了整個內閣會議。

「為圖謀東京市區之營業衛生消防及通運等永久之便利，朕特裁示東京市區改善條例並公告之。」（明治二十一年八月十七日敕令第六二號）。

首都東京之上下水道事業現在正被視為東京市區改造的主要事業並正規劃著，而這是既定路線了。涉澤等實業家們對於「市區改善部內部今後將有水道改善計畫方案」的看法，可說是評估正確，而對於撤銷公司設立之申請也是正確的判斷。

醫界的有力人士長谷川泰在大日本私立衛生會九月的例行會議中，以「冀望東京市區改善委員會的諸君」為題演講。

「自來水的供給靠自來水公司提供，污水下水道的改善則期望委員諸君了，自來水的供水及污水下水道兩者都能達到改善的話，東京府底下的傳染病流行將根絕。所以拜託委員諸君趕快著手污水下水道的改善工程。」

長谷川的想法和長與相同，而相關人員也沒有放棄尋求兩全其美的方案，但很可惜的是，自來水公司設立的政策實質上是倒退的。

長谷川出生於越後長岡，是一位在幕府的西洋醫學院習得醫術的醫生。一八七六（明治九）年建立濟生學舍學校，直到一九〇三（明治三十六）年學校關閉為止，總計培育出大約一萬名的醫師，他是一位取別名為「古怪醫師」的豪爽人士。

市區改善委員會為了不延宕自來水供水及污水下水道的問題，於十月五日決定設置設計調查委員會，並立刻決定人選。一週後的十月十二日委員長芳川顯正諮詢了專業委員候選方案。

「自來水供水及污水下水道設計調查委員會決定委以衛生工學技師巴爾頓先生擔任主任一職，並囑託以下六位專司其職，人員均已全部取得其所屬官廳的允諾。

六位預定者為長與專齋、古市公威、原口要、山口半六、永井久一郎、原龍太。在我國的外國工程師雖然不少，但具有豐富經驗的衛生工學技師除了巴爾頓之外，別無他人。此外，永井也在去年由內務省派去歐洲進行自來水供水及污水下水道的調查工作。」

身為委員的福地源一郎詢問了。

「我想內務省雇用的技師中應該有帕瑪先生吧！」

「帕瑪先生是土木工程局的名譽顧問，衛生工學技師則只有巴爾頓先生一位。」

由於提問只有這一項而已，所以囑託委員名單很順利地出爐了。

古市公威是山縣有朋所信賴的土木工程學界的大人物，與內務省關係深厚；原口要和原龍太是東京府的土木技師；山口半六則是文部省的建築技師。之後，山口半六辭退，而原龍太由倉田吉嗣取代，倉田和原同樣都是東京府的土木技師。這樣的安排主要是為了強化施工的團隊陣容吧！

巴爾頓在內務省及東京府的技術陣營的協助體制下，開始制定計畫。自來水供水及污水下水道設計調查委員會數次審議巴爾頓的原有計畫，在一八八八（明治二十一）年十二月「東京市區供水設計第一報告書」提到市區改善委員會，從調查委員會設置以來，以短短二個月超快速度的時間完成。該計畫以多摩川為取水的來源，東京全市區一五〇萬人為供水對象，每人每日供水量約四立方尺（約一一〇公升），因此建置龐大的緩速過濾池、沉澱池、沉清池等具現代化的供水設施計畫，該計畫能於如此短期間內來制定完成，真的是令人難以置信。這可說是因為巴爾頓不分晝夜積極籌劃立案之故。

巴爾頓在第一報告書完成之後不久，於十二月二十四日就接受擔任內務省衛生局技術顧問之邀請，因此他不僅是帝國大學工科學院衛生工學講座的教授，同時也是內務省衛生局的技術顧問，位居當時學界及實務界的佼佼者。技術顧問任期從翌年的一月一日到後年的五月二十五日為止，和帝國大學教授的聘僱期間相重疊。

市區改善委員會原本有二個計畫案，其一是以巴爾頓為中心所起草的調查委員會的正案，另一個則是由涉澤們提出有關帕瑪的計畫案。

市區改善委員會為了慎重起見，決定將設計的審查工作委託歐洲的權威者來執行。幸運的是，擔任調查委員的古市公威曾經跟隨山縣內務大臣到歐洲考察，在當地針對設計規劃案，詢問了德國柏林府水道局長亨利・吉爾的意見，而且也聽取了比利時自來水公司技師長（相當總工程司）阿道夫・克羅斯的看法。吉爾的意見書在一八八九年十一月，克羅斯的意見書則於翌年三月送達。巴爾頓根據兩人的意見，做檢討並修改了調查委員會的規劃正案，其後，調查委員會在同年三月二十五日向市區改善委員會提出了「東京市區供水設計第二報告書」。市區改善委員會審議了第二報告書，並於四月十八日決定最終設計報告書。巴爾頓的聘僱期限是五月二十五日，因此趕在期限前約一個月左右將主要課題完成。

在最終報告書決定前的約二個月，公布了全文共十六條條文的供水條例，該條例排除「私設，即民營」，揭櫫「自來水供水若無市町村的公費支付將無法安裝」及「公設，即公營」。

成為虛幻泡影的巴爾頓污水下水道計畫

受到供水條例制定影響劇烈的是污水下水道工程計畫，由於自來水供水由公家設置政策之故，使得投入污水下水道的財政已無餘力。

自來水供水及污水下水道設計調查委員會提出「自來水供水設計第一報告書」後，馬上著手策劃首都東京污水下水道工程計畫，並於一八八九（明治二十二）年七月六日提出「東京市區改善污水下水道設計第一報告書」，但，該計畫卻被迫中止。

在一八九〇（明治二十三）年爆發霍亂疫情的大流行，這是自一八七七（明治十）年以來的第六次疫情，患者總數達四萬六〇六〇人，死者三萬五二四八人，死亡率竟高達百分之七十七。七月二十三日在東京的木挽町出現首位的患者後，東京府罹患者總數有三九六七人，死者三二六五人，死亡率高達百分之八十二，如此悲慘的事態真令人遺憾。

「污水下水道設計第一報告書」是由巴爾頓策劃，有關日本首次真正的現代化污水下水道工程計畫。市區改善委員會在霍亂疫情流行即將進入尾聲的一八九〇（明治二十三）年十一月七日，進行了第一報告書最終的審查，東京市議會強力的意見是認為目前財政困難，因此先暫行處理雨水排放管線的部分改善工程即可，長與在會議的最後階段只好放棄想法下了最後結論。

「污水下水道事業工程約需三五〇萬日圓，且每年還必須花費六、七萬日圓的經常維修經費，目前這個時機點無法進行這樣的投資，因此想先逐次地進行雨水排放管線的改善。污水下水道事業在市區改善事業當中是最為重要的事，此事業無法實施對市區改善事業本身而言是很嚴重的問題，但這也是沒辦法之事。」

因次，設計調查委員會也被解散了。長與及後藤、或者是永井及長谷川最期待的是污水下水道的設置，但現實上卻是不允許的。

在此簡要地敘述一下巴爾頓成為虛幻泡影的污水下水道工程計畫。

首先，污水下水渠道系統。其雨水排放是利用既有的排水路，然後再鋪設收集污水用的污水管，這是所謂的分流式。污水管是圓形狀，而非橢圓形狀。人的尿糞原則上非收集對象，所以家庭生活廢水的排放是為主體。污水管的上游端設有蓄水桶設備，儲存污水管的洗淨用水，而沉沙池下設有過濾網層，也就是留置污泥，使淤泥得以疏濬流通。渠道系統的構造遠比現在複雜得多。

其次，是污水處理系統。計畫區域是東京市全區域，計畫人口一五〇萬人，每人每日最大計畫污水量為八立方尺（約二二〇公升）。以自來水供水一倍的量來看，處理上是有相當的餘裕。將污水直接排放到市區內的河流是件危險的事，因此污水處理的原則是盡可能排放到市區外的遠方，將區域分成三個部分，第一道防線是品川灣，下一道防線是中川，最後一道防線則是在三河島村設置處理場，將處理過的廢水放流至荒川。該處理手法被稱為間斷式向下過濾法，過濾板有十二面，總面積約二十八公頃。這樣的處理手法現在稱為多層過濾式的淨水方法，透過過濾產生的污泥則可當作肥料，做有效的運用。

該計畫是獲得長與的建言所立案的，但最終還是成為幻影沒有實現。

首都東京的自來水供水事業則在一八九一（明治二十四）年十一月設置了工程事務所，二年後開始施工，一八九九（明治三十二）年十二月竣工。

10　日本攝影界的新風潮

來自未來的訪客

巴爾頓赴日本前被冀望成為新銳的攝影家、攝影技術研究者。英國是攝影最先進的國家，但日本少數的攝影愛好者，還有以照相為業的攝影師們則拼命地在後面追趕學習。對關心攝影的人而言，巴爾頓就如同從時間機器裡蹦跳出來的未來時空的人物一樣，當時日本的攝影界正處於發展的初期。

「從一八八〇年代的後半開始到一九九〇年代之間，乾板被引進來日本了，攝影的觸角範圍因而一舉展開。此乾板不需要與到目前為止使用的濕板一樣在現場做顯像，所以無需攜帶暗房中必備的器具，由於相當的便利，許多攝影師都改用這個感光材料。而且由於是高感光度，所以很能捕捉住動態的瞬間攝影，因此被稱為『快拍攝影』，極為流行且受歡迎。（鈴木佳子《攝影表現的軌跡》「第一部日本的攝影」，東京都攝影美術館，一九九九年）

濕板其感光度不足，攝影時不僅需要花很多時間，也需要有搬運攝影器材的人手。過去攝影師均有其各自專研的攝影技法，而他的功夫能力是其職業上的秘密，因此也不會傳授給別人。

攝影愛好者通常都是政治家或者是富豪，因為在攝影興趣上得花費很多金錢。因此攝影師們往往經常揶揄這些攝影愛好者為「寫真道樂」，也就是愛好攝影者。

來自攝影先進國家英國的巴爾頓比起誰都來得熱心，而且很歡喜地在拍照攝影、鑽研其技術，並且希望將它的成果廣為宣傳，因此自然地吸引了學習慾望強烈的攝影師及攝影愛好者們來到巴爾頓的身邊。

與攝影師小川一真的相遇

巴爾頓和後藤他們一行赴北海道、東北視察返途中，也就是在一八八七（明治二十）年八月十九日進入福島縣白河這個地方，巴爾頓的主要目的是為了拍攝日全蝕。

白河被視為可觀看睽違一〇一年日全蝕的觀測地，因此受到世界各國的注目。率領美國觀測隊而來的是大衛・佩克・托德博士，托德博士是有名的天文學家，他在一八八二（明治十五）年成功拍攝了金星通過太陽表面的畫面。這次如果能夠成功地拍攝到金環日全蝕的話，這將是太陽觀測史上重要的成果展現。

托德觀測隊裡，新銳的攝影師小川一真也參與其中。

日本政府為了使觀測成功，全力支援觀測隊、搬運器材、運送觀看日全蝕的旅客，因此緊急進行了鐵道鋪設的工程。七月十六日鐵道開通至白河，並且延伸至郡山。很不巧的是，白河地區當天陰天，預測可能下雨，即便如此，白河近郊也有可能會有間歇性放晴的區域，因此或能勉勉強強觀測得到。

巴爾頓在觀測隊旁邊立起三腳架，開始準備攝影，但仍然是陰天，不知透過鏡片是否可拍攝到日全蝕。突然，在黑暗中，從托德觀測隊的觀測地裡發出一道閃光。

巴爾頓直覺到了。

「應該是使用了鎂的閃光攝影。」

這是閃光攝影，還沒有人嘗試過。巴爾頓在天色漸亮的時候，走到剛才打了閃光燈的攝影師身旁。

「我叫巴爾頓，對於剛剛的閃光攝影非常有興趣，不知是怎樣的拍攝技巧，煩請教導我。」

「我是小川一真，很榮幸與您會面。我在東京飯田橋開設一家叫玉潤館的照相館，歡迎有空來照相館坐坐。」

小川以流暢的美式英語回答。

「我是工科學院的老師，對於日本攝影界的情況還不熟悉，還請您多多指教，能夠與您認識真的很高興。」

「老師的明膠乾板的研究論文，我已經全部拜讀過了。到目前為止的濕板技術應該無法做天文物體的觀測，而乾板不僅具高感光度，還可以預先準備，如果讓它和望遠鏡一起連動的話，細微的景象將可擴大，它已變成科學觀測上不可欠缺的工具。因此，今後使明膠乾板更有效率化以及廉價地供應是絕對必要的，希望能借助您的力量來幫忙日本的攝影界。」

小川一真出生於一八六〇（萬延元）年的武州行田，比巴爾頓小四歲，在十三歲時前往東京學習英語，最初志向為土木工程學，但之後變得對攝影技術有興趣，因此想要赴美國學習最新技術。

一八八一（明治十四）年美國艦隊進入橫濱港時，小川去見了司令長官庫柏將軍，拜託讓他赴美國，將軍被他的熱誠感動，雇用他當臨時水手，然後一起到了諾福克港。

小川在諾福克港下船後，帶著庫柏將軍的介紹信函，去到位於波士頓的攝影家哈斯汀的家敲門，在哈斯汀門下學習攝影技術的小川更進一步習得乾板製造法、攝影製版法、珂羅版印刷法等。

一八八四（明治十七）年小川回到日本，在橫濱開始從事乾板製造，但卻沒有很成功。之後，在東京的飯田橋開設名為「玉潤館」的照相館，不久卻立即贏得新銳攝影家的名號。

小川眼中有名的攝影師是江崎禮二，江崎也是影響巴爾頓人生極大的另一位攝影師。

江崎出生於弘化二（一八四五）年，比小川大十五歲，是位有名的「快拍攝影師」，但小川卻對江崎的快拍持有不信任感。

「水雷爆炸時之水煙霧瞬間攝影所使用的乾板，難道不是自己從美國運送回來的嗎？」這樣的疑惑一直無法抹去。

江崎對於小川有這樣的想法感到困擾。實際上，小川送來新發明的乾板給職業攝影師先驅下岡連杖的時候，當時已經有從英國直接輸入史旺氏製造的明膠乾板，而具有先知的攝影師們，此時均關注在明膠乾板上，大家都想從歐美進口。「小川難道連這樣的事情都不知道嗎？」他感到很困惑。小川經常保有向上心，被認為不可思議的事也毫不猶豫做下去，經濟的計算也很在行，這樣的特質的確為攝影技術的提升及攝影事業的擴張開拓了一條道路，因而推升為攝影界草創期的中心人物。

磐梯山火山噴發的攝影

不管在大學研究室裡或者官舍裡，照片堆滿了牆壁。

我的攝影家友人平岡武夫（已故）指出巴爾頓的照片具有下列的特徵：

「我個人也是一位風景攝影家，經常將富士山當成生活畫框來拍攝，期望拍攝出能與繪畫相比擬的照片來。觀賞了許多巴爾頓的攝影作品，發覺其中的共通點是他用心作畫，且捕捉到完美的構圖。」（摘自平岡《攝影與水道的恩人——巴爾頓》「水道公論」卷二十六，一號）。

平岡評論巴爾頓是位畫意攝影主義（繪畫主義）的攝影家。

具視覺效果的先進照片在各地刊登的景象不可能不被拿來評論，關心攝影的同好如威斯特或石川巖、或者是學生們，開始頻繁地造訪研究室或官邸。小川一真及江崎禮二這樣的攝影師，有時像鹿島清兵衛狂熱的攝影愛好家，甚至淺沼商會或小西本店等攝影器材商也接連不斷地來造訪。攝影材料商紛紛想從巴爾頓這裡得到掙錢的靈感或訊息，當時的攝影材料幾乎大部分是從英國等地來的舶來品。如此一來，以巴爾頓為中心的攝影世界就逐漸地形成了，而這也可說是某種新興產業的興盛。

一八八八（明治二十一）年七月十五日上午七時四十五分左右，磐梯山發出悽慘的地鳴聲，然後隨之而來的是火山大爆發。以下是東京《朝日新聞》的頭條報導（十七日）。

「磐梯山前天上午八時突然火山大爆發，其災害波及山麓下的四方各地，被埋沒而死亡者約四〇〇人，埋沒的家戶數大約三十餘戶，檜原全村幾乎都被火山大噴發時的岩漿所淹沒，大都變成沼泥地，而爆發鳴動聲響尚未有停止的跡象。」

同一天的新聞上也記載了在京橋區新富町「類似霍亂發生」的事件。

「由於火山的大爆發，小磐梯山的山影山形好像都被吹得走樣了似的，人民開始擔心是否有不祥的事情將接連發生，而這個世界將變得如何？」

人民開始騷動了，所以必須快速調查火山爆發的狀況及災害的實情。帝國大學理科學院的地震講座初代的教授關谷清景拜託巴爾頓負責照片攝影，而關谷則與地質講座教授菊地安帶領調查隊，並和巴爾頓所率領的攝影團隊，一同急忙地前進剛火山爆發後的磐梯山考察狀況。

巴爾頓拍攝的照片現今還殘留十四張，其中有接近火山口旁邊所拍攝的照片，大家都被攝影者巴爾頓的膽大勇氣所震懾。

關谷是岐阜縣大垣的人，在大學南校學習機械工學後，於一八七〇（明治三）年開始赴倫敦大學留學，七年後因為結核病的緣故歸國。之後，與米倫共同攜手研究地震，一八八六（明治十九）年成為第一代的地震學講座的教授，他比巴爾頓年長一歲，正因為常達七年在倫敦生活，所以與巴爾頓是心氣相投的知心好友。巴爾頓也與米倫的磐梯山調查團同行，進行了現地的攝影工作。

磐梯山的火山大爆發引起世界各國的注目，攝影家陸續入山拍攝。由於來了太多攝影師，所以諷刺時事的漫畫家喬治・比格特諷刺地說「磐梯山的周邊既沒樹木也沒房子了，只剩照

磐梯山火山爆發後不久的噴火口的煙霧（摘自《小鳶小姐》）

站立在災害現場的調查團與攝影隊（左起第二人巴爾頓，撐著防灰燼的傘、手握覆蓋嘴巴的毛巾者。協力者：磐梯山噴火紀念館、安齋勇雄氏藏）

相館而已」。在海外媒體方面，英國的泰晤士報、曼徹斯特的衛報、美國的紐約時報、法國的樂壇報、義大利的科利萊・德拉・塞拉報等報紙都做了詳細的報導。

巴爾頓將磐梯山火山爆發的照片附在現地災情報告書上，然後寄給英國的《自然》及《攝影雜誌》、還有法國的《天文學》天文學雜誌刊載。

關谷在火山爆發情況受到控制後的十月中旬，於橫濱山手公會堂舉辦了火山爆發的報告會。當天關谷因為感冒纏身，以致喉嚨疼痛難以開口說話，所以由巴爾頓代替主持。

國立科學博物館現在仍保存著當時使用過的幻燈機及十多張的幻燈片。根據該館理工學研究部的大迫正弘老師的研究可知，當時其他攝影家使用的幻燈片都是濕板（碳纖維板），而巴爾頓使用的則是乾板（膠原感光膜），其呈現出來的質感極佳，而且幻燈片由保護玻璃、紙框、畫像玻璃、紙膜、保護玻璃共五層構造所組成。

報告會由帕瑪擔任司儀開始，巴爾頓以充滿臨場感的語調敘說磐梯山火山大爆發的情形，聽眾們則屏息地看著栩栩如生的播放影片，彷若身歷其境般。

來自尼古拉堂的全景照片

從御茶水建築工程中的鷹架所拍攝的「全東京瞭望攝影集」十三張組合的全景拍攝照片被留存下來，關於其攝影者是誰眾說紛紜，而最有說服力的說法是由巴爾頓所拍攝的。這個全景拍攝的照片成為岩崎家的傳家之寶。雖然傳說這是在一八八八（明治二十一）年秋天由德國人所拍攝的，但當時日本並沒有著名的德國人攝影家，而另一方面，所謂巴爾頓這樣的名字稱呼，其語音上很容易被誤認為是德國人，因此可能性最高的人還是巴爾頓本人。攝影家的平岡武夫先生也表示，從攝影技術要領來看，「擁有縝密的測量技術，應該是由相當熟稔掌握鏡頭拍攝角度的人，於事前進行了攝影設計所拍攝下來的」，這個論點也支持了是巴爾頓所拍攝的說法。平岡先生再就全景照片加以分析，指出「拍攝橫跨兩天進行，再加上重拍乾板破損的部分需要一天，合計花費了約三天的時間」的論點，並從對工程進行的干擾程度等方向思考的話，由於與擔任建築監工的巴爾頓之信賴關係使然，縱使日期改變，其毫無偏差確實的攝影技術，以及諸多的要因來分析，可說在在證明是由巴爾頓拍攝的這樣說法。

巴爾頓於一八八八（明治二十一）年晚秋，將攝影器材抬上工事中的鷹架上，拍攝了全景照片。那段期間，巴爾頓經常必須被迫從高處俯瞰東京的地勢。為了將首都東京的上下水道工程計畫立案，無論如何必須掌握土地高低差的實際情形。

巴爾頓在東京市區中不斷地奔走，從所謂的高地中的高地查看東京。還有使用氣壓計測量土地的高低，並且調查東京市區內的水路流向。不管是供水的情況或者是排水的情況，土地高低差的資訊都是必要的，因此不管已經多麼努力了，仍然持續地探索看有沒有更高的高地。

想從高處往地面看這樣的想法，是當時人們共同的願望。這樣的想法牽動了凌雲閣，即通稱淺草十二樓高樓的建設。為了想實現一般庶民登高望遠的願望，觀看巴爾頓的全景照片而異想天開的攝影師江崎禮二，這位江崎拜託了巴爾頓不可思議的事情。

築地乾板製造所

磐梯山火山大爆發的調查暫告一段落之後的某日，小川一真前來官舍拜訪。

「老師！這個好厲害喔！」

小川一邊看著在磐梯山火山口旁邊所拍攝的照片，一邊無限感慨地喃喃自語。

「地面不斷地搖晃，而且從鞋子底下傳來地熱，但盡可能接近它，雖然擔心乾板是否會浪費掉了，但還好沒太大問題。」

「真不愧是老師所製作的乾板。順便一提，今天來拜訪就是要談乾板的事情。」小川一副認真的表情，並跪了下來。

「即使是磐梯山的情形，可拍攝的張數也因可帶去的乾板張數而有所限制。因為乾板全都是進口品，所以價格也很高，因此，不用擔心費用的問題而自由拍攝是件不可能的事情。我在美國學習攝影的時候，曾經夢想將來有一天能實現乾板在國內生產的願望，歸國後也摸索嘗試了許多，但不管在資金面或者是技術面，都碰到了難題，因此直到現在都還無法將它具體化出來。然而，將它國產化的想法卻變得越來越強烈，所以，老師！老實說我想拜託您，能否借助您的力量來幫忙？」

在巴爾頓的心中響起了「在技術面上非此不可」這樣切實的想法。

小川並非是一介的攝影師，而是一位將攝影當作是一種新興產業看待的人，預期其背後將有龐大的潛在需求，並徹底追求將其需求引出可能性的事業家。小川手邊的工作之一即是攝影製版印刷，也就是蚵羅式印刷。其兄長原田庄左衛門是出版社博文館的創始者，小川結合兄長的力量，設立了日本最早的攝影製版印刷工廠，發行出刊美術雜誌《國華》。巴爾頓的攝影集經由小川之手發行出刊也是因為此理由。

巴爾頓沉默了一會，然後從容地回應了。

「小川先生！對於乾板必須國產化的想法，我也是贊成的。但不好意思，請問資金面難道沒有問題嗎？」

「我想拜託鹿島清兵衛先生出資。他的確被攝影所吸引，甚至可說是被迷住了，但很難想像事業家的鹿島先生竟然會一頭栽進這樣的事情，所以他應該是將自己的夢想寄託在攝影這樣的新興產業上。我的判斷如果沒有錯的話，我想他應該會出資才對。」

被稱為「攝影大財主」的鹿島，過去曾是東京新川鹿島家的養子，鹿島家是酒類批發商的大富豪，鹿島為了攝影不惜散盡家財、縱情生活，最終被鹿島家逐出，他是一位終其一生都在落魄之中的少數奇特命運的人。鹿島起初向位於淺草經營松林堂照相館的攝影師金津正次郎學習照相，巴爾頓來日本之後，他成為巴爾頓的門下弟子學習最新技術。

「小川先生，請容我插個話，您看看如何？來日本之後我曾經思考過，為了讓日本的攝影界往上提升，應該由對攝影有所關心的人們一起設立研究會，要公開而不要隱藏互相的技術或研究的成果，將攝影作品公諸於世，接受各方的批評指教。在英國有好幾個這樣的研究會，我也是倫敦攝影協會的會員。在日本這個國家如果也有同樣的研究會，我想一定很有幫助，相關人士應該也會很高興才對。」

「如果可以組成的話，這個將是我國第一個攝影協會呢！在日本呀什麼都講究秘密主義，有這樣的惡習，也就是即使是很無關緊要的事情也當作是秘傳，只傳授給自己的門生。為了攝影而組成相互扶助的機構絕對是必要的，若能實現將有很大的助益。」

日本攝影會之創設

巴爾頓和小川兩人，就這樣互相挽臂相挺。小川開始朝乾板的國產化、以及築地乾板製造所的開設做準備，首先就是要說服鹿島，仰望其出資。巴爾頓這邊，則是著手日本攝影會創設的準備工作，而在這邊也無法漠視鹿島的力量，盡可能一定要集結具有聲望並且對攝影有所關心的有力人士。

來日本未滿二年的巴爾頓，在創設準備過程中，自然地和小川及鹿島等人結成強而有力的夥伴。巴爾頓動員了所有人脈，其結果就是，從與威斯特的關係得到法科學院比奇洛，還有法科學院院長菊地大麓的參加；而透過與永井久一郎的關係，得到文部大臣榎本武揚及外務省次長岡部長職等人的參加。小川與鹿島同時努力於會員的募集。就這樣於一八八九（明治二十二）年五月十日日本攝影會的籌設準備會在虎之門的學習院的物理教室召開，並決定在六月七日舉辦成立總會，成立總會於是在木挽町召開。當初會員包括外國人二十四名、日本人三十二名，合計五十六名。

被選出的幹部如下：

會　長　子爵榎本武揚

副會長　比奇洛、菊地大麓

書　記　巴爾頓、石川巖

委　員　威斯特、小川一真

會　計　淺沼藤吉

石川巖是在一八八〇（明治十三）年畢業於理科學院化學系的化學家，其專精於攝影化學的研究。之後，曾經翻譯巴爾頓的著書《現代攝影技術ＡＢＣ》，以《攝影新書》一書出版問世。

淺沼藤吉是攝影器材商淺沼商會的會長。淺沼從明治初期就開始經營攝影材料業，從先進國家大規模地直接進口，並且發行廣告雜誌《攝影新報》，可說是位努力於啟發活動的攝影業界巨擘。

日本攝影會創設的主要人物就是巴爾頓本人，會員幹部決定後，由小川擔任翻譯，巴爾頓以「白金印畫攝影」為題目進行了演講。日本攝影會明白地揭示，該會不是攝影愛好者的同好會，而是一個研究攝影的地方。

一八九〇（明治二三）年五月九日，也就是設立一年後的第二次總會，也在木挽町的商工會議所召開。會場的入口高掛著色彩鮮艷的紅色燈籠，並有市中音樂隊的演奏，上午攝影展覽會開展，對於攝影有興趣的人都可自由進去參觀。

當時，很多的市民認真地以為「拍照會縮短壽命」，還有「三人一起拍照時，正中間的人壽命會變短」等等。因此拍照對一般庶民而言，可說是一件令人害怕，避之唯恐不及的事，但卻是有錢人的趣味事項。因此發起開辦攝影展覽會，就是期望多少能改變這樣的觀感。

攝影會在巴爾頓的努力及相關人士的熱心幫忙之下，會員慢慢地增加了。鹿島確信在不久的將來，攝影廣受社會所接受的時代即將來臨，因此出資小川的乾板國產化事業。築地乾板製造所後來改組為「日本乾板株式會社」。巴爾頓來到日本三年，即使在攝影界，他也是同樣地邁出了一大巨步。

巴爾頓著《攝影新書》
一八九五年（玄鹿館）

11 淺草十二樓——夢想的摩天大樓

再做一個夢想吧！

日本攝影協會會務步入軌道之際，江崎帶了一位男士前來研究室拜訪。

「我有聽說了，數量真的很驚人。」

江崎看著掛在一整面牆壁上的照片，發出了驚嘆聲。

「這位是在淺草經營承包建築工程的業者，和泉先生。」

「我叫和泉孝次郎，曾經受過瀧大吉先生的指導，今天有事想請教一下。」

瀧大吉是瀧廉太郎的堂兄弟，是位擔任建築學會理事的建築師。

江崎是淺草的奧山隨一的攝影師，他曾執行淺草的繁榮措施，不僅有經營長才，並具有創造令人驚奇點子的智慧。江崎獲得淺草町眾人的信賴，不知不覺中已成為眾所周知的守護者。

「老師，我認為攝影師是傳達多數人夢想的工作。對我們攝影師而言，最想感謝的是，老師為我們帶來最棒的攝影技術。在這裡，怎麼樣，能不能再許給我們一個夢想？」

穿著和服的巴爾頓（親筆簽名。複製至和紙上的試作作品。捲起保存之故，有摺痕。）

巴爾頓被江崎的話語所吸引，身體微傾聆聽。

「如果不是老師您，是做不出來的。我們希望在淺草建蓋不管從東京的哪裡看，都可以看得到的高樓。國會開議的這個期間，正可以顯現日本精神的時候。因此，想拜託老師您來設計。

老師！您竟然能爬上那麼高的地方拍那麼多相片，那是為了什麼呢？根據和泉先生所言，在水道建設工程方面，為了自來水的順利配送，需要建蓋較高的水塔。這麼說來，老師您就是水塔建設的專家呀！因此除了老師您以外沒有其他人可以拜託了！您說是不是這樣啊！」

在自來水系統上的原理，即是施加壓力於水上，並通過水管配水到各個家庭。而其中一個方法，是運用幫浦抽水到儲水的水槽，然後加以配送自來水的方式。因此給水塔的建設是有必要的。

巴爾頓正在摸索適合東京的模式。而在策劃制訂上，擁有詳細的地形資訊是必要的。在沒有詳細的地形圖當中，如何來訂定計畫才好呢？巴爾頓到處走訪市區，努力不懈地希望透過攝影留下記憶，而這行為也在不知不覺中留下好的評價。

「江崎先生！雖然誠如您所說一般，但是，給水塔和您所說的高塔實在是相差太多了，究竟，您想的高塔是什麼呢？」

「我想的是能讓很多人驚艷，而且想要爬上去看看的高塔。帶給我們這樣想法的人是住在新潟長岡的大商人福原庄七先生。這位福原先生經營生絲貿易，去參加巴黎世界博覽會，並去看了艾菲爾鐵塔回來，而且，還去看了正在大阪建蓋九層樓高的所謂凌雲閣這樣的建築物，重要的是，他為了紀念國會的開議，希望能在淺草蓋一座比凌雲閣還要高的高樓，而且他還打算出資建設費用。但是由於我們是商人，並非是國家政府，像我們這樣的鄉親來做的話，雖然說福原先生已經是一位大富商，但不管怎麼說資金還是有其限度的，高額的設計費用恐怕還是難以支應。」

「明白了！先不談資金的問題，您們期望蓋怎樣的高樓？我擔心的是淺草附近的土地基盤薄弱，不僅位於隅田川旁邊，也近瓢簞池塘。一旦建蓋了巨大的高樓，極大的重量將負荷在地面上，地盤如果薄弱的話，就無法承載其重量。而如果是鋼骨構造的話，應該可以減輕許多重量……。和泉先生！您明瞭這一點吧！」

「誠如您所言，但鋼骨的大樓有行不通的理由……」

江崎把欲講出口的話收回了。

「我們呢！因為是生意人，所以希望投入的資金多少能夠回收一些。當然，我們除了準備初始的建設資金外，也會預定早點募集出資者。

如果將資金分成小股份出售的話，應該也會出現購買者吧！這就是株式會社（即股份有限公司）募資的方式。計畫在大樓的每層樓設置店鋪，並出租出去。另外，也打算對想登高到大樓頂樓瞭望台的人收取入場費用，這樣的話，就不會只是一座鐵塔而已。」

「剛才談話時有提到，希望能比大阪九層樓的建築物來得高，這樣的話就要十樓了呢！然後，從許下一個夢想的出發點來看，我想八角形的形狀應該是很好的。康德爾先生聽聞在法隆寺的夢殿是八角形狀，它是建蓋成十層樓八角型的高塔，這是很奇特的形狀。即使這樣也沒問題吧？當然指的是土地基盤的事情。」

「現在的日本人都想往高處爬。這大樓如果蓋好的話，應該會很受歡迎。如果能來得及在明年四月的勸業博覽會前完成的話，那就太感謝了。」

「那是不可能的，因為施工期間太短了，而且土地基盤也有問題，欲速則不達哦！」

想往高處爬升的衝動

江崎自信的說詞也是不無道理的，當時有諸多的日本人抱有「想要從高處看看寬廣的世界」這樣的願望。

明治天皇在一八八一（明治十四）年十月十二日頒布了「於十年後的一八九〇（明治二十三）年設立國會」詔書。依據這個方針，在一八八九（明治二十二）年二月頒布了大日本帝國憲法及眾議院議員選舉法。

德川幕府將軍統治的時代已是往昔的故事，自由民權派的政治家逐漸取得了權力，在憲法頒布之前，民間早已起草了數十個憲法草案。市井小民燃起了對參加政治的慾望，也對日本的未來寄予厚望。國民振奮的精神，展現在一八八六（明治十九）年淺草寺五重塔維修的時候。為了募集淺草寺的修繕費用，在五重塔的周圍架設梯子，讓想爬上五重塔的參拜香客只要付錢即可脫鞋拾級而上，沒想到竟然大受歡迎，想要登高的人絡繹不絕，熱鬧無比。

看了這個大興盛的模樣，馬上就有人動了做生意的腦筋，此人名字叫作寺田為吉，是一位香具師

（註：祭典時露天販賣線香、藥品等的商人）。寺田先生想到建蓋縮小版的富士山，高度為十八間（約三十二米）。德川時代也曾在江戶市中心的好幾個地方建蓋設置了這樣的迷你富士山，而富士山信仰者們就把它當作富士山來參拜。

這個工程就拜託了做人偶的師傅花龜先生來擔任，發起人在一八八七（明治二十）年三月七日向東京政府提出借用淺草寺公園，並提出「富士山觀覽場」建設的申請。觀覽場在十一月六日當天一開幕，民眾即排起長隊綿延不斷。而五重塔也再次熱鬧起來，雖然入場費一人五錢、脫鞋入內費一錢，但一個小時卻平均湧入了四〇〇〇人之多的民眾。

從翌年一八八八（明治二十一）年七月二十一日，山頂開始點起電燈，這個又得到納涼的登山客們大大的好評。但很可惜的是，淺草富士在翌年的八月三十一日被暴風雨摧毀掉了。

剛好那段期間，在法國艾菲爾鐵塔的建設急速地進行著，而我國也有一八九〇（明治二十三）年四月在上野舉辦第三屆國內勸業博覽會（相當於國內產業獎勵博覽會）的計畫，同年七月首次的眾議院議員選舉，十一月設立國會。敏感度高的商人意識到日本人此時想展現其精神意志，這樣也不是沒有道理的，所以江崎確信「建蓋西洋式高樓的話，肯定會帶來好評，也符合經濟成本」。

巴爾頓在日本國會快要開設時，特意讓自己留在日本見證這樣的狀況，想像宛如身處歷史故事中一般。英國自從十七世紀後半的光榮革命以來，歷經二〇〇年不斷的地努力與累積，才築起了立國憲政體制，但日本僅僅花費十年的時間就想實現它。

「日本人也許是比英國人更具民主的國民，因此無論如何，我都要幫他們設計高樓。」

焦慮不安之中

在狹小基地上要建蓋一座八角形、十層樓高的建築物。巴爾頓將它設計為從地基往上到屋頂總計十層樓、高約一六五英尺，從地面開始高度則為一四五英尺（約四十四公尺）的高樓。

淺草十二樓最初只是淺草十樓而已，地基層是從地面往下挖六米的地方，一樓的牆壁厚度為三英尺二英寸（約九十六・五公分），隨著樓梯往上牆壁的厚度就略減一些變薄一點，到了十樓就剩二英尺一英寸（六十三・五公分）。

這種結構物是用磚砌建蓋而成的，使用的磚塊數量總計三三〇萬個，而如此大量磚塊於短期間之調度也是一件大工程。

第一個難題為是否能夠打造承受該重量之地基，第二個問題則是能夠耐地震左右搖晃到什麼程度。因此，堆砌磚塊的工作必須專注、不容偷工減料，還有就是必須使用能夠緊黏磚塊的優質混凝土。最重要的課題，再怎麼思考也是基礎構造。在這問題上，巴爾頓打算求助康德爾意見，康德爾的愛徒辰野金吾先生針對基礎工程提供了建言。

根據堀口甚吉的論文〈有關淺草十二樓凌雲閣之建築〉（日本建築學會，一九六八年十月）所敘，基礎構造設計如下所示。

「實際上，我們在地下二丈之處打入長二十英尺的松樹木樁做地基，然後在其上鋪設了四英寸大小的筏板地形，並在其上灌入厚度為二英尺五英寸、寬度為八英尺的混凝土。」

松樹木樁的尖端插挖到地下十二米以下，在該木樁上，鋪設厚度為七十五釐米，寬度為二・四二米的混凝土板，藉以承受上部的重量。這些地基以所需數量來打造，並且設計成足以承受全部的重量。而給與的諸多條件當中，這已是可能施行的最大限度了吧！巴爾頓是位沒有體驗過地震經驗的蘇格蘭人，他不希望因為地震而引起大樓倒塌的事態發生，他腦中一直思考的是安全性的問題。但，福原和江崎並不認同巴爾頓所擔心的事情，持續提出難題，認為最該留意的是引起世人注目的程度。

一開始的難題是電梯設置這件事情，它是日本最早的電梯，世人一聽到應該都會嚇一跳吧！巴爾頓一開始也是反對電梯的，他反對的理由是在構造的強度面上可能面臨危險。

江崎和福原無視反對的意見，決定設置電梯，而東京電燈株式會社也積極地推動起來。對於業主的蠻橫，不得已之下，巴爾頓只好將電梯列入設計之中。

電梯可載送客人到八樓，而九樓、十樓上設有瞭望台。電梯的設計在東京電燈株式會社的技師長藤岡市助的指導下，使用美國的技術來進行，其所需時間，到最上面的八樓好像需要二分鐘的時間，速度超慢的，而馬達的聲音也是轟天作響。

第二個難題，是在施工後經過相當長的時間再被提出來的，它不是蓋十樓，而是要蓋到十二樓這件事，提出的理由竟然是為了比大阪的凌雲閣來的高。

此工程於新年伊始的一八九〇（明治二十三）年一月四日開始進行，施工監督人是伊澤雄司，伊澤會說英語，並且對攝影也專精，他十九歲時赴美國，並在五年當中自己從生活中學習土木工程，而在這段時間裡也學習了攝影技巧，回到日本後，參與了東京市區的都市更新改建業務。巴爾頓很認真地拜託伊澤施工監督人。

「伊澤先生！請務必正確地使用混凝土，拜託不要偷工減料。如果地震導致崩塌的話，那就非常嚴重了。」

伊澤施工監督人自信地拍了胸脯，但事情可不是那麼簡單的。

建設資金開始見底，基礎工程好像出乎意料地花費了很多經費，福原原本準備的資金五萬五〇〇〇日圓，江崎後來說服了淺草地區的有力人士今井喜八及大瀧勝三郎等出資，追加投資了三萬六〇〇〇日圓，結果最後，所需資金約為初始預算金額的兩倍。

由於建設資金不足，所以不得不節省混凝土和磚塊的成本，這番話在巴爾頓的女兒多滿女士的回憶中曾經被傳達過。「我記得母親滿津過去曾對淺草十二樓說過這樣的話。

父親有一天回到家裡，曾說『在淺草十二樓的工地，我看到了日本人做了偷工減料的事』，然後很生氣地將帽子摔到桌子上。」

摯友馬德克的預感

在一八八九（明治二十二）年晚秋的某日、馬德克帶了一個快滿八歲的兒子凱內斯來到巴爾頓的官舍拜訪，他出生於蘇格蘭，是巴爾頓推心置腹的好朋友。

馬德克於一八五六年九月二十七日出生在蘇格蘭亞伯丁近郊的斯通赫文，父親是位雜貨商人，母親早逝，在亞伯丁大學以獎學金學生身分入學，學業成績優越出眾，取得文學學士學位，後來更進入哈佛大學就學，在哈佛大學時期結婚，生下凱內斯，但是夫人不久即離開人世。

為了減輕悲傷的痛苦，馬德克因而遠渡到澳洲，並成為昆士蘭州馬里伯勒一所語言學校的校長，但由於不擅行政事務，所以改投身於新聞界。而為了報導白色澳洲人主義的弊端，他前往香港和廣東進行採訪，並在返回途中繞道日本停留下來。當時，他被日本的美麗深深吸引，因而辭去報社工作，帶著凱內斯一起來到日本，後來成為第一高等中學校的英語及歷史的老師。

夏目漱石及山縣五十雄均曾為馬德克的門生。

漱石如此描述馬德克豪放直率的人格特質。

「他操著一口標準的蘇格蘭語，不管是上課或說明或談話，他都很隨性不分彼此，也就是因為那樣，所以同學們，（略）才領會學生無力反駁的立場。他也好似不在乎，他認為教課內容大部分都算不了什麼的，而學生到底瞭解不瞭解，他都一副無所謂的樣子！」（夏目漱石《博士問題與馬德克先生和我》，明治文學全集五十五，一九七七年，頁三一二）

巴爾頓對馬德克說。

「最近有個被委託在淺草建蓋高樓的計畫呀！而首都的上下水道工程計畫的制定也正在進行中，很忙啊！」

「這樣啊！對了，請問您讀了皮耶魯・洛基寫的《小菊女士》這本書了吧？」

巴爾頓輕輕點頭。

「滿津女士和小菊女士是不是同樣的人？」

巴爾頓斷然地否定了。

「滿津不是這樣的人。」

「啊！那真對不起！《小菊女士》是本愛情小說，寫的不是很好。」

小說《小菊女士》一書在一八八九（明治二十二）年發表。

洛基生於一八五〇年，十七歲時進入海軍士兵學校，一直到六十歲退役前都搭乘軍艦到訪世界各地，其間，書寫了為數不少充滿異國風情的小說，因而取得了作家的稱號。在停靠港短暫停留期間，他娶當地女子為妻，將各式各樣自我的極樂生活化為作品。

洛基在一八八五（明治十八）年以海軍大佐的身分來到長崎，從七月到九月的三個月當中，和小菊女士也就是所謂的現地妻子一起過日子。他透過仲介商和小菊女士簽了愛人契約，租借了高地的寺廟的一個房間，而在小說裡頭，小菊女士的角色是位無自我意識，被男人百般玩弄的人偶一樣。

「馬德克！和洛基一樣將日本女性視為玩偶，這是個大錯誤啊！貝爾茲老師和米倫都娶了日本女性為妻，他們的妻子都非常聰明，有自己的想法，讓人可以看見日本精神的高度。」

「原來如此！我也打算書寫以日本女性為主角的小說。洛基的書裡使用了好幾張插畫，我希望能使用您拍的照片。」

「你的事情，我當然幫忙囉！啊對了！亞瑟送來了新作品喔！」

巴爾頓從別的書櫃中抽出了週刊雜誌。

「你看！是《人物雜誌》耶！是亞瑟的作品……」

「是所謂《吉德斯通商會》的作品啊！亞瑟也辛苦了，他一直寫不出熱銷的作品。」

道爾之後由古堡＆溫德斯特出版社發行了《吉德斯通商會》的單行本。

這個作品是道爾最早的長篇小說，在卷頭的地方刊載了獻詞。

「獻給我的老友、東京帝國大學教授威廉・K・巴爾頓。」

馬德克曾對第一高等中學校的學生們說過「有一位叫作柯南・道爾的新進作家，現在正在英國的文壇上嶄露頭角。」，其學生當中有一人是從事新聞工作的山縣五十雄，山縣是翻譯且介紹過道爾的小說的先驅者。

町內彈奏月琴的姑娘・滿津

接下來，來說說有關巴爾頓和滿津的話題。滿津的父親是荒川善七，作為其次女，於一八七二（明治五）年三月在神田的雉子町出生。滿津和一般人一樣學習了大概的讀寫和打算盤，同時也熱衷學習此時東京都市裡女孩們所學習的技藝。而在神田有一個獲好評的學習場所，在這裡由原本當過藝妓的漂亮老師教導日本三味線的樂器和小調歌曲。某一天，老師跟滿津說。

「小滿津！雖然有點困難，但妳有想要學習月琴嗎？」

月琴是從中國傳來的，在長崎深受喜愛。坂本龍馬的妻子良子女士也是一位有名的琴師。這時，對琴師彈奏月琴的音色很喜愛的滿津則是眼睛閃閃發亮。

「老師！我想要學習。」

聰穎積極的滿津彈奏月琴的能力也顯著地進步了。

彈奏月琴的滿津（中央），剛和巴爾頓認識時的照片。（巴爾頓拍攝）

某日，老師對前來練習的女學生們說，跟老師很熟的一位英國人攝影師好友要來拍照。

「明天，要拍照喔！是英國人喔！請穿外出時的和服來哦！大家都很美麗，外國人看了一定目不轉睛。」

滿津當天穿了自己喜歡的白色系和服，緊張地坐在練習彈琴的地方，一抬起頭來，剛好與滿臉親切笑容的巴爾頓眼睛相望。

一起學習的朋友中一人彈奏三味線，一個則唱小調，然後滿津彈奏月琴。滿津撥動細長柄上琴弦、彈奏月琴的專注身影，以及月琴不可思議的音色，永遠駐留在巴爾頓的內心。

之後，貝爾茲・花來到荒川的府上商量事情。在多惠子所遺留下來的回憶中曾寫到，對滿津而言，年長八歲的花子確實宛如自己姊姊一般的存在。

「帝大的英國人老師正在尋找女傭啊！小滿津，妳覺得怎麼樣啊？叔叔！拜託啦！」

父親善七一開始並沒有對花子的話有所回應。

「和花子妳不一樣，這個工作滿津應該做不來吧！」

「小滿津開朗聰明，沒問題的。叔叔呀！說到巴爾頓這個人，他是位非常好的人，也是位非常通情達理的人。像我呢！最初是被伊藤博文先生的夫人所拜託，然後才成為貝爾茲的女傭。」

「知道了！我來問一下滿津的想法看看。」

聽了善七的話，滿津馬上就答應了，因為她一直忘不了那個親切的笑容。

巴爾頓到東京市區拍照時，滿津經常與他同行。在《小蔦小姐——明治二十三（一八九〇）年的羅曼史》這本圖文冊上也有刊載滿津的照片（請參左下圖），不久兩個人終於彼此互相吸引。

巴爾頓不會像鄰近的年輕人那樣「小松呆瓜！妳黝黑的皮膚最近怎麼會變得這麼白呀！」不客氣地嘲弄她，而是會以剛學習到記得的零碎日語有禮貌地問「滿津小姐！請問這個叫做什麼？」而當他以認真的表情直直凝視著她時，此時的滿津不知為何卻臉紅了起來？就這樣，兩人很自然地就結為夫婦了。

有一張照片可說是述說兩人相愛的故事，那就是巴爾頓所拍攝滿津內蘊著堅毅表情地抱著一個可愛小男孩的照片。

巴爾頓的母親凱薩琳和姑媽瑪麗・巴頓是以提升女性權利為目標的活動家，父親約翰・希爾則是在背後支持她們的理解者。巴爾頓生長在這樣自由主義的家庭裡，因此他希望和滿津的結婚可以根據英國法律的規定正式國際結婚，但在當時這是無法實現的。

江木照相館的光澤照片及小川一真拍攝的照片上都有滿津漂亮盛裝的身影，所以應該有收到祝福語了吧！

「就連這樣可愛的小男孩都生出來了，所以即使給個祝福的話，應該也不會受到懲罰才對。」可以聽見父親善七如此大叫的聲音。

一八九〇（明治二十三）年五月二十六日巴爾頓的工科學院教師的續任契約更新，將延長三年。可見巴爾頓的人格特質與見識已經廣被認同。

弟弟古斯摩・伊內斯・巴頓與其妻子蕾貝卡・摩頓遠從蘇格蘭來訪，那是在契約更新不久之後七月七日的事，他們兩人於五月十

《小鳶小姐》一書插畫中的滿津（右側為滿津）

二日才剛在愛丁堡舉行婚禮不久。

古斯摩是位化學分析學者，取得上海的中國綜合技術大學教授的職位，所以於赴任途中順道前來拜訪巴爾頓。

妻子蕾貝卡・摩頓是女性畫家安娜・格德斯的妹妹。格德斯夫婦和巴爾頓的畫家妹妹瑪麗・蘿絲是好朋友，蕾貝卡和弟弟古斯摩也同樣與藝術界多所交流。而帕特里克・格德斯爵士（一八五四～一九三二年）以生物學者及社會學者的身分廣為人知，被稱為英國的「都市計畫之父」。

古斯摩在四月二十八日寫的信件中，寫著他即將結婚，並預計五月二十三日出發前往東京。「威爾！我們不久就要見面了」，從這裡可以看出他很期待再相會的樣子。

他們兩人的結婚儀式在愛丁堡的蒙特休七號地古斯摩的自宅舉行，受到許多親友的祝福。兩人滿懷希望搭船啟程前往新天地的上海，並路經兄長居住的日本。古斯摩和蕾貝卡搭乘加拿大溫哥華出發的客船帕迪亞號抵達橫濱港，在哥哥的住處停留了十五天，然後兩人再於七月二十二日搭橫濱丸號前往上海。

前往參觀淺草高樓工程工地現場的古斯摩，一副迫不及待地說。

「威爾！這個高樓完成後，我和蕾貝卡一定要再一起來看

祖父荒川善七非常疼愛這個孫子（長男）（中嶋待乳拍攝）

抱著長得很像爸爸的可愛小男孩（長男）的滿津（巴爾頓拍攝）

哦！」

巴爾頓沒有想到這是他和弟弟及弟媳夫婦兩人永遠的離別。

八月的某日，出現了不得不變更淺草高樓設計的難題，江崎突然來訪懇求拜託。

「有關淺草高樓一事，能不能再增高一些啊！希望起碼能蓋到十二樓，干支也是以十二的數字來表示，十二剛好也是一個分隔點。」

「我也和您一樣，有想把它弄高一點，但一考量地基穩固的問題，就覺得不可能啊！」

「如果選用較輕的材料，如何？木造的話就輕很多，只需追加二層樓的份，總之請檢討看看。」

結果，巴爾頓只好追加木造的十一樓和十二樓，還有高五十二英尺的屋頂，更裝置了十二英尺高的避雷針。因此，距離地面變成約高二〇〇英尺、也就是大約六十一公尺。由於如此的加高，相對地減少了地震的安全性，因此使得巴爾頓惶惶不安。即便如此，淺草十二樓的工程最終也被完成了，並決定於一八九〇（明治二十三）年十一月十日舉行竣工典禮。

高聳入雲霄的淺草十二樓高樓

國會開議前，國民的意志如沖天之勢。為了更提高國民的歡樂氣氛，英國人斯賓賽於十月十二日在橫濱公園放輕氣球升空，因為深獲好評，所以決定於十一月十二日提供搭乘飛上天際，之後眾議院開議的前一日在上野公園的廣場再次展出搭乘輕氣球的劇碼。

巴爾頓可以親身感受到國民熱切的期望，自己也難掩興奮。

「這個國家，正自立自強開啟通往新道路的大門，淺草高塔不就是象徵此熱情的高樓嗎？」

淺草十二樓在十月二十九日完工，啟用儀式原預定在十一月十日舉行，但由於多數賓客被都招待去參加皇居的觀菊會，因此順延了一天。

開幕式當天，來賓和被邀請的客人於下午二時四十分就在淺草十二樓的十樓會場排隊了，音樂隊也在高樓前的廣場熱鬧地演奏著。來賓從一樓搭電梯到八樓，這是我國人民第一次地搭乘電梯，大家進入一個好像共同搭乘馬車一樣的小空間，然後伴隨著轟隆作響的聲音開始往高處上升，花了二分鐘左右，聲音在變得安靜之後就抵達八樓了，然後從這層樓開始爬到十樓，可看到窗戶被大大打開的眺望室。

再者，爬上螺旋式的樓梯可到十一樓及十二樓。在那裡有可以眺望外面的露台，視野更加地寬廣遼遠，而且也有望遠鏡的租借。

施放出一發的煙火往上升之後，典禮在下午三點正式開始，僅約三十分鐘就結束了。首先，由事業發起人代表福原庄七說明開業主要目的，接著相繼由巴爾頓做淺草十二樓的設計報告及伊澤雄司的工程報告。而之後，有東京電燈公司的報告，再接續來賓的賀詞。

一到晚上，最高樓層的弧光燈及各樓層的電燈一點亮，十二樓高樓好像從暗夜中浮上來。一般開放日為十二日，吸引了大批想登高望遠的東京市民蜂擁而至，大家口耳相傳從最高的十二層樓可以看到大全景的景色，而那是過去大家不曾看過的關東一帶的景色。

大日本凌雲閣之圖（一八九〇年十月六日出版）

斯賓塞的輕氣球之旅更激發了這種興奮的氣氛。天皇、皇后和皇太子於是在十二日下午二時左右，來到坂下門附近的草坪上接見了乘坐輕氣球的斯賓塞。

在淺草設立高樓，更甚者人們也可飛向天空，這想法，正是想往上爬升的國民意願的展現。斯賓塞向大眾展示表演搭乘輕氣球，二十四日上野公園博物館前的廣場上，來的人可說是多到已無立錐之地。眾議院在如此興奮高昂的氣氛之中，於隔天的二十五日開議了。

弟弟古斯摩的訃聞

一進入十一月，馬上接到從上海傳來弟弟古斯摩的訃聞。古斯摩十月三十一日因為罹患惡性的天花而驟逝上海中央醫院。

巴爾頓大為驚嚇沮喪，突然撲倒在桌子上，無法說出一句話地哭泣了起來。古斯摩的告別式於十一月一日在上海外國人墓地的新公墓內的太平間禮拜堂舉行，並被埋葬在那個公墓裡。我曾拜託住在上海的友人幫忙調查，得到的結果是「十九世紀的外國人墓地現在已經變成市民公園了，並沒有遺留任何的石碑或紀錄」。

雖然不清楚古斯摩的太太蕾貝卡之後變得怎樣了，但《朝陽新聞》追悼記事最後部分的地方，記載了以下的追悼文。

「向古斯摩・伊內斯・巴頓夫人深表哀悼。剛結婚不久，竟然遇到這樣的事情。」

也許，蕾貝卡一個人寂寞地歸返母國去了吧！

巴爾頓覺得母親凱薩琳一定很悲傷。

「這是多麼令人感嘆的事啊！我一定得回國一趟安慰母親才行。」

縱然是那樣地想。

「蘇格蘭人呀！請雄心壯志地往海外飛吧！但是啊！那可是得拚了命的事啊！正因為如此，所以必須好好把握所謂現在的時光，不要做出讓自己一生的生涯後悔的事。」

悼念弟弟的往生，巴爾頓更確認自己的使命，也更堅定了他的意志。

12　濃尾大震災之衝擊

淺草十二樓的繁盛與不安

淺草十二樓得到很好的評價，而徵集票選百位美女的帷幕廣告正吊掛在大樓上。馬德克將《小鳶小姐——明治二十三（一八九〇）年的羅曼史》（凱利&沃爾什出版社、一八九二年）這樣的愛情小說在英國出刊，插入的插畫全部都是巴爾頓拍攝的照片，而小說故事的脈絡則沿著照片來進行。

巴爾頓如此敘述：

「這本書，就我所知，是由凸版印刷印製，是最早的半色調相片製版印刷物。」

照片的色調感覺穩重，是巴爾頓引以為傲的作品。當時不管是報紙或雜誌的插畫，全部都是手繪的，因此，光是那樣嶄新的手法，就能引起人們的注意。

在這本小說裡，出現了兩位外國人奧拉法蒂和吉福德，我想前者應該是比擬為馬德克，後者則是巴爾頓的化身。而有關淺草十二樓開幕不久的模樣如下所述。

「在垂柳的對面矗立著巨大的紅磚高樓，其十二排窗戶在夕陽映照下冷冽得發亮。學生問了吉福德老師。

「老師！您上去過那個高樓了嗎？俗稱十二樓，從展望台遠眺景緻非常地棒哦！而且還舉辦美人秀耶！」

「什麼啊？什麼是美人秀啊？」

吉福德詢問。

「東京都裡頭有名的藝妓一〇〇人的照片被掛飾著，其票選紙張和入場券一起交給入場者，由入場者選擇最喜歡的藝妓，並將票投給她啊！」

吉福德當時已經有喜歡的人了，因此對於東京百位美人這樣的企畫並沒有特別感興趣，但他還是進去看了。付了入場費六錢，就可以拿到入場券和投票用的選票，然後搭乘電梯到展望台，從展望台看出去一望無際，秩父連山、富士山、筑波山盡收眼底。」（頁二六八～二七〇的摘要）。

這個日本最早的選美比賽好像是小川一真所企劃的，受到極大的好評，聽說藝妓當中有許多人都成為客人的座上賓。

大樓當中，除了展示場和休憩室之外，其他都為販賣物品的商店。二樓到七樓總計陳設有四十六個店鋪，販賣著玩具和糖果類、寶石、月琴、織物、舶來品、美術品等充滿魅力的商品。有封信件上曾寫著展店者需要交付三〇〇日圓，四十六家店總計一萬三八〇〇日圓，再者，入場費的收入也會進帳。淺草十二樓的出資者大家絞盡腦汁，出奇的企畫案也一個一個的付諸實行，而受歡迎的同時，對電梯和地震的安全性也有所擔心。

電梯經常故障，如果地震時被關在電梯裡頭，這事情可就嚴重了。開幕以來經過六個多月的一八九一（明治二十四）年五月二十八日，警視廳發出了使用禁止的命令，即便如此，淺草十二樓的人氣卻一直沒有衰減，因為想登上展望台眺望關八州的心情是很難被壓抑下來。

以濃尾大地震之震央為目標

巴爾頓在一八九一（明治二十四）年五月五日被選為英國土木學會的準會員，當時日本尚未設立土木學會，巴爾頓是在查爾斯・馬克等十名的技師的推薦之下申請入會的，推薦者都是和已故舅舅古斯摩・朱尼爾，還有老師安德魯・貝茲・布朗等有關係的人士。巴爾頓向英國土木學會遞出數篇論文。倫敦的英國土木學會的檔案室裡，目前仍然保存有巴爾頓當時投稿的三篇論文。

在標題為〈圓形及橢圓形污水管的流速──流量曲線〉這本最初的論文裡，附有一張註明一八九〇（明治二十三）年十一月十三日的信件，並且記載著翌年二月七日受理。同曲線由自己講座的三名學生一完成後，即將學生的名字列入其上。此篇論文並沒有被登載在《英國土木學會誌》上，但一被受理後馬上被推薦為準會員。下一篇則是〈砂濾過層的流量調節〉，此論文被正式採用，並刊載在一八九三（明治二十六）年的學會誌上。在東京和大阪自來水道事業上預定使用的流量控制閥，被註記是依據這個論文製作出來的。最後一篇是〈關於分流污水管的自行洗淨上所必要的流速和傾斜度之所見〉，在論文上有筆記註明於一八九六（明治二十九）年四月二日受理。

這些論文是由巴爾頓以其在日本從事的工作為基礎所寫下來的，並很明顯地顯示他和學生們共同研究走過的痕跡。

巴爾頓至為關心的事是地震。在英國沒有地震，而日本卻是個地震頻繁的國家。對巴爾頓而言，因為地震對策是個新課題，所以經常與米倫討論。濃尾大地震爆發時，正是他日夜圍繞著地震對策思考的時候。

一八九一（明治二十四）年十月二十八日清晨，巴爾頓被激烈的搖晃震飛起來。

「淺草十二樓沒問題吧？」不安之心湧上心頭。

「滿津！請妳馬上去看十二樓的狀況。我現在要去大學一趟，去找米倫老師。」

運氣很好地，水理實驗室裡還有學生在。

「老師！沒有直接的災害。從實驗用的矩形蓄水池的水面痕跡來判斷，地震的時候好像只引發三英尺多的衝擊波。」

所謂的三英尺，就是大約一公尺，不是可忽略的高度。

米倫看著巴爾頓，並抓著他的肩膀如是說。

「這是目前為止從未經歷過的大地震啊！震央地是在京都或者是濱松？各種的資訊不斷地湧入，依我的判斷我想應該是在名古屋附近。你，現在可以馬上幫忙跑去現場嗎？為了記錄受災的情形，希望你能幫忙拍照。」

「瞭解了！加藤校長也有拜託我。課程就暫時取消，我們在現場會合吧！」

滿津返回官舍跟巴爾頓說。

「淺草十二樓好像沒什麼大礙。但，據說小菅修治監磚瓦生產工廠，其磚造的煙囪上頭坍塌了。」

滿津繼續地報告。

「內務省（相當於內政部）也有來聯絡。據說橫濱市的蓄水池的隔牆因為激烈震動而崩塌了。」

「滿津！已經決定要拍攝受災地的紀錄照片了，這是來自校長的指示，我準備前往地震的災區了，短期內不會回來，請不要擔心喔！」

江戶人的滿津，對於不顧自身安全奮身前往災區的巴爾頓的膽大豪情特別佩服。不久巴爾頓和助手一同搭乘前來迎接的人力車疾行前往新橋車站。

當天夜晚，從新橋車站出發的巴爾頓在隔天早上抵達岡崎車站。火車列車從那兒開始就不通了，車站擠滿了無法前進的旅客。

車伕聽到巴爾頓「我要去名古屋」的叫車要求，馬上倒退一步。

「先生啊！現在街道上到處擠滿人無法動彈，橋梁也斷落了，這是行不通的。」

巴爾頓「我多付車資給你啦！」然後就強勢地搭上車，這麼一說，讓車伕也難以拒絕。「我可不知道會變得怎樣哦！從這邊到那裡要十里（約四十公里）。對了！先生啊！要投宿在哪裡啊？」

「只要能住宿的旅館那裡都可以，反正拜託你！」

街道上滿滿都是避難的人民，也有一邊哭泣、一邊走路的大男人，倒塌的民宅真是悽慘，全部粉碎散落了滿地。

「先生！名古屋已經被震得亂七八糟了。」

人力車進入名古屋時，已經是日暮天黑了。

慘重災害中重新站起來的人們

巴爾頓和助手一起住宿在秋琴樓旅館，被地震震壞了一半左右，但他們向對方拜託「我們從帝國大學的工科學院來調查地震的」，因此才勉強獲允住了下來。

米倫那個時候，也和助手一同從新橋車站出發，前往名古屋。

「咚～，咚～」

從地底傳來的轟隆地鳴聲，一整晚一直鳴響不停。

練兵隊不斷地射擊空砲彈，廣播通知「請守護在受災者旁邊，讓他安心！」並且提醒大家「請不要卸除對餘震的警戒心」。

隔天早上開始，巴爾頓和助手進入名古屋、枇杷島附近進行災害調查。

以巴爾頓和米倫於翌年發行的攝影集《日本的大地震》一書上所收錄的照片解說文為本，來試著追蹤瞭解巴爾頓的地震調查之行。

揹著攝影器材和食物，拄著粗枴杖，在受災地來回走動，試著以受災者的角度來看待損害的災情。

在名古屋市內的磚造紡織工廠前，巴爾頓啞然說不出話來。工廠是一座地下一層、地上二層、並有高聳煙囪的建築物，牆壁崩塌，梁柱彎曲，而更悲慘的是，二樓的地板掉落，一樓的員工像是底襯一樣，被壓死在下面。想要逃跑的員工紛紛衝到出口的地方，大家跌成一團，不是馬上死亡，就是身負重傷。根據目擊者所言，煙囪左右嚴重搖晃，在看到的過程中就已經開始龜裂，然後上頭的部分就塌陷下來了。

受災者們自行搭建躲避風雨的臨時小屋，並收集鍋碗瓢盆埋鍋造飯，藉以挽救生命的存續。餘震持續不斷，一到夜晚，體魄強健的男人和少年們分成幾個小組，他們一直不斷地敲鼓和打梆子，好像到處傳唱一樣，直到黎明。

「世風不古，世風不古了～～～！請小心小偷，小心火燭，小心大的餘震來哦！」

巴爾頓深深受到感動。

並說「這種韌性啊！如果是歐洲人的話，女性一定變得歇斯底里，男性則會失去心神。『不安使人產生動搖，以致讓人變得沒有氣力』，應該是這樣子的，但是日本人卻擁有互相勉勵的智慧與力量」。

大垣、岐阜及笠松等地在最早的搖晃之後，馬上火苗四處亂竄，城鎮裡頭化為一片火海，被掩埋在瓦礫中身體動彈不得的人民，就這樣活活地被燒死，甚至活生生的樹木都被燒成焦黑倒塌掉了，火焰燃燒的可怕程度，可以很容易地從已炭化的樣子加以想像。笠松這個地方還冒著煙悶燒著，市區街道幾乎全部被燒盡，消失掉了。即便是這樣，人們仍然在灰燼中到處蒐集被燒過但還沒有完全破損的瓦片、提桶或鍋碗瓢盆，盡量想辦法讓受災者可以生存下去。大垣八〇〇〇戶之中只僅僅殘留剩下三〇戶人家。

巴爾頓在灰燼的瓦礫中踱步的時候，好幾次都碰到覺得很心痛的畫面。在某處有個年幼的小男孩坐在殘骸的角落無關緊要地玩著，另外，在別處，則有幼小的女孩子一臉渙散的眼神緊盯著插在花瓶中的菊花，至於是誰從哪裡找到這菊花，並且把它插起來的呢？巴爾頓的觀察是很細微敏銳的。而針對日本民宅他如是說。

「日本的民宅屋頂很重，其中沒有可交叉支撐的，而梁柱的支撐點根穴很淺，再加上，接縫重疊處也很狹小，所以厚重的屋頂一旦搖晃，支撐的部分就容易彎曲折斷，而下面的部分也會全部壞掉。」

能夠精準快速地指出關鍵點真是太厲害了。繼續走在被徹底破壞的街道上，巴爾頓被到目前為止不曾感受過、也不知如何言語的恐懼所襲擊，他覺得眼前所展開的光景宛如惡夢一般，完全驚呆住了。

十月三十日從名古屋的秋琴樓出發，搭船來到名古屋市內、枇杷島、木曾川，然後經過笠松，並於十一月三日進入岐阜，接著繞道在揖斐川町黑田所設置的學士會派遣帝大醫療班的臨時架設醫院，然後再往根尾谷去。在那裡，驚訝於「根尾斷層」的恐怖，並拍攝了照片。但是，在攝影集《日本的大地震》第二刷以後所收集刊登的斷層照片，不知為何卻放了岐阜當地的攝影師瀨古安太郎拍攝的作品。雖然照片的解說很能傳達當時的狀況，但如果是藉由其他攝影師的手所拍攝的照片，一般一定會註明他的名字的，所以這真令人納悶。

「震央的根尾村內所謂的水鳥谷出現了大斷層。從山谷的西端到東端的東南方向八十公里橫貫的地層出現了裂痕。垂直的裂痕之故，露出了各年代的地底層。根據居民的描述，山谷的西側已經崩塌，整座山變低矮了，而其證據是在山的另外一邊，也就是地震前看不到的地方，在地震之後竟然都看得到了。」

根尾山縱谷被破壞的悽慘程度，《讀賣新聞》報導如下：

「多數毀壞的房屋毀壞嚴重到陷入土中，它們就非常像是由巨人的手從屋頂將它狠狠地壓碎一樣。其中，令人稱奇的是，從水鳥到樽見之間，二十丁當中有五丁的平地，而這片平地隨著地震約有三十英尺凹陷下去，但平地的表面竟然完全沒有受到破壞（略），並且在其上生長的樹木花草之類也沒有受到進一步破壞的痕跡。（略）四周的山峰並沒有完整如一保存舊有的形狀，卻好像芋頭的皮被剝開一樣，直到昨天都還蒼鬱的樹木，現在卻成為無樹蔭可遮蔽的狀態。真是不可思議，並且令人驚愕」（一八九一（明治二十四）年十一月六日）。

《讀賣新聞》報導的時候，被形容是在震央之地的人們集中到根尾縱谷來。

《日本・每週・郵報》的特派員報導其動靜的變化如下：

「巴爾頓教授從水鳥爬到了樽見。米倫教授則為了到大津、京都、大阪等地作調查，先將鐵道的復原情形調查起來。而地震學講座的大森副教授、內務省氣象台的中村所長，以及農商務省的清水先生等人則預定調查震央可能的預想地周邊的丘陵。」（同年十一月七日午後十時）。

映入巴爾頓眼簾的是大斷層，對於大地超大的能量及其不可思議之處只能凝然地佇立。之後，拍了長良川鐵橋被破壞的模樣，並調查了大垣市街道情形，過了十一月十日則從四日市港搭船回到橫濱。

巴爾頓調查震央地帶約二週多期間，受災者的救濟措施有了急速的進展，十月三十一日總理大臣（相當於行政院長）松方正義前進災區，明治天皇託總理帶來二萬日圓的慰問金，而大藏省（相當於財政部）決定從中央備災儲蓄基金支出二十萬日圓，對於短缺的部分，應各主管大臣（相當於部長）的要求決定了政府的國庫準備費用。還有，政府採取了將郵政儲金退還給受害者的措施，並採取了防止民眾囤購醫藥用品的措施。再者，為缺乏食物的受災者準備了食物。另外，為了致力於遭破壞河川堤防的重建工作，決定撥給岐阜縣一五〇萬日圓、愛知縣七十五萬日圓的臨時支出。而在岐阜縣有人謠傳這筆臨時預算要用來補貼受害者的小屋費用，而引起騷動。有人到處鼓動說「人飢無食，不知蒼生（人民）將如何是好啊？」此時若發生了任何的暴動革命也不足為奇了。

二冊攝影集《日本的大地震》和《日本的火山——富士山》

回到東京的巴爾頓馬上和米倫商量，將說明文附在照片上並提供給帝國大學的校長加藤弘之，而大學為了傳達災區的慘狀，將這些照片資料傳送到關鍵人物的手上。當時政府不管是哪位官員都很渴望正確的情報，這從公爵蜂須賀茂韶、子爵岡部長職等人過去寫給加藤校長所遺留的感謝函中可看得出來。

地震學會於十一月二十八日晚上八時半開始在帝國大飯店召開了「救恤幻燈演講會」。「救恤」就是「救濟」的意思。在舉辦的介紹中載明「針對濃尾大地震，從地震學的觀點採取易懂的解說，使用幻燈片來說明受災地的狀況。入場費用一般席為一日圓、特別席為二日圓，收益將捐贈作為受災者的救援費用」。

在講演會上，米倫從地震學的立場加以解說，巴爾頓則透過在災區拍攝的數十張照片，與外國的實例做比較進行說明，而這些說明由工科學院的同事真野文二教授負責翻譯，真野教授是位長期留學英國的人。當天的入場券在丸善書店、帝國大飯店、鹿鳴館、連・克勞福特商會販售，講演會得到很大的回響。

「想要濃尾大地震災區的照片，如何才能購買到？」這樣的提問不斷地傳到巴爾頓這邊。巴爾頓想要將濃尾大地震災區的慘狀正確地傳達給世界，藉以與受災區的救援做連結。《泰晤士報》及《倫敦攝影報導》等的海外新聞媒體多次報導了該地震的慘狀。

米倫和巴爾頓之間有關攝影集出刊的約定馬上就要實現了，攝影製版由小川一真處理，出版則由橫濱的連・克勞福特商會擔當。

米倫和巴爾頓共同著作的攝影集《日本的大地震》，在出刊前花了很多時間，光是紙張就指定一定要用日本的越前和紙，而由於大地震災害之故，造成日本和紙的供應延遲了。巴爾頓之所以堅持使用越前和紙，是因為越前和紙的耐久性有著可半永久性持有的好評價，再加上巴爾頓想要將濃尾大地震受災的狀況永遠地傳達給後世知道。在二個月後的一八九二（明治二十五）年一月下旬的《日本・每週・郵報》上出現了一個介紹的報導，所以出刊作業就加速進行。完成的攝影集解析度極佳，價格為七日圓五十錢，極為昂貴，但仍增補二刷，所以可說是得到極大的回響。

二人接著在一八九二（明治二十五）年夏季左右出版了攝影集《日本的火山——第一冊 富士山》。這二冊的攝影集一定得成套的處理，其主要的理由寫在《日本的大地震》的解說文上。

「日本是一個地震與火山的國家。每年，地震搖晃最少五百回，這應該會為這個國家的某個地方帶來災難的局勢。

日本最少存在有三個地震帶或因火山的力量所衝擊破壞的薄弱地盤帶，在其周圍由噴發出來的東西堆積形成火山錐體。因此，日本無時不受火山活動威脅，最近發生的磐梯山火山大爆發即是其中一例。

日本人發明的地震儀很好，可以完全計測從地震最早的振動到最後的震動。人類無法感應到的初期微動，透過速度能夠捕捉到聲音傳播的現象。通常地震前會有雞的啼叫、馬的騷動、其他動物的異常行動發生，這些動物應該比人類更早察知地震的到來吧！

地震的國家為了防止地震對建築物造成的惡劣影響，有必要積極

攝影集『日本的大地震 1891』（The Great Earthquake of Japan, 1891）

的進行地震研究。濃尾大地震幾乎是將建築物及土木構造物破壞殆盡的激烈地震，會有這樣影響的力量幾乎超過想像。與其認為這是火山活動或造山活動所造成的結果，毋寧說是廣泛的地球運動所造成的較為適當，其主要根據是在名古屋及岐阜地方沒有火山。

濃尾平原是散布在古生代的多個山丘上的沖積平原。這回的地震原因，我想應該是隱藏在這個山丘搖晃的原因裡，岐阜北部曾經在一八二六年、一八二七年、一八五九年有過激烈的地震，在一八八〇年也發生過，傳說是由西北方的角落傳來地鳴的聲音。濃尾平原是日本的大穀倉地帶之一，在美濃山中產生的激烈地震，一瞬之間將豐沃的穀倉地帶變成悲慘的荒野。」

巴爾頓和米倫認為地震和火山相互關聯，像磐梯山大爆發一樣，日本已經無法保證引以為傲的秀麗富士山不會噴火。

二人一同登頂至富士山頂，巴爾頓拍攝了火山口內部的照片，富士山隱藏著巨大的能量，但現在的狀況是平靜鎮壓住的，他們二人想要傳達此事實真相。

《日本的火山》預定系列性的出版，根據序文所述，以直至一八九二（明治二十五）年夏季能拿到手的照片為基礎來發行，其中第一冊叫作〈富士山〉，這原本是一個很大的出版計畫，內容及於千島群島，但真正令人遺憾的是，除了第一冊〈富士山〉以外，沒能再看到任何一本攝影集的問世。由於米倫對人類學相當關心，所以在說明欄中，他以愛奴語來解釋日本語之用語的含義，例如，「富士山」的「富士」，在愛奴語中的意思為「火之女神」。

此攝影集當中，有十張的富士山照片被收錄其中。巴爾頓拍攝的噴火口內部的照片可說是傑作。序章的概略如下所述。

「雖然愛德溫・亞諾魯德爵士說日本是個『溫和的國土』，但絕不是那樣。地震不斷發生，火山存在於從北部的千島群島跨越到南部的九州約長二〇〇〇英里的地方，有三個火山帶，其一、是從堪察加半島到千島群島、蝦夷，還有從本州下到淺間山這一地帶。淺間山是活火山，從這裡開始分支的火山帶，有從富士山到大島的，還有到達馬里亞納群島的。最後的火山帶是從擁有巨大火山口的阿蘇山開始，經過台灣，然後到達菲律賓。在日本，火山活動的影響也及於人類的精神方面，即使到現在，人們對山神的崇拜從沒有中斷，一直持續到今天。」

另外，馬德克受到煽動者鼓吹的言論「人若飢餓無食，作為這個蒼生將不知如何是好？」的強烈刺激，內心隱藏有社會主義思想的馬德克，而與煽動者的言詞起了共鳴。他於一八九三（明治二十六）年九月十日從第一高等中學校退職，前往遙遠的南美巴拉圭旅行，主要是去參加澳洲時代的友人威廉・萊恩主張的所謂「新的澳洲」理想的共產主義公社的建設。但是，在巴拉圭再見到的萊恩卻已經完全變了一個人，馬德克因而夢想破滅，重新回到日本，開始新的旅程。

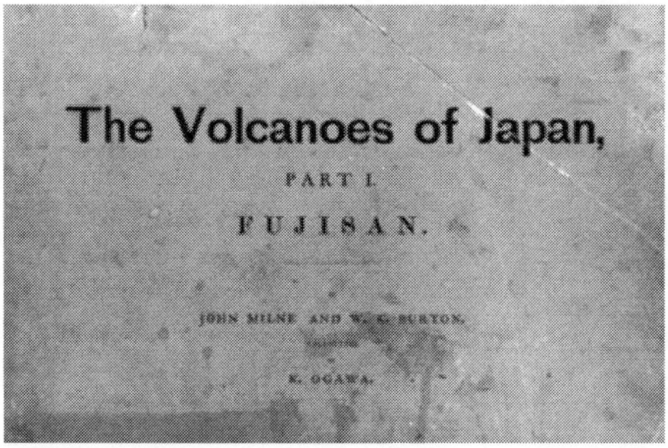

攝影集《日本的火山 第一冊 富士山》（The Volcanoes of Japan, 1892）

「富士山的噴火口」（來自左記攝影集）

枇杷島河堤岸邊附近

在沿著河岸地區的地面上布滿了無數長條縱向、橫向的龜裂線，從中噴出水來，發生前所未見的景象。河岸無法抵擋巨大的壓力，變成「宛如火車追撞前面的車輛而飛出去一般」，因而有隆起有陷落形狀。

堤岸與岸邊的竹林和松樹都被拋到了遠處，而地面似乎也在一瞬間挪移到了後方，但是儘管挪移的動作很大，竹子和松樹幾乎都還是直直地站立著。

濃尾農家的特徵為厚重的茅草屋頂，有很多也都這樣子往地面掉落下來，從遠處觀看時，屋頂就如同巨大的馬鞍一個一個地排列在一起。

紡織公司用磚塊建造的工廠

這個名古屋的紡織工廠，牆壁崩落，梁柱扭曲，昂貴的紡織機器毀壞，全部呈現毀滅的狀態，但是更可憐悲慘的是多數的紡織工人。

剛和夜勤的人換班的女工們、從高樓層掉落下來的人、被碎瓦礫片堵住無法前進的人、試圖逃脫卻因出入口的門扉全部都在建築物中央的地方而無法抵達的人、拚到出口卻力氣用盡的人等等，這些人大多數不是立即死亡就是身負重傷。

這家紡紗廠的慘痛經驗教導了我們許多，亦即地震多發的國家的建築，其門口或出口都必須設計在很容易就能抵達的地方；而磚塊無論堆疊的有多厚，其黏著度是薄弱的且易破碎易崩塌；還有就是牆壁上大的開口部分是脆弱點。而這些我希望建築師都能牢記在心。

長良川鐵橋

長良川的東海道線的鐵橋，在中央的部分彎曲到上游方向去，並掉落到河床上。鑄鐵製的堅固的橋墩毀壞了，在河床上宛如巨大的洋蔥般倒地，或者彈跳到線路上。軌道像軟糖一樣地扭曲了。

對於這樣的地震所引起巨大地基的移動，技術者能否建蓋出可耐其力的橋樑。在大的地基上，即使要蓋像艾菲爾鐵塔這樣形狀的橋墩，我認為它無法承受如此大的橫向的地基移動。

岐阜縣黑田的臨時安置醫院

説是醫院，這也算是醫院，但這只是由竹子和木頭所搭建，並用簾子區隔而圍起來的。除了鋪上一兩張榻榻米，再加上外科手術所需的器具及治療工具之外，沒有其他東西了。一位老婦人被兒子般的人背了進來，要讓母親得到治療，不知從多遠的地方來的，看起來像個不錯的人。

真是深具耐心的患者們呀！有男生正在接受手臂的手術吧？我才這麼想而已，就有匆忙搭轎而來的女人即將臨盆正急著待產。

註：照片拍攝及解說者為巴爾頓（著者摘譯）

水道與震災——『都市的供水』的出刊發行

對巴爾頓而言，教科書的發行是重要的課題。以濃尾大地震為一個契機，開始執筆教科書的編寫，約在二年後的一八九四（明治二十七）年秋天，其畢生的著作《都市的供水與水道施設的建設》一書由倫敦出版社「克羅斯比・洛克伍德與太陽」出版了。

此書副標題為「工學系技術者及學生的實務書」，並記明「收錄米倫教授的論文〈地震對供水設施的影響〉」。第二版在四年後的一八九八年，第三版則在巴爾頓逝世後的八年即一九〇七年，第四版則更是在其二十一年後的一九二八年發行。我所藏的該書中，美國的舊書店也有陳列過。從這一個事實來看，巴爾頓的教科書似乎在西方也受到了高度的評價。

我手邊擁有濱野彌四郎的《都市的供水》簽名書，翻開書本一看，就可以清楚地知道此教科書傳達了巴爾頓當時授課的情形，濱野坐在課堂中的最前排座位一字一句不漏地聽課，並以鉛筆在書本上到處記下數學公式以及英語的解說，他真的是很認真努力地在學習。

為了使人易懂教科書的內容，插入了許多豐富的圖表或都市計畫圖、機械類或供水塔的設計圖等，看了如此完備的圖版，可以明白巴爾頓努力想要製作對學生和專家們有幫助的教科書的願望。

大地震為巴爾頓帶來了「對耐震、防火有助益的水道施設的建設」這樣的課題，而這因獲得米倫的協助，使得教科書得以書寫下去。

巴爾頓在序文中如此寫著。

「此書主要是以我自身工作為基礎的內容，而在此論述的結論是經過慎重研究所得到的成果。衷心希望此書對同僚技術者能有所助益。另外，希望此書不僅是對日本的學生有用處，也希望能引起大家特別的關心。因此，我在此書中的很多地方放入了只適用於日本的相關人事物。」

巴爾頓一開始就寫到這本書是根據自身的經驗和鑽研所書寫的，並很堅定地說這絕非空論或受他人委託販售的，更且，他說為了日本的學生，到處插入日本既有的諸多問題。而這樣的一本書一直地印刷再版，甚至連在美國都有人拜讀它，這樣的事實真是一件有趣的事情。

序章也很特別。巴爾頓反覆地敘述，無秩序的都市成長將引發水資源污染和與水相關傳染病的恐怖，然後斷言地說。

「都市的成長達到某個階段的話，一定必須整備自來水道的施設，如果沒有這樣做的話，都市的衛生環境將被荒廢，我們人類的死亡率也將增加。」

此外，還略述了世界的自來水道文明的歷史，但卻沒有寫到歐洲的水道技術是優秀的，之所以如此就如下所述。

「在十六世紀，被西班牙征服前的墨西哥或秘魯的自來水道設施比歐洲來得優良，而日本的首都東京在約三個世紀以前，就已經從玉川上水導入水源，並用精巧的木製配送水管來供水。而且，在本世紀初之前，日本的供水機能均優於倫敦、巴黎或歐洲的任何城市。歐洲當前的水道事業應該僅在本世紀初才開始而已，而倫敦也在一八二〇年才終於開始使用木製的配送水管。」

所以巴爾頓無法將歐洲的技術視為最優，而將其移植適用於日本，到最後也只能自行摸索日本既有的系統，從中尋求適合日本的模式。而作為其前提，提示了二個基本的思考方式。

第一，是水道的公共性。水道所衍生的利益也有部分是被社會帶來的，也就是所謂水道是社會共通資本的想法。第二，是負擔能力與技術的關係。巴爾頓說「在所謂負擔可能價格條件之下，可能實施最優的供水方式為何？」這樣的假設提問是重要的。如此一來的話，答案不會只有一個，可藉以考究多樣性的供水系統。

巴爾頓的考察更觸及水道的防火機能，他如此主張。

「防火機能可能需要更多的評估，在火災頻繁的日本，水道施設的建設費用當然根據投資規模的大小而有所不同，但如果考慮到減輕火災的災害，可利用二、三年的時間來償還。」

此外，為了比起什麼都來得重視的震災對策，巴爾頓特地將米倫的論文〈地震對水道施設的影響及對策〉收錄在附錄中。這是當代首屈一指的地震學者米倫為了自來水道所撰寫的論文。

巴爾頓在這論文上寫了如下的序文。

「本書的註腳處簡要地介紹了地震對水道施設的影響，但這也僅供參考而已。筆者完全不知道有關此問題的任何書籍或論文。恐怕可以毫不誇張地說，關於地震震動及其影響的大多數科學知識都來自日本。日本正在迅速逐步地發展現代水道，毫無疑問地，日本的知識和經驗將為無法避免地震影響的國家的工程師們提供寶貴的參考。（略）沒有哪一位學者能像米倫教授這麼地對地震問題深入研究的，所以他是處理此課題的最適合人物。（以下略）」

巴爾頓的註腳也展現了真正的敏銳觀察力。其中一例如下所述。

「日本一八九一年的大地震，其離震央約二〇〇英里（三二〇公里）的橫濱的儲水池，因連續壁受激烈搖晃，水波塊的前後運動以致毀壞掉了。連帝國大學實驗用的矩形儲水槽也引發了三英尺多的衝擊波浪。重要的觀察結果有二點，第一點，小規模的灌溉用土壩並沒有潰堤。第二點，一八九一年的大地震是最慘重的，山塊崩裂，不知道日本是否存在部分設施可以承受大地震所導致的崩塌。」（《都市的供水》，頁六七註腳）。

不用說也知道，所謂的「一八九一年的大地震」就是濃尾大地震，此大地震所引發的衝擊波浪的影響不愧成為注目的焦點。譬如，即使在二〇一一年的東日本大震災，霞之浦或東北各地的水壩湖泊等也應該有引發同樣的衝擊波浪。說到底，現代的人是否擁有像巴爾頓這樣心思縝密的觀察眼力啊？

躲過東京地震的淺草十二樓

一八九四（明治二十七）年六月二十日午後二時過後，突然，開始地鳴，大地激烈搖晃。

「這個好大，離震央很近應該不會錯的！和濃尾大地震的時候不一樣。」

滿津和多滿趨前靠到跑回官舍的巴爾頓身邊。

「已經可以安心了！滿津女士拜託我去看了淺草十二樓的狀況。」

一會兒，剛返回的男傭如此報告。

「老闆！十二樓沒問題的，雖然好像有長裂痕的產生。街道上大家都在傳說，磚造的煙囪及建築物好像毀壞的相當多，十二樓因為蓋得堅固，以致可耐震保留下來。現在市區內已經形成大混亂了。」

「太好了！火災呢？」

「深川這個地方，據說有工廠正在火燒中。」

東京地震的震央在東京灣北部，震度為七級的強震，震央極接近首都。伊藤總理及各大臣、山縣（姓氏）樞密院（昔天皇的諮詢機關，目前已不存在）議長以及諸顧問官等的高官們全部趕往皇居。近衛師團的神代步兵中尉等四名的軍人被壓死，其餘九名負傷。

一九九五年的阪神・淡路大地震之震度為七・三級，而一九二三年的關東大地震則為七・九級。一八九四年的東京地震雖然比阪神・淡路大地震災害來得小，但縱使如此，也是非常罕見的大地震。

在《明治天皇紀》（吉川弘文館、一九七三年）裡，概略記載著「安政二年關東大地震以來的強震，造成市區裡的死傷者達一五〇餘名，全毀房宅二十九戶，破損嚴重者二二〇〇餘戶，倒塌的煙囪有一〇〇多支，發生火災的是深川石油煉製廠及其附近的二戶，學習院本館校舍則是大損壞」（八卷，頁四四〇）。

火燒的石油煉製廠被巨大的火焰吞沒，消防人員也束手無策。

淺草十二樓從五樓到七樓的牆壁都龜裂，如果再繼續搖晃下去的話，恐怕會倒塌。能夠耐得了震度七級的地震，肯定是有堅固的施工吧！但為了預防更強地震的來襲，施加了改善工程，磚牆上加裝四十八支的鋼條，並由數百根鐵棒將它連接在一起，無法使用的電梯被撤掉後，重新開始營業。

13 望鄉——愛的繫絆

女兒多滿

有一張頭髮上繫著蝴蝶結可愛的年幼小女孩的照片，她穿著白色蕾絲的洋裝，和洋娃娃並肩合拍的照片，另外一張是穿著白底花紋的長袖和服，並抱著洋娃娃的照片，娃娃是陶瓷娃娃。不管穿洋裝或和服好像都是特別訂製的，看起來都和她很相配好看，這應該是一歲時生日的照片吧？

照片的背面有被鳥海多惠子女士寫上「多滿子」的字，這個女孩子就是巴爾頓的女兒多滿。多滿生出的時間被記錄為一八九二（明治二十五）年九月二十日，但其嬰兒時期的照片一張都沒有留下來。

多滿的親生母親並不是滿津，而是別的女性。滿津覺得巴爾頓

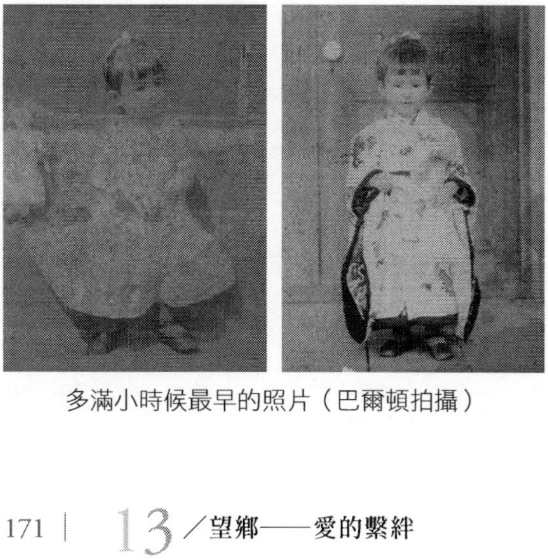

多滿小時候最早的照片（巴爾頓拍攝）

愛女多滿的漂亮女兒節裝飾（漂亮的御殿娃及桃花、京都人偶及陶瓷玩偶手上都拿著球，官舍寬廣的客廳裡擺放了許多小多滿喜愛的可愛物品。牆壁上也掛著西洋歌手和巴爾頓所拍攝的日本美女照片相框）

再次哺育的男孩，一歲的紀念照片

的模樣怪怪的，但總覺得問起來似乎會令人害怕，因此遲遲開不了口。自巴爾頓的胞弟驟逝以來，有時候好像會被思鄉的念頭所驅使，就在某個夜晚，若有所思的巴爾頓毫不隱瞞地說出了多滿的事。

滿津的心被巴爾頓誠心誠意的表情所打動。

這就是情誼深厚的江戶人滿津。

「請安心！我們馬上去接小多滿吧！」

滿津很爽快地回應了，但其實當時她真的是很沮喪，幾乎快要哭出來了。因為去年，一個貌似巴爾頓的可愛小男孩才因突發疾病離開了他們，滿津深感悲傷好幾個月，沒人能安慰她。而巴爾頓也因和其父親約翰・希爾有著同樣的經歷，他的心理可能失去平衡造成精神崩潰，陷入苦嘆之淵，為了逃脫此氛圍而更加埋首工作中。即使平時就是工作非常勤奮的人，但仍耐不過如此嚴酷的日子，因而和多滿的親生母親有了剎那間的邂逅吧！

因此巴爾頓在如此體貼的滿津面前，在心裡發誓將盡早進行正式的結婚手續。多滿的親生母親是誰雖然還是個謎，但有一張充滿情感若非親生母親是無法書寫出來的明信片被遺留了下來。

滿津小心翼翼地扶養多滿長大，那樣的身姿與生母無異。鳥海多惠子所著作的《遺稿　來自霧中——懷念祖父巴爾頓》一書中，從貝爾茲・花女士的話語中，傳達了滿津在多滿發高燒迫切需要照顧時認真看顧的模樣。

有張巴爾頓所拍攝二歲左右的多滿和光著身體的男嬰照片，這男嬰是多滿的弟弟，是巴爾頓和滿津所生的次男。滿津抱著那個一歲小孩生日時在丸木利陽攝影館拍攝了紀念照片，丸木最為人所知的是天皇和皇室的專屬攝影師。比起長男，次男是個略像日本人臉蛋的可愛小孩，在滿津滿面笑容裡，再次因為擁有與巴爾頓長得相像的男孩而洋溢著幸福感和自信。但很可惜的，這個小男孩也是在大約一歲過後左右，就結束了幼小的生命，從此開始，滿津的笑容也從照片中消失了。

望鄉——英國攝影展覽會

巴爾頓的教育法，是站在學生每一個人的立場來思考，以對學生必要且最適切的方式來傳達，就因為巴爾頓本身也是受這樣的教育的。但是，這樣的方式不管怎樣都無法傳達的是在攝影的世界裡，廣泛地來說，就是在藝術的世界裡頭，那也就是，只能透過欣賞優秀的作品來培養的感性。而要拍出優秀藝術照片的第一步，須從欣賞世界優秀的作品開始，巴爾頓從當初創設日本攝影會開始，就夢想主辦英國攝影展覽會。

巴爾頓在致力於工作以擺脫煩惱的同時，也下定了推動懸在心上的攝影展覽會的企劃決心。一八九二（明治二十五）年秋天，巴爾頓寫信給倫敦相機俱樂部的友人詢問可行性，很慶幸地，這個企畫，比預想中還要順利地往實現中邁進。

一八九三（明治二十六）年一月，日本攝影會預告了外國攝影展覽會的舉辦在計畫中。在三月裡，《日本．每週．郵報》報導了「外國攝影展覽會將於五月在上野公園舉辦」。

展覽會從五月十四日開始一個月，在上野公園的櫻雲台舉辦。巴爾頓從倫敦相機俱樂部募集來二九六件的攝影作品展示，包括英國有名的攝影家P．H．艾瑪生、G．迪文生、L．索亞等的繪畫主義的作品，這是日本首次的藝術攝影展覽會。

五月二十三日午後，皇后陛下也親臨會場，在日本攝影會會長榎本武揚子爵的導覽下參觀了展覽會，在榎本旁邊的巴爾頓想起了其父親約翰．希爾的話。

「在威利出生前的一八五四年，英國攝影協會舉辦了第一屆的攝影展，當時維多利亞女王曾經親臨會場，因為有過這樣的事情，所以後來攝影協會加入了『皇家』這樣的字眼呀！」

當時的攝影家小倉檢司敘述了在展覽會上內心所受到的衝擊。

「大家都被嚇一跳啊！既有令人欽佩的人物像，也有好景色，確實是件很不得了的事情。大家驚覺現在攝影界的做法是不行的，打從內心深處覺得大家必須帶照片來討論，以尋求攝影技術的進步發展。」

因此，在小倉檢司、小川一真、鹿島清兵衛等人的倡議下，成立了大日本攝影品評會。志在成立只有日本人且具權威的攝影團體，以德川篤敬為會長，外國人會員只有巴爾頓和奇約索尼被聘為指導者。

就在展覽會以盛況落幕時，巴爾頓和帝國大學之間進行了第三次的契約更新。

「這個任期內要將工作作個了結告一段落，總之，要和滿津舉行正式的結婚典禮，並在母國立足奠定根基，成為和日本溝通的橋梁啊！」

巴爾頓與滿津的結婚

一八九四（明治二十七）年五月十九日，巴爾頓和滿津二人並排站立在英國副領事約瑟夫・H・隆庫赫多之前，帶著嚴肅的神色低垂著頭。

這一天，二人的結婚典禮在領事館依照英國的國家法律所規定的手續舉行。結婚證書上記載當時巴爾頓四十歲、滿津二十二歲。

日朝和日清之間，戰事突然風起雲湧，二人就在這樣的情況下正式的締結國際婚姻，其結婚過程是如此的進行。

首先，滿津和父親荒川善七一同到東京府，向知事（相當於市長）三浦安提出和巴爾頓的結婚申請，接下來，巴爾頓在副領事隆庫赫多面前進行結婚宣誓，然後，宣誓後，內務大臣井上馨授予滿津結婚許可，並由東京府轉達給滿津。最後，為了確保英國國家法律上的合法性，再去英國領事館副領事的面前舉行儀式。就這樣依照以上的次序依序進行，而有關這個結婚證明是三張日英文的結婚證書。

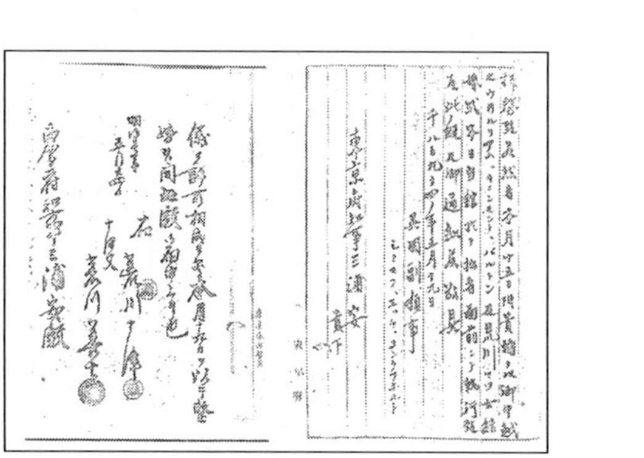

結婚證書

巴爾頓為了紀念結婚，特地製作攝影集《日本的戶外生活風景》，贈送母國的好友及熟識的人。紅色緞帶點綴的封面上繪畫著日本美麗的花朵，背面則是松樹上的鶴鳥，此書收錄了大約五十張的照片，不管哪一張都是以溫柔的眼神拍攝市井庶民的日常生活景象，在此不僅是繪畫主義的展現而已，更可看出是以溫暖的目光來擷取市井小民光景的表現方式。

由於此攝影集無法在日本國內找得到，所以被稱為「夢幻的攝影集」。我發現此攝影集，是在倫敦的維多利亞及阿爾伯特美術館的莊嚴暨莊重的圖書館中找到的，我拜託圖書館管理員，讓我得以複印。

妹妹瑪麗・蘿絲赴日

瑪麗・蘿絲，於一八九四（明治二十七）年四月來到日本參加她哥哥的婚禮。巴爾頓一家也在這時候從本鄉搬到永田町的內務省官舍居住。

巴爾頓去橫濱港迎接下船的妹妹，並帶她回家。瑪麗見到了在入口玄關迎接等候她的滿津與多滿，她微笑著打了初見面的招呼。

「滿津嫂嫂！恭喜您結婚了！我母親也非常高興哥哥的結婚。威利！這個小孩是小多滿吧！」

瑪麗輕輕地抱起多滿。

比巴爾頓小三歲的瑪麗・蘿絲，擁有與生俱來的繪畫才能，立志成為畫家。她曾在愛丁堡、巴黎、慕尼黑的美術學院學習，來日本的時候，她正是一位少數以水彩畫為本職的女性，並以倫敦為中心活躍著。

晚餐之後，大家移步到客廳來，巴爾頓開口問了抱著一小包好樣很重要的東西進來的瑪麗。

「瑪麗！妳能夠待在日本多久呀？」

「是呀！這個時候我打算盡可能長久停留，因為我想畫畫。但是，日朝及日清的關係好像越來越緊迫起來了……」

「東京近郊就由滿津來帶領導覽啊！要到北海道或九州的話就需要代步工具，我只有大學的暑假期間才能夠一同前往，到時候我也問一下米倫老師看看。我想愛奴的古老文化也是一個很好的繪畫題材。我的攝影方面，正按照自己的做法實驗性地試做著。最近的話題，是去年獲得倫敦攝影俱樂部的協助，舉辦了攝影展，皇后陛下也親臨。這已經是很久以前的事了吧！我想起父親曾提及維多利亞女王陛下曾經前來參加英國攝影協會的展覽會，真的是再次地感激她呀！

啊，對了！瑪麗！母親的身體還好嗎？我離開倫敦已經快七年了，我現在整個人似乎完全變得不一樣了，所以我打算把在日本的工作告個段落，我想成為日英之間的溝通橋樑，當然這也必須是歸國之後啦！」

「威利！母親過得很好喔！請看這個畫作。」

瑪麗打開小包，取出一張的風景畫。

聽見母親凱薩琳的聲音

「這幅畫是從尼斯湖畔伯雷斯金宅邸的庭院所看到的尼斯湖風景啊！現在冷冽的寒風雖然還在湖上吹，再過不久，美麗的季節就即將到來囉！母親很喜愛伯雷斯金宅邸呀！」

接下來，就是有關這張畫的事。

在鳥海多惠子女士的家裡遺留有一張謎樣的畫作，它是一張小的風景畫，描繪了山景及湖景等，但這個風景是在那裡，大家都不知道，木製的框是倫敦的繪畫材料商克里福多公司製作的，內側裡看得出來有鋼筆寫下來的「瑪麗・巴頓」的簽名，應該就是妹妹瑪麗・蘿斯的作品沒有錯。

那是當我從史考特鐵道的因弗內斯車站，搭乘往福伊爾斯的汽車巴士，穿過尼斯湖東岸的路線，尋找伯雷斯金故居和福伊爾斯瀑布的時候的事情了。從伯雷斯金宅邸旁邊有點恐怖的墓地，將眼睛望向尼斯湖的方向，湖與山所編織成的景色為何好像在哪裡見過一般？然後，我想到了「這不是和鳥海女士宅邸中的謎樣般的畫作相同嗎？」我回國後馬上去鳥海女士家裡拜訪，將畫作與我拍攝的照片作比較，結果，二者可說是完全一模一樣。

在此想要先說明一下母親凱薩琳和妹妹瑪麗為何住進伯雷斯金宅邸的經過原委。

約翰・希爾往生後，凱薩琳放棄了過於偌大的摩頓宅邸，而在克雷格故居附近的蒙彼利埃購買了平房式的住宅並搬過去住。

一樓是瑪麗的藝術工作室，而另一個住起來很舒服的樓層則是自己和瑪麗，以及雕刻家伊麗莎三人共同生活的地方。我去拜訪的時候，這個家是由紅色磚塊所建蓋的，很有質感且氣派的房子。

瑪麗從一八九三（明治二十六）年開始，為了繪畫大瀑布當中有名的福伊爾斯瀑布，經常造訪尼斯湖東岸，期間喜愛上在瀑布附近被稱為伯雷斯金宅邸的神秘屋子。這一地帶，是與伊內斯・克朗和母親那邊的祖母蘿絲・克朗關係深厚的地域，再加上瑪麗的推薦，凱薩琳也為之心動。一經調查，在因弗內斯圖書館的家譜學研究室裡，保存有此房屋的所有人為凱薩琳・巴頓的紀錄。

「瑪麗！那邊是我和妳父親以前有時會去的地方，在稍微有點小距離的地方有福伊爾斯瀑布耶！」

「母親正在進行福伊爾斯瀑布的保護活動喔！獲得拉斯金老師的協助，對世人宣傳其保護的必要性。」

福伊爾斯瀑布是經常會從三十多公尺高的地方傾瀉下噴出水煙霧狀的大瀑布。英國的文人墨客全都喜愛這個美景，它奔流到尼斯湖的景緻真的很壯觀。

問題是，英國鋁業公司已經發布要在這個地方設立水力發電廠的計畫。鋁的冶煉需要便宜又豐沛的電力，因此，福伊爾斯瀑布因為水力發電而被相中。一旦按照計畫建設發電廠，大瀑布將消失或變成小瀑布。反對運動擴大，愛丁堡及格拉斯哥的媒體也捲入相繼報導。凱薩琳因為老公約翰・希爾的關係，所以和約翰・拉斯金也很熟，在媒體也有許多知己。這個運動演變為國家的信任運動。

「雖然鋁製產業是很重要的，但也不能因此犧牲大瀑布啊！因為景觀是屬於大家的東西啊！」

巴爾頓很高興母親有那樣的氣魄。

「威利！請全家來伯雷斯金宅邸，母親也是很寂寞的呀！」

巴爾頓默默不語地聽著瑪麗的話，然後突然冒出一句。

「瑪麗！辛苦妳了啊！」

膝上的多滿往巴爾頓身上靠，然後一副昏昏欲睡的樣子。

兄妹的攝影與繪畫之旅

瑪麗被日本的魅力所征服了。滿津帶著多滿一起導覽了東京都內的風景名勝地，很棒的菖蒲園、廣大的皐月之庭、上野公園的櫻花和蓮花池。東京不管去哪裡，到處充滿了美麗的花朵、色澤鮮豔的新綠，以及清澈的水面。一想到煤煙造成的陰霾天空、呼吸困難的倫敦的空氣、土泥色的泰晤士河的河面的顏色，對於如此大的落差，就只能讓人呆然。瑪麗說「日本是花朵的國度啊！」，因此每天都很熱中於素描。多滿眼睛閃閃發亮看著瑪麗的素描本入迷，瑪麗微笑地感覺「這個小孩好像很喜歡繪畫啊！」

瑪麗寫給友人的信上說「在日本會將同一種類的花栽種成一整片哦！花朵一齊同時綻放開花時，那真是盛大的景觀，許多愛花人士會聚集來賞花，日本是花之國度啊！」

就這樣地經過了三個多月。瑪麗在這段期間裡，除了參加哥哥的婚禮外，也到各地去畫畫，而說到旅行的話，也只到過溫泉地伊香保而已，瑪麗即使在伊香保也畫了二張圖畫。就這樣地暑假就逼近了。

巴爾頓為了妹妹，計畫利用暑假進行攝影及繪畫之旅。

「瑪麗！應內務省的要求，從七月中旬開始為期一個月左右，我將到沿日本海的新潟、三條、福井等地指導衛生工程，最後必須到廣島。

妳也知道的，日本軍已經出兵到朝鮮，而日清間何時開啟戰端也不會奇怪。瀕臨戰爭時，天皇陛下將前進廣島的大本營，在那裡特別重視確保廣島的衛生呀！由於狀況是很緊迫的，內務省來拜託我去現地查看。

瑪麗！總之，出差的最後是到廣島。對了，我們最開始的時候不是談到要去宮島嗎？然後，想去北海道。我也會和米倫老師商量一下，一定要畫畫愛奴族的耆老們，我也是來日本不久後曾經去過，對於民族學相關的都有非常高的興趣。」

「威利！也就是說，到宮島由我自己一個人去，沒問題的呀！不用擔心！」

「在宮島有嚴島神社，這是日本人一生最想去一次的風景名勝呀！我結束廣島的調查後，會往宮島移動，我們可以在那裡會面，從宮島搭船回神戶，然後再繞至京都停留一下。

回到東京稍事休息，再前往北海道，札幌的風景和蘇格蘭很相似，氣候也像愛丁堡一樣。」

就這樣，兄妹的攝影和繪畫之旅就此展開了，瑪麗畫了嚴島神社屹立於海中的大鳥居。在那裡，兄妹之間的議論又開始了。

「瑪麗！攝影有可能超越繪畫嗎？我站在繪畫主義的角度來看，追求這種的可能性。攝影，在追求美麗這一點上，一般也許被認為有其極限的，況且成為印象風景這件事呀！可是，繪畫就不是如此了，其可能性可說是無限的。」

瑪麗對於哥哥的言詞，感到刺耳，怎麼做才能純粹地超越寫實主義呢？自己是否在平凡的寫實中終了一身呢？

「威利！我也經常在思考這件事情呀！」

二人在宮島度過數日的時光，然後搭乘船隻去神戶，又搭乘列車到京都下來。瑪麗在京都以「京

『櫻花下釣魚的女人』（瑪麗對於日本女性樂在英國所沒有的釣魚活動時的身姿，深為感動。摘自 J. 赫拉魯多《19 世紀蘇格蘭的女流畫家們》）

日本・花之國（妹瑪麗・蘿斯的個展目錄，倫敦・維多利亞及阿爾伯特美術館所藏）

都、某夏之夜」為題作畫，是一幅描繪鴨川的納涼床及茶店的風景畫。

返回東京的二人，再次搭上郵船航向函館，以札幌為據點遍歷周邊，愉快地享受攝影及繪畫的樂趣，瑪麗畫了「愛奴的少女」和「愛奴的耆老」這樣的二張畫作。

瑪麗從札幌寄出寫給吉迪斯收的信件中，寫到如下所示：

「愛奴的人民，是目前存在於北海道的獨立民族，婦女們於嘴唇周圍或手腕上刺青，精緻的圖樣潛藏著文學的意涵。」

瑪麗‧蘿絲的歸國與大獲好評的個展

瑪麗待在日本期間畫了超過五十張的圖畫，就這樣，她於一八九四（明治二十七）年十月六日搭乘墨爾本號的船，從橫濱離開。

墨爾本號經過蘇伊士運河，於十一月十五日抵達馬賽。不久，瑪麗回到母親等待的伯雷斯金宅邸。日本軍對大清帝國的戰役連戰連勝，已經全然地阻斷了大清帝國的戰鬥意志。

英國的國民對突然成為新興國家的日本特別關注，日本是環伺著歐亞大陸，位在另一側的島國，這地勢與英國不是很相似嗎？更重要的是，這個島國正與大清帝國作戰中並試圖取勝。這也難怪英國國民的注意力集中在日本國的身上了吧！

瑪麗於翌年的一八九五（明治二十八）年六月在倫敦的克里福德展覽館舉辦了個展「日本——花之國」。這個個展被《每日新聞報》等報紙報導，獲得一片好評，在日本所繪畫的五十五張畫作全部銷馨。

對日本深深著迷的瑪麗，於一八九六（明治二十九）年再度來到日本，進行寫生之旅。從其畫作標題「菊之花」、「市場上的菊花」等加以推測，她第二次來日本的時間應該是秋天。在鳥海幸子女士家中遺留有瑪麗當時用繪畫顏料試著描繪的紙張，從其色彩當中，可以想像當時是描繪楓葉，此點也正符合在秋天的意象。

瑪麗一從日本回來，就跟母親凱薩琳，還有同父異母的姐姐們說威利的女兒多滿有多麼地可愛。

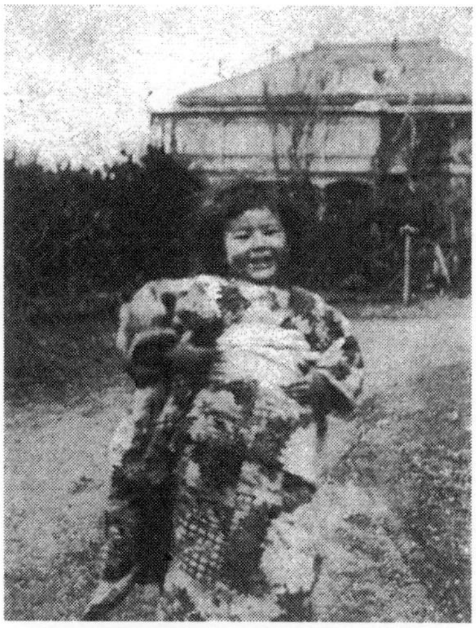

年幼時期的多滿（背景的房子，是位在永田町的巴爾頓官舍）

瑪麗和巴爾頓的一位異母的雕刻家姊姊，也就是後來變為修道女的麗姬，還留下將自己遺產的一部分充當多滿教育資金的遺言。

14

瘟疫禍害的逼近與台灣行的決心

瘟疫禍害的逼近及日清戰爭——前往廣島

一八九四（明治二十七）年初廣東發生了瘟疫，內務省衛生局對於這個情報非常緊張，害怕不知道何時會經由香港或廈門潛入日本國內，在日清之間風起雲湧告急之際，如果瘟疫侵入的話，日本將步入崩壞的道路，此情報也很快地傳到了巴爾頓那裡。

為了調查瘟疫疫情，決定派遣內務技師北里柴三郎去香港。調查團團員有北里和帝國大學醫科學院教授青山胤通、以及隨行者四名。

調查團於六月五日上午八時五十分從新橋車站往橫濱出發，有三〇〇名之多的人來歡送調查團，歡送隊伍中，宮中顧問官長與專齋以及東京府知事三浦安也在場。調查團能否判別出瘟疫的病菌，同時找到治療和預防的方法，這也是前來歡送的國民所共同期待的心情。

二日後，在長崎港有一艘貨客船抵達，是美國的郵輪沛瑞號。船長向面帶嚴肅表情進入船艙的檢疫官做報告。

「水夫一人因瘟疫死亡，航海途中以水葬方式處理了。」

長崎縣政府立即要求內務省衛生局下指示。

內務省考慮有潛伏期間，所以命令同船的人需九天不准下船，船內需完全消毒，安全確認前禁止出港等的措施。瘟疫的上陸，就在邊境被阻絕。

巴爾頓應內務省衛生局的派遣要求，開始著手四大都市上下水道計畫的制定調查。七月十二日陪同內務省土木監督署技師高橋辰次郎，首先進入新潟，之後繞道三條、福井，八月四日夜晚抵達廣島車站，投宿在長沼旅館。日本的狀況在巴爾頓這次出差的期間起了很大的變化。

調查團在六月十二日抵達香港，十四日著手研究，此日，解剖一具瘟疫患者屍體的結果，認定是「一種細菌夥同存在」的結果（摘自「原因調查第一報告」）。北里證明了此病菌是引起瘟疫的元凶，因而向內務大臣井上馨提出附上七月十五日日期的復命書。

北里在復命書當中寫了下列事項。

「無論採取什麼方法，一定要有對抗瘟疫的，並可作為其預防的方法，就是要遵從普通衛生的條例規定，維持良好溝渠、乾淨的水道、房舍以及市街的清潔等」（摘自「原因調查第一報告」）。

北里在預防方法上，強調上下水道整備的必要性，而這所指的正顯示出巴爾頓的使命有多重要。

另一方面、日清之間的戰端開啟了。七月二十五日聯合艦隊第一游擊隊在豐島海岸遭遇大清帝國艦隊，被擊滅了。又在二十九日開始陸戰，八月一日發布了對大清帝國的宣戰宣言，三天後，英國宣布戰爭局外中立。

巴爾頓的廣島調查就在如此的狀況之下進行著。調查工作從八月五日開始持續十天，調查內容包括自來水道、污水道、還有護城河的淨化計畫等廣大範圍。光是自來水道事業總金額就高達一一〇萬日圓、這恐怕是超過現在價格一〇〇億日圓的巨額事業計畫。

我們稍微來看一下計畫內容。

「廣島市是由太田川下游的三角洲所形成，其土壤是純天然的砂，被滲透而來的污水給污染了。人口，在一八九三（明治二十六）年這個時點大約九萬人，在計畫裡考量到今後的增加，將它設定為十二萬人。廣島市的問題，是自來水和污水，但是附屬在舊城廓的護城河現在變成了有害的沼澤地，這也是個問題。

太田川現在的河川水，和其他都市相比是乾淨的，其理由是，「下水道的污水不放流到河川裡，而是幾乎全部直接排放到海洋」之故。但是，它當作日常用水「飲用上是不適當的」，而下水道排水的狀況是排水路的配置不足，固體物無法自行排出，土壤又是多孔性的砂質之故，幾乎將下水道的污水整個吸含進去，這個污染也影響到供水。

首先說明供水的改善方法。供水量，比較餘裕地來看，一人一日希望能有九十公升，水源來自太田川或者地下水，儲水槽最佳的位置在二葉山的山丘上，容量上，以備將來人口的增加，希望能取得餘裕的空間。再者，預留消防用水也是必要的，特別考量最近廣島市的大火災，高壓供水方式是比較有利的。因為太田川是清潔無比的，所以以目前的狀況，濾過池的設置是沒有必要的，只要把沈澱池也當作具有預備的儲水槽的功能即可。

廣島市的受壓地下水也是豐富的，這樣的地下水大概都是清淨無比的，往水脈的直角方向上安裝一長條的暗渠，就能採取充分的水量。

接下來，有關下水道的改善方法。廣島市的情況，將污水和雨水合併排水的合流方式是適當的。在廣島市的每個三角洲上設置一條中央下水道，上端開口朝河川，下端開口朝海洋，如果這樣做的話，三角洲的污水和雨水就能集中到支幹，然後全部納管到中央下水道。主幹線下水道是使用水泥和砂漿黏合的磚塊製成的管線，其他的全部都是陶製管線，還有，橫切面的形狀需選擇圓形的。

最後，有關廣島城護城河的污染改善。廣島城是由毛利輝元所築的名城，被稱為「島嶼式建築」，它是無法與水做切割的。提案是，下水道改善工程完成後的階段，嚴禁污水往護城河放流，並且將河川水注入護城河裡，讓護城河的水保持流動的狀態。」（「關於廣島市衛生工程巴爾頓氏的衛生狀況視察結束報告」土甲第二十三號、明治二十八年六月三日，收件人為廣島縣知事（即縣長），出自內務屬宮原直克翻譯的意譯）。

巴爾頓在調查結束後的翌日八月十一日去了宮島。

日本軍開始進擊。野津道貫中將率領以第五師軍團本隊為主力的第一軍，在九月十五日攻破葉志超指揮下的清軍一萬五〇〇〇人，讓敵國將領左寶貴戰死沙場。

明治天皇前進到大本營的廣島，十三日搭乘特召列車從新橋出發，途中經過名古屋、京都，十五日傍晚抵達廣島。大本營安置在廣島城內的第五師軍團司令部內。

伊東祐亨海軍中將所率領的聯合艦隊，十七日在黃海擊破丁汝昌率領的北洋艦隊，掌握了黃海制霸海權，四日後又佔領旅順的要塞，日本軍可說是勢如破竹，大大提高了國民的士氣。

列強諸國保持局外中立。巴爾頓的廣島調查報告書，於十二月十七日由內務省衛生局官員宮原直克完成翻譯的工作，並發送給各相關單位。

巴爾頓不斷地與技術者協商，藉以製作完成設計書及工程預算書。工程預算最後變成約一一〇萬日圓的巨大金額。巴爾頓針對這個預算如是說。

「乍看之下金額好像很高，但如果將它以人口數計算，一個人能分配到的金額也只有十日圓強。和各地方的水道工程費用的負擔相比較，其輕重在平均值以下，所以不會讓人懷疑其金額是否過高之事。」（「廣島市水道工程預算報告書」，一八九五年五月二十九日）。

這個時候，日清戰爭終結了，一八九五（明治二十八）年四月十七日締結了媾和條約，其結果，日本佔領台灣，但這卻改變了巴爾頓的命運。

廣島市議會在同年的七月五日議決通過了水道鋪設預算案與政府補助請求的稟請案，內容為預算總額九十五萬日圓、三分之二請求由國庫補助。

米倫的歸國

一八九四（明治二十七）年晚秋之際，米倫來訪。

「巴爾頓君！我決定明年回國了，我有事情想拜託你。」

巴爾頓毫無掩飾驚訝地詢問他「為什麼呢？」

「我的任期是到明年的七月三日為止。一八七六（明治九）年三月到任以來，已經歷經了將近十九年的歲月。抵達日本沒多久就歷經了首次的地震經驗，因此埋頭進入了地震的研究，這是因為在英國從沒此經驗呀！結果一回神竟然已經十九年了呀！」

「米倫老師！地震研究是以老師您為中心在進行的呀！如果老師您歸國後，日本地震學會今後將何去何從啊？」

「謝謝！但，我已下定決心。現在的日本已經不是我當初抵達時的日本了。我已經四十六歲了，餘生想奉獻給祖國，不，應該說是想奉獻給全世界。地震會在哪裡發生我們不知道，我呀！也想在我的祖國英國種下地震學的種子。」

巴爾頓一聽米倫如此說，頓時無言以對。

「我想和妻子利根一起回去英國。利根現在三十六歲了，和我結婚十四年來，很努力地支持我，做我的後盾，沒有利根的話，我是無法生存的。所以，我要在這裡，仿效你遵從祖國的法律正式辦理結婚。

巴爾頓君！我想要拜託你的事，一個是希望你能將經驗傳授給我，另外一個則是希望滿津女士能教導利根有關日本國內的辦理手續。」

「我知道了。」

「巴爾頓君！不會一聽我這樣說之後，你也想要歸國吧？」

「我的任期是到一八九六（明治二十九）年五月，至少還有大約一年左右。事實上，我比較煩惱的是我的女兒多滿，我到底應該和普林克利一樣定居在日本呢？或者就下定決心回國呢？」

「普林克利夫婦是很棒的呀！太太安子女士是個很細心的人，小孩有哈利和傑克兩兄弟，以及英子和稻子兩姊妹，每個都是好孩子。普林克利應該是會在日本定居下來了吧？」

「我，希望選擇一條對滿津和多滿最幸福的道路，在這個前提下，結果可能應該是在日本和英國兩地都各擁有停留的據點吧！」

米倫和利根於一八九五（明治二十八）年六月十二日在東京的英國領事館，依照英國的國法舉行了結婚典禮。明治天皇、皇后兩陛下在米倫夫妻回國前一天的六月二十日會見了他們，感謝米倫長年來對日本的努力貢獻。

米倫夫妻在翌日的二十一日離開橫濱港，踏上歸途。歸國後的米倫定居在懷特島紐波特市的郊區，並設置了地震觀測所。在那裡，放置了自行開發的米倫式地震儀，然後繼續其地震觀測的生涯。

米倫有日本的「地震學之父」的稱號，在英國則被稱「地震屋的強尼」，受到許多人的敬愛。

前進台灣的決心

一八九五（明治二十八）年晚秋的某日，後藤的使者飛奔來研究室。

「局長想找您商量，請您趕快過去一趟。」

巴爾頓搭上前來迎接的人力車，急行前往，進入局長室。後藤指著會客室的椅子，請他坐下。

「巴爾頓君！本來，應該是由我去拜訪你並拜託你事情的，長與先生的建議已交由內務大臣，總之不管怎樣，請你看一下，這個地方。」

後藤在九月七日重返局長的職務，盡心盡力地推動工作，後藤將一張書面資料交給巴爾頓，並用手指比了一下。

「茲建議　閣下由本會派遣衛生技師一名及衛生工學技師一名緊急前往台灣。」

「這個衛生工學技師一職，我們想由你來擔任，拜託你！如你所知，台灣是個惡性流行病傳染的島嶼，長與先生主張如果無法改變台灣的衛生狀態，佔領台灣也沒有什麼益處的。而我也是持同樣的看法，台灣的發展首先就是要確保衛生的安全。」

台灣是各式各樣傳染病的流行地，霍亂、赤痢、瘧疾，加上近年的瘟疫，成群的蚊子和蒼蠅、跳蚤和蝨子，還有巨大的老鼠，而且有廁所的家戶很少，土地濕度高，以致成為病菌的培養地。因此，尤其是在飲用水被污染下，日本士兵就軟趴趴地一個一個病倒了。

根據喜安幸夫《台灣島抗日秘史》一書所寫，「相對於戰死者一六四名、負傷者一一五名，病死者則有四六四二名、遣送回國的病患高達二萬一七四八名、現地的野戰醫院收容者亦有五二四八名」。光從這個數字來看，就可以明瞭當時台灣的衛生環境是多麼的惡劣。因此，絕對不能允許會造成亡國的瘟疫經由台灣入侵到日本本土來。去年六月的沛瑞號事件，雖然在境外管制時阻擋掉了，但仍不知道瘟疫的病菌何時會入侵到國內來。

「北里君的報告書也是寫著，瘟疫的預防策略是必須整備好上下水道工程。其中，比起什麼都來得重要的是土地的清潔，而要改變成沒有蚊蠅亂飛或老鼠亂竄的環境，一定要實施乾淨的供水措施，這就是台灣衛生改革的重點工作。巴爾頓君！你到現在為止，已擔任我國日本九年期間的衛生改革工作，這次，台灣衛生改革的事要交給你來做，我也和長與先生有同樣的想法。」

巴爾頓默默不語地聽著後藤的話語。這，不單單只是為了日本這個國家，也是為了不讓生長在台灣的眾多人民平白無故地喪失其生命。

巴爾頓腦海中有著「但是……」躊躇不定的聲音響起，斷然下決定是禁忌之物啊！

「後藤先生！能不能讓我再想一下？我的任期是到明年的五月，來日本已滿九年，本來想在這個階段告個段落，友人米倫老師也在這個六月回國了，我想我也差不多該是辭行的時候了。後藤先生您提出的要求是非常重要的事，所以我也想問問我內人的意見，然後再來做決定……」

「那是當然的啊！我會等待您的回覆。台灣總督府民生局的政府體制決定後，我也將成為衛生顧問，如果這樣子的話，我們就能一起工作了。」

即便如此，當我擔任臨時陸軍檢疫部事務官長時，再次地讓我痛心地想起了霍亂的恐怖。那是一艘稱為白山丸號的返回船，白山丸號於六月二十四日載了步兵第七連隊第一大隊的士兵們，從大連港出港，士兵們擠滿在狹小的船艙中，其中有霍亂的患者，因為海浪過大，暈船嘔吐者陸續地出現，霍亂患者雖然是嘔吐在桶子裡，但桶子因翻動而傾倒，結果霍亂病菌就因此蔓延到整個船艙。這簡直是身處在地獄裡啊！恐怕西南戰爭當時也發生過同樣的事情吧！

而中國大陸不僅是霍亂，更是所有流行病的巢窟。去年的瘟疫也是由廣東開始發生，然後傳染到香港。仔細地想想，在亞洲生存這件事情，可說是與這危險疫情的對決啊！

啊對了，你的講座裡是不是有一個叫作濱野彌四郎的學生？」

「有啊！這個濱野同學怎麼了？」

「他的父親是叫作濱野昇的醫師，濱野醫師和台灣總督的樺山資紀海軍大將軍熟識，所以以總督府顧問的身分被派遣過去，也因他熱心致力於衛生的改善工作，就和森鷗外（本名森林太郎）君等人一起擔任衛生委員會的委員。彌四郎君因此好像有想要赴台灣工作的意願，巴爾頓君！如果能以你和彌四郎君二人為中心，幫助台灣的衛生改革，那就沒有什麼事情比這個更令人感謝了。」

回到官舍的巴爾頓，對端茶來的滿津敘說了後藤拜託他的始末，並催促著她「滿津啊！我想聽聽妳的意見耶」。

滿津斷然地回答了。

「我會追隨您認為最好的想法。」

聽到滿津說相信自己的言詞之後，巴爾頓更加堅定了決心。

「我來到苦於霍亂流行的日本已經滿九年了，而現在再一次地，困苦中的台灣就呈現在自己的面前，這難道是上天賜給我的命運嗎？等我這個工作告一段落之後，我一定會回國的，我想我母親一定也能諒解吧！所以母親請您再等候一下。」

巴爾頓在心裡頭偷偷地向母親凱薩琳致了歉，就這樣子，他向後藤傳達了去台灣的決心。

東奔西走的九年

巴爾頓來日本的九年當中，以內務省衛生局技術顧問的身分，北從函館，南到長崎，就如文字所示到處東奔西走，從事國內二十八個都市的上下水道及衛生改善的計畫制定及技術指導等工作。

所謂的二十八個都市，包括函館、橫濱、新潟、神戶、長崎的五個港口都市，東京、名古屋、京都、大阪的四大都市，青森、秋田、仙台、甲府、富山、福井、岡山、廣島、松江、高松、松山、福岡等的縣政府所在都市，沼田、三條、下關、久留米、大牟田、門司、柳川等的主要地方都市。

除此之外，還在帝國大學工科學院土木工學科衛生工學講座擔任教授，對學生們教導具體的都市上下水道計畫的政策制定的演練課題及畢業論文，或者以畢業製作的課題，帶學生到實地觀察學習，並嚴格指導。

巴爾頓的技術教育並不重視課桌上的理論學習，而是將教育和研究與現場結為一體的實踐性的學習方式，在學習的過程中，學生們能夠探索並理解隱藏在現實中的真實答案。

G・E・布朗所寫的巴爾頓追悼文中有以下一節次的文字。

「巴爾頓是一位非常致力於攝影實驗，經驗非常豐富的人，並且經常傳授自己的經驗給他人，亦即在教導他人方面擁有特別天分的人。」（《一八九九年度　英國攝影雜誌》，頁六〇三，摘要）

巴爾頓在衛生工學上也是一位出類拔萃的老師，實際的課題透過教育來提高學生的能力，藉由研究來提升學問，並透過現場實習感受地方上眾多人學問的恩澤，真的是「三贏」具體展現的老師。

一看濱野彌四郎的所謂「工科學院在學中實地學術研究之事」的學歷簿，就可以知道與接下來的現場實務有關聯。

「一、山形縣污水水利測量，二、北海道炭鑛鐵道公司併入九州鐵道公司之路線調查，三、青森縣下野邊地灌溉用水設計，四、日本鐵道公司磐城線阿武隈川橋梁架設工程，五、同路線福島縣下宇多川洪水量測定與橋梁設計。」

可推測出當時的工學教育是如何熱衷於實際的現地教育。

即使是一位優秀的老師，也無法超出自己的能力去教育學生。如果這有可能的話，那也正是教師的使命感和學生的領悟力足夠才有可能。「三贏」的教育，在半熟練的學術能力上是不可能進行的。巴爾頓來日本已屆滿九年，絲毫捨不得休息，不遺餘力地奉獻於日本的現代化和衛生改革。

15 台灣衛生改革的守護者

恐怖的惡疾之島

進入一八九六（明治二十九）年，巴爾頓的手邊有來自內務省衛生局有關「在香港有瘟疫流行的徵兆」的相關情報。

後藤的腦袋裡，浮現了他在檢疫事務官長時代所經歷的返國士兵們得到霍亂的地獄圖像。台灣高溫高濕，從六月開始到十月左右的期間瘧疾患者陸續出現，而此同時，赤痢也容易發生。所以如果瘟疫襲向那裡的話，就會出現破口的局面。後藤認為台灣看起來好像一艘搭載了島上居民的巨大回國船舶一樣，台灣的人口大約二五〇萬人，日本人也會去台灣，因此如果衛生改革無法成功的話，台灣對日本而言就變得是個恐怖的存在。

巴爾頓在得知瘟疫的情報後，想起了九年前的情況，當時被霍亂疫情大流行所襲擊的日本，大家亡國感上身因而顫慄不安。而曾有過那樣情形的日本，這次又將與瘟疫戰鬥。

在三月三十日突然發生瘟疫病菌入侵日本本土的事件。有位要去墨西哥金礦山工作的清朝年輕人，莫名地從停靠於橫濱港的美國輪船蓋利克號上失蹤了，這個年輕人從香港搭船，然後在航行中發病，由於太痛苦難耐了，有了想去看醫生的念頭，因此偷偷地在橫濱上陸，年輕人去見了同鄉，找了村莊裡的醫師看診，不幸地於隔天死亡了，被埋葬在根岸墓地。

村莊裡的醫師通報了警察，而收到警察緊急通報的衛生局馬上派遣傳染病研究所的高木友枝助手前往查看。

高木在四月二日凌晨一點，冒著雨趕到根岸墓地，挖出遺體加以解剖檢驗，帶回血液，從這血液中檢驗出帶有瘟疫的病菌。

這個事件後還沒有經過兩個月的五月十七日，這次輪到長崎出現了瘟疫患者，患者是經由香港進入長崎港口的英國輪船科布奇克號的乘客，該乘客是廣州人，此時透過檢疫已在其上陸前阻止掉了，但患者卻馬上死亡。廣州和香港已經和二年前一樣成為瘟疫的巢窟。

而在台灣，五月在安平，六月在台南相繼發生瘟疫。此外，瘧疾和赤痢也襲擊而來，從日本來台灣的日本人，十人當中就有一人感染瘧疾死亡。

瘟疫逐漸地往北蔓延，面對逼近而來的瘟疫禍害，內務省衛生局開始緊張起來了。

頻繁發生的抗日游擊隊

由於總督府的幹部們盡是宣傳台灣景氣的好消息，所以雄心勃勃的野心家們陸續渡海到台灣，旁若無人之舉動的野心家們，經常與台灣人發生衝突。

游擊隊的活動，需靠有組織地、軍事地來控制，除此之外，無法用鎮壓的方式。譬如，桑畑少佐所率領的偵查隊在淡水溪上游被六〇〇名的游擊隊包圍，偵查隊突破重圍生還了，但還是戰死了三名士兵、負傷者二名、行蹤不明者二名。另外，內文庄守備隊的步兵小隊也被一〇〇〇名的游擊隊隊伍所包圍，中心部隊很快地掃蕩了游擊隊的本營並營救了隊友他們。

總督府當初統治台灣的方式，可說是無視台灣長期以來的習慣及制度，一連串的紛爭就是針對這樣的日本統治方式的抵抗運動。

林李成是位有名的抗日運動的組織者，林氏原本並不關心台灣的統治問題，他過去是在基隆近郊從事砂金之開採，砂金開採這個事情，在清朝時代是放任不管的，但總督府卻對此採取許可制度，並加以課徵執照稅，因此街頭巷尾充斥著不滿的聲音。好巧不巧的，總督府的一位官員剛好看到林氏家族的長老在未獲許可之下採金礦，爭端因而引發並被殺害。林李成對這個結果非常生氣，因而升起了抗日的狼煙，在林的號召之下，志士們秘密地聚集，組成了抗日軍。

抗日軍決定起義時間為一八九六（明治二十九）年一月的元旦，於日本軍正在喝新年慶祝酒醺醉之際蜂擁而起，在援軍抵達前奪回台北並降伏總督府的計畫。但是，在頂雙溪附近的山中專心準備的抗日的部隊卻遭遇到了日本軍的分遣部隊的攻擊，這是在起義預定日的前三日，計畫無法如期進行，錯估形勢了，而消息既已洩漏只好放棄。接下來，各地的抗日軍起義衝破閘門，台北立即被孤立。東北部一帶的日本駐軍連連戰敗，逃離到城內。抗日軍隊人數不下一萬人，一般台灣人民好像也有所呼應。

元旦當日，抵達基隆的第二師團的補充兵即刻出動，協助守備隊脫離窘境之地。大本營於四日編成混種兵團，並發出鎮壓台灣土匪的命令。混種兵團一登陸，抗日軍就浮出檯面無法立足，抗日軍的頭領林李成逃往山中，後來亡命到清朝，而其幹部們就潛入地下。

叛亂就這樣在同一年二月底被壓制住了，但結果，就像是在台灣的山野裡埋下火苗一般，留存了叛亂的火種。

台灣總督府終究無法順利捉住台灣民眾的心。巴爾頓和助手濱野彌四郎一同踏進台灣的此時，確實是面臨了一觸即發的狀況。

鎖於烏雲中的台灣

懼怕成為惡疫流行的巢窟及抗日游擊隊馳騁的台灣，而且又是各國列強虎視眈眈地企圖找機會干涉的台灣，在如此複雜的情況下，台灣的統治是不可以用尋常的方法的。一八九六（明治二十九）年三月三十日公布的台灣統治關係法令所顯現的骨幹，宛如可以看到衣服底下的盔甲一般的「與軍事政治無異的公民政治」。

要點如下，台灣總督由天皇從現役的陸海軍上將或中將任命，總督可在授權範圍內自行判斷決定動用陸軍和海軍，它還具有發布等同法律效力之命令的權力。另一方面，民政局局長承總督之命令，執行與行政司法相關的事務。

台灣總督是受日本天皇任命，具絕對的存在，也就是授予了台灣總督與軍事政治下同樣的特權。民政局的組織由總務部門、內務部門、殖產部門（相當經濟部門）、財務部門、法務部門、學務部門、通信部門等七部門所構成，總務部門裡設立的衛生課可想成是將內務省衛生局變小一點的組織，衛生課初代課長是加藤尚志，他於安政二（一八五五）年在愛知縣出生，為後藤的心腹。

總督府在四月二十一日進行了向巴爾頓囑託「衛生工程監督」的手續（《台灣總督府文書目錄》第一卷）。此職務為，有關全台灣的上下水道、都市計畫等的技術總監督，換言之，是技師長或技監這樣的職務，超越「顧問」等級的職務。另一方面，總督府在十八日辦理了囑託後藤擔任衛生顧問的手續，並於二十四日發布命令（《後藤新平》第一卷）。就這樣，巴爾頓和後藤就共同擔負起台灣的衛生改革責任。

只是形式上的民政，其具備真正的實樣，是在二年後，在兒玉源太郎總督底下，後藤以民政長官之姿登場之後的事情了。

台灣的統治體制是非常時期的體制，但證明這個體制是有效的事情馬上到來。

伊藤博文總理跟隨新任的桂太郎總督、西鄉從道海軍大臣、還有後藤衛生局長，為了巡視台灣搭乘吉野軍艦，一行人在六月十二日抵達基隆，翌日進入台北。誠如所說，當夜台灣中部的雲林支廳門前的日本人商店街被土匪襲擊了。

守衛隊追擊了土匪，但受到反擊而敗走。從密探那裡得知「太平頂上集結了超過一〇〇〇名的土匪，全島發出檄文，誓言驅逐日本人」這樣的情報。抗日游擊隊趁著伊藤總理巡視的機會，蜂擁而起。民心背離總督府，投入抗日軍的居民絡繹不絕。六月十六日開始一週之間，對於守衛隊所採取的徹底無差別攻擊一事，在大清帝國沿岸都市的英文報紙新聞裡被大大地報導為「雲林的虐殺」。守衛隊首戰時雖居劣勢，不過進入七月後形勢開始逆轉，抗日軍撤退到山中，消失無蹤。

伊藤總理一行在叛亂最嚴重當中，視察了新竹地區，並從澎湖島經過廈門，在七月二日返回下關。

不管是伊藤、桂、西鄉、還是後藤，也都體驗到台灣尚處於戰火之中的事實，而且不知道對台灣虎視眈眈的列強諸國，會在何時以什麼形式來干涉台灣這樣一個嚴峻的現實狀況。

巴爾頓持續關注台灣的動靜，《日本・每週・郵報》的普林克利是其重要情報的來源。此時，日本政府對於兼任《倫敦・泰晤士報》的日本通信員的普林克利有很深厚的信任，所以政府方面也能夠從他那裡得到情報資訊。

另一方面，巴爾頓透過攝影也與新任的英國公使阿尼斯德・佐藤有很好的交情。

巴爾頓邀請佐藤加入日本攝影會的會員。

對佐藤而言，巴爾頓的台灣總督府衛生技術顧問的就任不是件小問題。

「巴爾頓君！我國在日清戰爭上完全是處於局外的，但是，你如果變得需要專注在台灣的衛生改革上的話……」

「我當然是站在日本這方的立場，可是如果將台灣惡疫流行島這樣的情形放著不管，將會犧牲許多的生命，而這樣的災難絕不會是只有日本人受害而已。」

「日本政府把台灣的事態當成國內問題看待，慎重地對應，呼籲列強不要捲入干涉。我國政府並不希望這個事情變得更混亂。」

台灣的現況宛如地雷區一樣，誤踩一步，危險就會降臨到巴爾頓身邊，生命無法保證。巴爾頓在帝國大學的任期是到一八九六（明治二十九）年五月二十五日為止，時間在緊張之中飛逝而過。

巴爾頓要就任台灣總督府的衛生技術顧問的傳聞馬上被傳開來，軍事基地的廣島市議會在五月十九日為了報答他對廣島市水道計畫盡心盡力的功績，決議頒贈巴爾頓感謝狀和報酬獎金五〇〇日圓。

日本攝影會總會在巴爾頓的任期期限三天前的五月二十二日召開，這一天是由巴爾頓擔任主席，認可推薦英國公使佐藤入會及就任副會長。巴爾頓直到最後都不遺餘力地為日本攝影會的發展而努力。

巴爾頓一直到六月二十日都持續受託指導即將畢業的學生，日本政府決定在六月二十七日針對巴爾頓的功勞授予勳四等旭日小綬章，而帝國大學則致贈七寶燒的花瓶。

濱野彌四郎的畢業典禮在七月十日假帝國大學的圖書館舉行，典禮從上午九時開始。來賓當中也可看到英國和清朝公使的身影，帝國大學的畢業生總數三一三名，工科學院是其中的八十二名，土木工學科的畢業生是二十三名。當時的畢業證書上列記了與該學生教育有關的全部教授擔任的科目及姓名，在「衛生工學」的科目下面寫了「工科學院教師勳四等」。在台灣與巴爾頓共同刻苦耐勞的濱野彌四郎是其最後的愛徒，二人在彌四郎畢業沒多久就準備渡海前進到台灣。

桂總督的邀請函

在二人的渡台計畫推敲演練中，一張的邀請函送達，是從新任的桂總督寄來的。

「敬啟　茲為感謝特安排於二十二日下午五時假芝紅葉館粗茶淡酒設宴款待，靜候大駕光臨。特通知如上。敬呈」

這是桂總督特別破例的用心。

巴爾頓想起了後藤的話。

「我已經跟桂總督說了你和濱野君的事了。台灣的生水不能喝，排水不佳，地面也是骯髒濕滑的，不管誰都無所謂地隨地站著小便，連警察的警告也不聽。如果一直照這樣下去的話，永遠都是個惡疫流行島，所以沒有人不這麼想快速地著手衛生工程的進行。桂總督說他回國後想和你見個面，這期間應該會來聯絡吧！」

在紅葉館裡，桂總督和後藤談笑風生。桂總督舉起杯子說。

「台灣的經營管理與衛生行政攸關。巴爾頓君和後藤君！你們將成為顧問參與衛生行政的相關事務。濱野昇先生的公子彌四郎君也會加入行列。今日，為了激勵各位的遠行，以及今後為了替日本和台灣的盡力，乾杯！」

為了台灣的安定，一定要讓台灣人民喜歡日本的統治，否則無法上軌道，而其最大的課題即為衛生改革。後藤的意見則是認為，衛生行政管理不應只是一個臨時體制，而應該需要建立一個與民政局同等規格的台灣衛生院。

「巴爾頓君！還記得九年前針對達爾文的進化論，我們有了一些討論，當時，我正執筆《國家衛生原理》，從那時開始，我浪費了很多時間，例如，德國的留學以及引起世界騷動的房屋暴動，也就是被捲入所謂的相馬事件。

你的報告書我全部看過了，你的計畫是因應各地的實際情況而做的，因此，結果會衍生出多樣貌的。我認為生存的前提是多樣性的，所以台灣的統治不也是一樣的事情嗎？強行壓制的特定思考，無法產生多樣性，而在認可多樣性之後，再順勢誘導，我想這正是民政管理的功用吧！不過……。總督！您覺得如何呢？」

「後藤君！我明白你的道理，但是，目前這個時候抗日份子們還很猖獗也是事實啊！雖然我也認為不久的將來，民政管理的強化是有其必要的。

衛生改革是刻不容緩的，你的台灣衛生院的構想也是很實際的，不會太誇張。瘟疫來襲是現實面的問題，不僅醫療、衛生工程，特別是上下水道工程和市區改善計畫的及早立案是有必要的。巴爾頓君、濱野君！祈祝海上航行平安！」

就這樣，時代的潮流，將巴爾頓和濱野推向台灣。

一路前進台灣

舞鶴丸號從神戶出港之後，經過鹿兒島，然後再到琉球列島，這樣一個島嶼一個島嶼的經過，一路以基隆為目標往前進。站在船舷的一側，看見遠處浮現島嶼的影像，但不久就消失了。

「老師！就明天了！明天就要抵達基隆了。」

「途中海象不佳，所以比預定到達的八月三日稍微延遲了一些，但是，以這樣的步調，順利的話，五日應該可以進到台北啊！」

從海上迎面吹來的風，是亞熱帶盛夏的風，不過肌膚卻覺得非常舒服。遠處的島嶼影像是西表島吧？被蒼鬱的茂密森林所覆蓋。

地平線的夕陽很大，紅通通地映照在海面上。

巴爾頓斜靠在舷側，凝望著遙遠的夕陽。

「如果那個夕陽是沖繩的人所說的和平的樂園的入口，而這艘船是直直地通過那入口朝向樂園方向前進的話，那是多麼的幸福啊！但是，這個船要去的地方卻是被病苦所折磨的島嶼，而那裡卻是我們的使命所在。」

舞鶴丸號在隔天進到基隆港，立刻駁船下來。

一通過簡易的海關，在那裡已經是個異文化的世界了。

混在大批來迎接的人群當中，有一個青年站著拿著半張紙上寫著「巴爾頓教授、濱野工學士」，青年操著薩摩口音打招呼說「我叫大山，是奉加藤衛生課長的命令，來迎接您們的」，然後性急地說「濱野先生！您的手上有蚊子」。

濱野急忙地打了手背。

「台灣是瘧疾流行的巢窟，總督府的職員也是十人當中就一定會有一人被感染，所以請特別小心注意。」

「還有就是有一種奇怪的臭味啊！」

「是污水的臭味，和日本的污水臭味相當不一樣，因為食物和生活習慣也都不同的關係，基隆因為近海還算好，台北就更嚴重了。」

巴爾頓和濱野記載當時基隆的樣子如下。

「從船上遠眺基隆雖然景觀清麗，惟漸漸熟悉目擊市區現況，可瞭解其不僅是最不健康的土地，從衛生方面上來考量的話，可感覺該港口不清潔的狀況難以形容，舉個例的話，居民住家的周圍堆滿塵土垃圾及污穢物。」（《基隆上水下水工程設計報告書》摘錄）

巴爾頓尿急去了洗手間，其間大山青年嘆了一口氣。

「台灣現在困擾的是廁所和洗澡間呀！在這邊通常都是用小便桶，所以有廁所的家庭很少，在街上連公共廁所都很少。還有困擾的是洗澡間的問題。」

因為巴爾頓回來了，青年急忙地看著時鐘。

「發車之前還有許多時間，到台北十九英里，這不是一個什麼特別長的距離，但它有非常陡峭的坡要爬，然後再下坡。有時候沒辦法爬上去時，也需要大家下來努力幫忙推車。」

瘟疫的溫床在眼前——展開衛生改革的序幕

二人進入台北，投宿淡水館之後，早晚一生懸命地拼命致力於台北、基隆、台中的衛生工程計畫的立案，經過不到一個月的時間的九月四日就向民政局長水野遵提出了基本的構想。

報告書由巴爾頓與濱野聯名製作，巴爾頓的職稱是「衛生工程技術顧問囑託」，濱野則是「台灣總督府民政局技師」。

報告書全文七十頁，總字數約一萬六〇〇〇字，用毛筆一字一字地仔細書寫下來，內容由以下的八節所構成。

一、台北市一般的衛生狀況
二、台北市供水工程設計報告書
三、台北市污水工程設計報告書
四、有關台北市街道改善之報告書

五、台中市區新設暨上下水道設計報告書
六、基隆自來水污水道工程設計報告書
七、台北市上下水道工程費概算書
八、台北市衛生改善所需費用

巴爾頓急著將報告書作成，其意圖可從九月四日這樣的畫押日期看得出來。台灣總督府公文類纂當中，記錄了押上明治二十九年（一八九六年）八月八日日期的「濱野彌四郎技師之任命案」這樣的文書名稱。二人來台沒多久，濱野的技師任官馬上被內定，其命令的發布預定在一個月以後，於是濱野在九月三日任官為高等官六職等，被列為民政局技師。報告書則在濱野任官的翌日被提出。

在此地，二人的意志明確地發揮著，也就是「巴爾頓把濱野視為後繼者，濱野則以巴爾頓為師傳承巴爾頓的意志」。二人之後超越師徒關係，成為意氣相投的同志一般地一起行動，二人真摯的心從報告書僅有不到一七〇字的獻詞記述當中，也可以讀取出來。

「在台日短，為了特別充足的調查資料得以入手，無法陳述縝密的意見是最為遺憾之處，為了獲取更詳細的資料，他日非得有更進一步的報告不可。」

二人面臨到的問題，不是人口統計資料、地形圖、降雨紀錄、河川流量紀錄、洪水紀錄等所有的基礎資料完全沒有、或者就是不完全的現實狀況，譬如，由於連一個人一天所需要的使用水量都不清楚，所以也無法預判需要的量。二人穿梭在台北市街道，走遍大街小巷，聽取水的使用方法及排出的方法，並且調查洪水走過的痕跡與雨量之間的關係。

他們以淡水館為據點持續調查，直到八月二十日左右都待在台北，之後在台中停留一週左右，然後又返回到台北進行基隆的調查和台北的補充調查。

針對報告書需要大書特書的地方，是其尊重實踐的可能性和經濟性以及地域性，並下了極為現實並大膽的判斷。

例如，台北的自來水道是改善過去以來的掘井取用地下水的方式，並以下列的理由將高壓式的供水方式作為將來的課題。

「如果以今日的人口來預估會增加多少，在高壓式的設計上最少也要需要五十萬日圓，因此在人口增加後的高壓式供水方法上，他日再處理是適當的。」

二人眼前所要面對的，是個連一分錢的經費都無法浪費的現實。

「設在道路兩側的溝渠沒有覆蓋，水直接流進去，殘留在水溝的水腐敗，髒物悉數沉澱底下，所有的污穢物堆積在淡水河口處或堆積在護城河附近，諸如等等的狀況下，以致散發出惡臭，甚為嚴重。」

大量的蚊子和蒼蠅湧現飛來飛去，巨大的老鼠到處爬行，這真的是惡疫的流行巢窟。

二人足跡踏進台北的所謂艋舺地區，則更為驚愕了。

「（艋舺）和城內大稻埕方面完全不一樣，目擊該地不只狹窄，而且非常不乾淨。」

二人對於那種嚴重的污染受到極大衝擊。

寫下了「（艋舺）是最劣等的市街，同地方的居民應最瞭解令人憐憫的地方」，指出將成為霍亂或瘟疫的溫床。瘟疫，這陣子在起源地的香港已穿越過關卡，但在台灣緊張局勢仍持續著，而它也蔓延到日本本土上了。

他們兩人針對艋舺現況採取的最佳對策，是對艋舺進行重大的改造。

「希望台北市成為一個健康無病的地方，到底需對艋舺當前狀態的存續採取什麼作為。」

破壞艋舺，從衛生學的見地來看，提了再開發的案子，如果這個提案做得來的話，次佳的策略則是敦促應該實施下一階段的衛生工程。

「施行徹底清潔所有的溝渠並確保充足的自來水供應，（略）必須從施行污水下水道工程的方法上著手。」

巴爾頓和濱野的想法，顯然在所謂的「同地方的居民應最瞭解令人憐憫的地方」這一句當中顯現出來。在那裡，一丁點也不會感受到編狹的國家意識。

巴爾頓的思考是，「不管怎麼做就是要看能否『守護住生命』」，亦即，將重點擺在「衛生」這一點上。為達成這個目的，驅使去統合實施可能的技術，並且有需要確立符合對象都市實情的衛生制度的計畫。巴爾頓認為在首都台北所要採取的永久對策，在緊急對策達成後再來著手即可。因此，首先，需要全面地活用從佔領台灣以前就被利用的地下水的掘井，以抑制自來水道整備上必要的資金，如此將節省下來的資金轉向施作污水下水道工程。

其次，停止近代的污水下水道整備工程，而是在必要的區域整備開渠道的排水路，將成為惡疫溫床的污水排到市區外的河川。如此作的話，即使資金匱乏，也能在短期間內將惡疫的病原排除掉。

巴爾頓苦惱的問題，是台北市區太過於平坦，運用尋常的方法無法取得排水路的斜坡，污濁物容易推積在排水路的底部。所以巴爾頓絞盡腦汁尋求是否有平常時污濁物就不會堆積的辦法。

二人將此問題點當成課題持續研究，濱野任官的翌日提出「衛生工程調查報告書」。巴爾頓花了不到一個月的時間，將所規劃的台灣北部的主要都市台北、基隆、台中的衛生工程的主要架構呈現給大家看。最重要的問題是，首都台北的計畫之具體化一事，為了這個事情，必須先解決先前的課題才行。

台灣的氣候屬於亞熱帶地區，生活文化則類屬中國。巴爾頓想找與台北相似的先進都市的實際案例，特別是先進居留地的實例作為參考。在這裡，腦袋裡浮現的是位在亞熱帶或熱帶的先進都市，包括上海、香港、新加坡，而學習這些都市的經驗，是根據台灣的地域性所做的計畫立案上所不可欠缺的。

巴爾頓在報告書的感謝詞上硬是如此寫下。

「在台日短，特別充足的調查資料無能入手。（略）他日再獲取調查資料，非得有更進一步的報告不可。」

巴爾頓和濱野提出報告書後不久，就搭乘日本郵船的小樽丸號航向日本。巴爾頓向後藤局長傳達了台灣的實情，更堅定了其進行先進居留地的衛生施設調查之決意。

台北發生瘟疫

離開基隆後的巴爾頓和濱野一同經由長崎、門司，於九月十六日在廣島下船。之後，巴爾頓陪同濱野造訪廣島、神戶、大阪各都市，提供這些都市上下水道計畫的建言。於九月二十五日終於返回到東京，巴爾頓將台北以及基隆的事情全部傳達給後藤。

「巴爾頓君！我全面贊成你的衛生改革的想法，台灣的衛生工程就請依你的想法來進行。」

「後藤先生！不管在台北或基隆，污水和垃圾也都滿到溢出來了，除非迅速及時地清理地面，否則如果瘟疫流行，那嚴重的情形可不是過去的霍亂可相比的。因此，和濱野君商量，在台北採取的緊急對策就是要優先處理污水下水道整備工程。問題是，地形過於平坦，以致無法取得排水路的傾斜度。我認為有必要學習熱帶或亞熱帶先進居留地的經驗，覺得有必要盡早出發去調查上海、香港、新加坡的經驗。」

「巴爾頓君！香港的流行好像差不多有控制住，但是不知道何時會再發生。雖然辛苦，不過還是請盡早去先進居留地視察，因為不管是那一國都受到你的母國英國的影響，所以我想其成果是可被期待的。」

「目前，被基隆的自來水道計畫追著跑，所以無法馬上起身前往。基隆令人懸著心的案子是，港灣及上下水道的整備工作，一定要趕快疏濬港口，並積極從事碼頭的建設。入港船舶的供水也是重要的，如果不趕快將計畫定案的話，基隆的衛生工程將延遲。基隆港是個重要的中繼港，瘟疫一旦發生，日本也會受到影響，這是不能推遲了。」

「巴爾頓君！桂總督近期會和乃木希典中將交接，桂總督思考擔任陸軍大臣，但是，他總督一職還未就任滿半年，這樣的話，台灣統治將無法安定。我覺得你的計畫最好提交給新總督，請你一定要這樣做。」

「因為基隆的計畫也不簡單，所以草案的完成是直到十月中旬。濱野君也需要準備一下在台灣居住的相關事宜，再加上接受兩位陛下的邀請將於十一月十一日參加賞菊會，所以居留地的視察會在那個結束之後了。」

「明白了！在台灣不管什麼時候發生什麼大事件也不會覺得奇怪，所以請保持不動搖的堅決意志，確實地往前邁進。就拜託你了啊！」

不過來到十月底，台北發生了大事件，那就是瘟疫的患者開始出現了，最早出現的患者是郵局的郵差。之後的三週裡患者人數約達一三〇名、死者五十三名，死亡率為百分之四十，以瘟疫來看，死亡率並不高，但對日本政府而言，這正是被測試是否具有統治台灣能力的一個試煉。後藤下令強化外國航路船舶的檢疫。總督府於十一月四日，指定水野遵民政局長擔任臨時設置的瘟疫預防委員會的委員長，將臨時瘟疫病預防消毒時程定在十一月八日、緊急隔離醫院及瘟疫疑似患者治療所職員職務時程在同月十日、熱氣消毒所職員服務假設時程則在同月十一日、台灣人傳染病死者埋葬規則在同月十二日、台灣人黑死病治療所規定在同月十六日，上述對應的策略迅速地發出並加以推動。在日本本土上，於十一月下旬進入長崎港的薩摩丸號發現瘟疫的患者，「瘟疫要進入陸地了」升高了緊張的氣氛，不過，很快就被控制住了，並沒有像台北瘟疫的流行那麼地嚴重，所以預防委員會在十二月二十六日就被解散了。

瘟疫被控制住了，乃木新總督卻沉浸在深沉的悲傷中，因為乃木的母親堂壽子罹患瘧疾，於十二月二十七日逝去。乃木因而深痛感到台灣的居住環境有必要從根本改變，另外一方面，在日本國內也是大力推動污水法案和粉塵污物清潔法案制定的時機。

先進居留地的啟示、決定衛生改革的方向

衛生改革若只依賴醫療是有其極限的，如果沒有從事所謂的上下水道的整備、居住房屋構造的改善、都市計畫的推動等都市的構造改革，是無法達成的。為了建立確實的方針，必須找到台北城內平坦

的市中心地區流行病根源的污水及快速排除的方法。

巴爾頓和濱野的視察目的，是要在先進居留地尋找線索。在總督府舉全力尋求對抗瘟疫的對策之際，二人在十一月下旬前往居留地去視察，調查期間大約歷經三個月，二人針對上海、香港、新加坡的自來水道、污水道、尿糞塵垢污物清潔的措施做了詳細的調查。

在上海的調查結束後，去造訪了外國人的新公墓，為的是要去參拜一八九〇（明治二十三）年罹患惡性天然痘在二十八歲就去世的弟弟古斯摩・伊內斯・巴頓的墓園。

「古斯呀！自從你走了後已將近六年了，我時常想念著你啊！」

巴爾頓向古斯摩說著話，想著弟弟被傳染病奪去生命的悽慘，不知不覺遺憾地垂下頭來繼續禱告。

在新加坡二人終於得到重要的啟示。

新加坡是英國人、印度人、馬來人、中國人等多樣的種族雜居在一起的地方，二人將新加坡的中國人街和其他種族人的居住地相比較，覺得是相當乾淨健康的，其原因是，新加坡政府採取強制性的規定，讓中國人遵守清潔法律，包括進行排水路污泥的疏浚清潔，違反者則課徵罰金；並規定每一戶居住的人口數上限，嚴禁超過上限人數的居住；勵行新建家戶房屋的檢查，違反者將面臨拆屋等事項。

二人和當地的名醫拉潔博士會面，尋求醫學上的見解。而且，注意到新加坡和台北艋舺存在著共通的惡疫，其症狀是體溫會突然地飆高，二十四小時內可能死亡，而且在不清潔的環境裡的中國人罹患率較高。以這樣的事實為依據，新加坡排水路的構造給了二人嶄新的印象。在開渠道一事上，聚焦於斷面不要造成污濁物的沈澱、停滯及腐敗，所以採較為通暢的形狀，而底部的材料也下功夫調配。這樣建設費用也許會變高，不過管理維持費用卻能以便宜的價格來解決。巴爾頓直覺新加坡的方式很符合台灣的風土及民情。

巴爾頓從新加坡的排水路所獲得的靈感是，把排水路的底部作成橢圓形（從實務面來思考的話，則以圓形較佳）。如果以橢圓形來處理的話，即使平常的時候水深也足夠、排放污濁物的水流力量也會變大，這雖是流體力學的基礎知識，但在見到實體物之前可說是不抱有自信的。然後在上面開渠道的話，換氣也是萬全無缺失，水路內的狀況用肉眼就可以監視。

巴爾頓和濱野一回到台北馬上向乃木總督報告。乃木於是指示邀集關係者齊聚一堂召開報告會議，因此，於一八九七（明治三十）年三月十九日，巴爾頓在衛生課及衛生警察的責任者等三十多人的面前，說明了視察結果以及在台灣的衛生工程的進行方針。

二人於四月更是提出所謂的「有關台北其他的衛生工程設計之相關意見」之建議，其要點如下：「從迫切需要的施設開始，遂行逐次的調查，著手其設計，現今舉其十二地為例的話，第一是台北、第二基隆、第三台南、安平、澎湖島、淡水、嘉義、彰化、雲林、恆春、新竹、鳳山等。」對台北而言，參考新加坡的經驗，先行改善惡劣的居住環境之方針是明確的。不僅如此，從衛生的觀點來看，並指摘出同時進行道路的整備、建築物構造的適正化，以及上下水道的整備是有其必要性。

總督府評議會認可了這個建議：市區改善，亦即意味著都市計畫與上下水道整備的一體化。巴爾頓在這個時點上遺留下來的課題有二個項目，一個是站在衛生的觀點上住家構造的問題、另一個則是台灣的南部地區的上下水道的整備方針。

因此，從七月開始調查南部地區的都市，包括新竹、台中、台南、嘉義、鳳山、澎湖島、打狗（現今的高雄）等地。大約二個月後的九月十日，巴爾頓在乃木總督、總督府的部課長、市區改善委員、中央衛生會委員等七十餘人的面前，說明了南部各都市的調查結果及整備方針之方案。

另一方面，巴爾頓和濱野在先進居留地專心調查之際，後藤正從事著在日本本土的衛生確保上不可欠缺的重要法案的立法，也就是污水法與粉塵污物清理法。當時的內務大臣樺山資紀和拓殖務大臣（掌管經濟的部長）高島鞆之助，在直至半年多以前還是台灣統治的最高責任者，熟知實情的兩位大臣，於十二月二十二日就污水法、二十四日就粉塵污物清理法詢問了中央衛生會。

中央衛生會選定後藤新平、森林太郎、長谷川泰等五名為調查委員，進入了法案的審議。後藤是審議的中心人物，將粉塵污物清理法名稱變更為「污物清理法」，修正後之污物，包括污水、尿糞、污泥、空污之管理的一般法，以及以設置現代污水下水道為目的的污水法案特別法，於十二月二十八日向中央衛生會做報告。衛生會審議修正案，於一八九七（明治三十）年二月二十二日在一部分修正後向兩大臣報告。

但是，兩法案並沒有提案到議會上，被擱置了二年多，堆滿了灰塵，這被認為是後藤應兒玉總督的懇求轉任台灣總督府民生局長，因法案實質的推動者不在之故，以致法案被擱置。

16 永遠的旅人

不間斷的試煉

後藤於一八九八（明治三十一）年三月二日就任總督府民政局長，這主要是因為新任總督兒玉源太郎強力的要求請託之故，所以，兒玉和後藤的關係因而被緊緊地連結在一起。

巴爾頓的衛生工程技術顧問的囑託契約在三月三十日更新。四月十四日一大早巴爾頓一家人在基隆港下船，這是從神戶出港之後歷經四天的船隻旅行。疲累的多滿還在睡覺，一家人直接前往位於石防街的官舍。

二天後的十六日，巴爾頓向後藤提出二則意見書。

其一，是「台北城內下水道及水槽的現狀相關之意見書」，其二，是「台北市水槽等之意見書」。在台北鑿井的井水自湧水量有減少的傾向，主要原因是鑿井戶數的急增，特別是農民為了灌溉使用鑿了很多的井，因而造成地下水位降低。為解決這個問題，巴爾頓提出在水井上加裝水槽把自湧水先儲存起來的有效利用對策。

巴爾頓和多滿（多滿六歲左右、被認為是在台北城外所拍攝的）

台北的現狀，顯示著確保恆久水源之必要性。因應急速的發展，只靠自湧水已經來到極限，不敷使用的，必須緊急地開發新的水源。

兒玉新總督在四月二十二日設宴席招待巴爾頓，後藤和濱野等也同席。兒玉知道巴爾頓花了二年的時間進行台灣衛生改革的實績，想要慰勞他的辛勞。

「巴爾頓君！在僅有的短期間內，就幫忙將衛生改革進行地這麼好，這是參考了新加坡或香港等地的案例吧！英國人的眼光與視野果然是較為寬廣與長遠。」

「我想英國在國家統治上隱藏有許多的巧妙的智慧。所以我想起來後藤君的『比目魚和鯛魚』的比喻，你有聽過吧？」

「那是後藤先生的進化論呢！初來日本時，我聽過很多次了。」

「後藤君的論點是這樣的，比目魚的眼睛是長在一個平面上的左右方。鯛魚的眼睛則是長在身體的兩側。即使突然地說比目魚眼睛的長法很奇怪，請和鯛魚長一樣，這也是不可能改變的事情。因為這是經過長時間所形成的事物，是所謂的生物學的原則。事實上，我覺得這是很棒的一個比喻，在台灣則有適合台灣的統治方法。打算將民政交給後藤君來處理，我是不會讓軍方有怨言的，如何啊？」

「總督！這個責任重大啊！」

後藤說「請交給我吧！」並且好像愉快似地笑了。

「你啊！此時可不是該笑的時候吧！你可要有覺悟喔！軍中醫官想要成為政治家的人有很多，軍人以武力為背景想從事政治，台灣的三段警備方式也是存在著這個大難題，治安不安定的地區馬上派出軍隊，如此，不管何時也都無法獨立自主，戰爭的勝負，通常都是決定於司令官的能力，能力不好的司令官，就會招致許多士兵的死亡，所以一切皆取決於人。啊對了！後藤君！能不能讓我聽聽你的民政論呢？」

「還是台灣財政的自立吧！一定要藉由發展生產、振興產業，來提升其財政能力，台灣有可以自立的潛在能力，至於出售台灣論等言論就在討論範圍之外了。而要發掘潛在能力，也有賴人來完成，可是，這確實很難。

民政改革需要找出它的可妥協之處，否則無法成功。巴爾頓君！你覺得如何呀？」

「結果是不能勉強的，只有照次序來走一途不是嗎？根留此地的方法，除了魯直地尋找之外別無他法，所謂魯直正是通往捷徑所在之處吧！」

兒玉深深地點了點頭。

「台灣的開發從現在就要真正開始了，因為莫大的投資是必要的，所以決定發行公債，在這裡就必須思考其償還的財源。巴爾頓君！雖然辛苦，但還是請你幫忙想一下具有迅速效率性的基礎整備，你的意見書我已經看過了，接下來是不是要趕快確定台北的永久水源？台北急速的發展，人口也增加，因應這個趨勢尋找新的水源是有必要的，請快速檢討。」

如兒玉所言，總督府的官制立即被修正，後藤在六月二十日依據新官制就任民政長官。兒玉對後藤的信賴是絕大的，完全封閉對陸軍部內的干涉，全權委託後藤的指揮。

水源探索、襲擊而來的地方病

巴爾頓和濱野共同探求台北的永久水源，分頭進入淡水河的水源源頭地帶。二人溯溪到新店溪，經過顛簸崎嶇來到龜山，然後再將探索的步伐邁進其上游，那是在悶熱的盛夏的原生林當中，水源源頭一帶埋伏著蕃人及土匪，不知道什麼時候也許會被攻擊，也許會罹患瘧疾也說不定，生命安全是無法被保證的。

水源探索激起了巴爾頓的冒險心，濱野也正值具有勇氣的青年，探索行的最終階段的某一日，巴爾頓在山中問了濱野。

「濱野君！你不冷嗎？」

濱野顯怪異地回答說「不會」，「是嗎？」再稍微步行一會，然後回頭說「真的有感覺寒意」。

「老師！總之我們先下山吧！」

巴爾頓的臉頰漸漸變紅，發高燒，然後連步行都變得困難，不久，高燒導致意識渾沌，頭髮也被汗水淋濕，額頭和脖子也一直流汗，這就是「台灣熱」地方病的典型症狀。巴爾頓持續發燒到神智不清。夢中出現的母親身影也消失了。

「威利！威利！振作一點！」

這好像是瘧疾和赤痢併發般的激烈症狀，還好生來就身體健康頑強的巴爾頓總算脫離了危險，他一張開眼睛，就看到滿津擔心的臉龐。

滿津將巴爾頓的手握得緊緊的，終於鬆了一口氣浮出笑容。

進入秋天後，終於得到出院許可，但被命令之後需要在家長期療養。滿津為防止多滿感染到地方病，特別注意要離巴爾頓稍微遠一點，並用盡苦心在準備易消化具滋養的餐食，以及房間的空氣流通。

巴爾頓在之後於《日本・每週・郵報》上所刊載的原稿當中，陳述「同時期罹患同樣地方病且入院的患者十二名的當中，生還者只有我一位而已。」這簡直是奇蹟式的生還。

母親凱薩琳之死

一八九八年十二月中旬左右的事情了，母親凱薩琳死亡的緊急電報經由東京的國際電信傳來，為了這突然的訃報也向普林克利洽詢過，但仍是無法得知詳情，巴爾頓不禁深感悲哀，悔恨的念頭也因而襲擊而來。滿津也不知如何安慰是好，十分擔心巴爾頓的身體狀況，因而更加地留意他的睡眠及飲食。

過完年後沒多久，來自妹妹瑪麗・蘿絲的急電報寄達，也許其心情很亂吧！以致文字雜亂，內容也前後不一致。

「威利！媽媽十一月二十九日下午五時，在伯雷斯金宅邸往生了，因弗內斯來的佛賽斯醫師確認其死因為心臟痼疾所引發的大動脈瘤破裂所致。

我，於十二月一日向市政府提出死亡診斷證明書，取得了埋葬的許可。十二月三日十一時開始進行告別的彌撒，於十二時送葬的行列朝史多拉西利克的墓地前進，以上先為緊急通知。

瑪麗」

還有一封信，那是在伯雷斯金投遞的日期為十二月五日的信件，這信件奇蹟式地被保存在蘇格蘭國立圖書館的特別資料室。

寄信人是同父異母的大姊艾拉・潔西的丈夫詹姆士・羅傑，是醫師也是藥劑師的詹姆士被認為在職業上的必要，有保留文件或書信紀錄的習慣。長篇的信件上，由書寫對巴爾頓的心情寄予深深同情的哀悼文章開始。

「威利！你的母親大人凱薩琳於十一月二十九日，在伯雷斯金宅邸逝去。我可以察知你現在是多麼悲傷的心情。」

詹姆士在信上寫了，凱薩琳在么兒古斯摩往生後無限悲傷，而即使如此她也打起精神，參與各式各樣的社會改革運動；瑪麗訪日得知有關威利在日本做的工作，以及一直擔心可愛的孫女；還有就是想要見面等事情。最後他做了如下結語：

「威利！請回來吧！你有巴頓家族長男的義務，如果有我可以幫忙的地方，請不要客氣，我會幫你的。」

在一封被人回憶起姊夫溫暖個性的信件中，也詳細傳達了告別彌撒、送葬行列及埋葬的情形如下，其情景彷彿浮在眼前，直擊內心深處。

「我想瑪麗應該已經跟你報告過了，鄰居們也都來禮拜堂參加告別彌撒，不管是高齡者或年輕人大家也都對母親大人的逝去表達深深的哀悼。充滿寧靜氣度的聖歌聲中，對於人們悼念人之逝去，感動到身體不由地顫抖，葬禮行列中有一位老修道女，一直陪同母親大人到埋葬的地方，並且獻上祝禱。埋葬地在平緩的斜坡上，宛如古代羅馬的圓形劇場般，眺望的視野很好，在那裡安置了石墓碑，並且，獻給母親大人充滿敬意與愛意的美麗編織花環。」

此時，巴爾頓罹患阿米巴痢疾。前年患地方病已讓體力大量消耗，再加上長年累積的過勞所致吧！雖然有小康復十多日，不過沒辦法很容易地快速恢復。

《日本・每週・郵報》一月二十一日號刊登了母親凱薩琳逝去的報導。

「在因弗內斯的福伊爾斯近郊的伯雷斯金，凱薩琳・巴頓逝去，享年七十一歲。故約翰・希爾・巴頓的愛妻，古斯摩・伊內斯教授的長女。」

正在瞑目養神的時候，濱野前來探病。

「老師！從新年度開始，衛生工程調查設計的事務將從衛生課改到土木課，因此，我也將兼任衛生課和土木課的工作。」

「我聽說了。我的顧問囑託也可能會更新吧！只是衛生課本身要進行工程不是容易的事，衛生工程與一般的土木工程是不同的，你兼任職務的角色很重要呀！」

「我也那麼地想，不過，在第十三屆的國會裡只有衛生工程的預算被大大地刪減。沒有供水，台灣的發展是不可能的呀！這真的是無法理解。」

後藤民政長官，為了台灣發展上的必要且不可欠缺的五大事業，即鐵道建設、土地調查、港灣整備、官舍建設、供水工程上必要的資金需求，向第十三屆的國會提出四〇〇〇萬日圓的台灣公債法案。供水工程的預算五〇〇萬日圓，其中首都台北市的自來水道事業預算是二五〇萬日圓。但是，此預算卻全部遭到刪除。此時已經是可以強烈地感受出瘟疫的流行了，但是負責國政的要人們的行為卻顯得不人道，令人為之髮指。

「濱野君！後藤先生不是一個隨便就放棄的人，一定要利用此機會好好地準備。台北的水源即使是決定在新店溪，實際測量圖的製作還是有必要的。還有，要決定引到台北的導水幹線的經過路線，也一定要製作周邊地形的實際測量圖。要充分地整理準備，將建設順利進行，有關預算的事就交給後藤先生就好，不用擔心啦！」

台北和台南也都發出了瘟疫預防的訓令，醫院外面是瘟疫的危險區域。

「老師！請好好地養生保重。太勉強自己是禁止的哦！」

巴爾頓在濱野回去之後，反芻了自己說過的話。

「到目前為止三年來的努力，台灣的衛生改革正將進入新的階段。後藤先生開始在台灣活動，濱野君也築起立足之處。終於，我要歸返母國的時間也好像快來到了呀！」

巴爾頓的想法就一直圍繞著這樣思念的心情轉來轉去，在那不知不覺當中睡著了。不知道花了多少時間，巴爾頓從睡眠中醒了過來，然後發呆地凝望著天花板。巴爾頓突然被囚禁在寂寞之中。

「小多滿現在怎麼樣呀？有沒有乖乖地在二樓睡覺呀？」

巴爾頓變得不安。睡覺的場所在二樓和在一樓得到瘧疾的比率是不同的，二樓的話，罹患率是低的。台灣高溫多溼，土地成為蚊子的培養地。瘧疾無法根絕的原因之一是在民宅的構造上，因此，特別留意讓滿津和多滿她們也都睡到二樓。

「一生病的話，就會變得開始注意奇怪的事情。」巴爾頓苦笑著說，但即使如此，「還是想讓滿津和多滿去蘇格蘭看看。」如此反覆地思考著。

巴爾頓身體復原後，為了踏勘台中市的水道源頭，立即陪同衛生課技士的青年深入水源頭流域地帶。台中市地下水利用的現狀是充足的，但在不久的將來裡，在山間地區有設置儲水池的必要。水源流域地帶有四處水源候選地，需要盡速選定。轉眼間就來到了三月底，巴爾頓的顧問囑託被更新了，濱野的土木課技師兼任的職務也發出派令，還有衛生工程的調查設計業務移轉至土木課，不僅如此，台灣污水規則（律令第六號）也在一八九九（明治三十二）年四月十九日公布了。

日本本土的污水下水道法（法律第三二號）在翌年的三月七日公布了。原案是在後藤擔任衛生局長時代所起草的，不過，公布的法律比起原案來，內容變得更欠缺顯著的積極性。主要是因為，瘟疫第一號患者於十一月五日在廣島死亡，之後在神戶及大阪的患者陸續增加至六十七名，其中六十名死亡，演變成這樣的事態，因而匆忙地訂定法案。

特准長假

巴爾頓在台灣污水排放相關規定公布後，認為衛生改革的基本方針已鞏固，所以向後藤提出了長期休假的申請。後藤特別關心，巴爾頓母親凱薩琳的逝世、被瘧疾也就是所謂的「台灣熱」地方病所侵襲、還有苦於痢疾以及長期積勞的巴爾頓。

「巴爾頓君！休假有六十天哦！衛生工程技術的判斷，我是沒辦法的啦！希望你務必要回來呀！」

「有什麼問題的話，可以問濱野君。」

「我知道，原來你一開始就有這樣的打算。」

二人，從沒想過這會是他們今生的離別。

巴爾頓和滿津帶著多滿在五月十日搭乘橫濱丸號，從基隆出發離開港口。巴爾頓一家回到了懷念的永田町的官舍，多滿高興地跑來跑去，巴爾頓和滿津看到小孩這樣很有精神的樣子，也都不自覺地微笑了起來。

不過，巴爾頓的身體狀況卻不是很好。

平常就很健壯的巴爾頓，即使身體不好，還是在《日本・每週・郵報》上發表了一篇論文。那篇論文就是現在放在我桌上的「台灣醫療月報──台北城內的衛生狀態的現狀、特別關於開渠道的污水下水道系統」（一八九九年六月三日號）。這是否是巴爾頓的絕筆，即使到了現在還是不清楚。

但是，從公布的年月日時間來判斷的話，至少可以說是其最後彙整出來的論文。在這論文裡，確實傳達了當時的台北衛生環境，特別讓人深感興趣的部分，是巴爾頓從衛生的觀點論述台灣住家房屋構造的地方。

「文豪歌德在夜間乘坐馬車渡過羅馬近郊的蓬蒂諾濕原地時，歌德與友人都以手帕摀住嘴巴，以避免接觸從地面爬升上來的熱病的毒氣。

當時，瘧原蟲的存在還不被知道，沒有所謂的細菌這樣的字眼，此事暗喻著，從地面算起十至十二英尺（約三至三・七公尺）的高度的地方睡覺的話是適切的。台北大部分的住家是一樓建物，而即使是政府官署及台北醫院也都相同。在台中現在建設中的公營住宅很可惜的還是只蓋一樓而已，我問了為何不蓋二樓的建物，然後把寢室放在二樓呢？結果得到的答案是因為成本太高。這個是完完全全的誤解，當然，一樓的建物與二樓的建物若以單位面積來比較的話，前者較為便宜，但是，若以單位容積率來考量的話，後者是便宜的。而且，地價高的地方，還是以容積的想法來考慮較好，美國人建蓋摩天大樓的理由就是『為了廉價』。」

論文裡還從預防台灣熱的觀點來論述種植由加利樹的重要性。

巴爾頓設計住宅加設屋簷突出，並在其下面設走道的「屋簷下走道（即騎樓）」式的住宅，獲得好評。此類型的住宅設有二樓，居住空間採和式洋式折衷方式，被推薦成為台灣的模範住宅。在東南亞有高床式的住宅，從氣候風土來看，即使是台灣也適合採取高床式的作法。巴爾頓為了守護生命，即是從所謂「衛生」的觀點主張，自來水道、污水下水道、市區改善（都市計畫）、以及住居構造和都市綠化等所有的方法需綜合性地來推動。這是巴爾頓臨終前的想法。

歸返母國之前

離開母國已經十二年了，開始懷念起英國的友人們。

好友道爾、攝影家的波爾頓先生、曾為同事的米倫老師，你們都好嗎？但是，就在出發前的某日，巴爾頓的赤痢再度發作，至位於本鄉的東京帝國大學醫科學院第一醫院住院治療。

因為長期疲累的累積，以致肝臟功能衰弱，病狀似乎像是肝臟膿腫或阿米巴痢疾。肝臟膿腫是因細菌感染所引起，呈現類似瘧疾激烈的症狀。而另一個阿米巴痢疾，是因赤痢變形蟲的感染所引發的消化器系統的傳染病，在台灣這樣的亞熱帶的環境下，容易變成慢性的疾病並再發作，且在肝臟上長出膿腫。巴爾頓病情急速惡化，八月五日午後九時十分，巴爾頓追隨母親凱薩琳在後，離開這個世間，突然的死去，任誰也沒想到會如此。

當時出差不在的貝爾茲博士「我如果在的話，絕對不會讓你死去的啊～～～」聲音哽咽地說。

在台灣八月五日午後開始，風勢變強大，呈現了暴風雨的模樣。即使到了夜晚風勢還是很強勁，所以，濱野幾乎一夜沒睡直到天亮。而在這不久後，就收到了巴爾頓逝去的緊急電報。

濱野身處敲打在雨窗的風聲中，似乎感覺聽到老師巴爾頓的聲音一樣。

「濱野君！我非逝世走掉不可了，請多保重！拜託你了！」

濱野在後年的《台灣水道誌》上，針對巴爾頓的死去，書寫了如下的字句：

「『巴爾頓氏』對台北水道的水源探勘費盡苦心，其在新店溪上游踏勘之時，不顧炎暑霪雨，跋涉山河的結果，被地方病襲擊，最終，於明治三十二年八月五日客死於異地。可說是實際上為了本島衛生工程計畫最先且最大的犧牲者。然而本島衛生工程設施的基礎當時已由『巴爾頓氏』加以確立，今日繼承其計畫，並在全島各地陸續實施的話，（略）應該足以使其瞑目。」（台灣總督府民政部土木局，大正七年，頁三～四）

濱野評論巴爾頓的死，是挺身於所謂台灣衛生改革戰役的司令官之死。而且，那還是遠離母國在「客地」，也就是為了守護「異鄉」的人們的生命，所奉獻的「長眠」。

葬禮在八月七日上午九時舉行，並於十時被埋葬在青山靈園。大日本私立衛生會致贈花圈一對，台灣總督府決議於同日發給遺族慰勞金一〇〇〇日圓，並以因公殉職之禮來表示悼念之意。眾多的參拜者都覺得失去了所謂無法被取代的人物，因而潸然淚下。

隔日的報紙上刊載了以「巴爾頓松子、友人一同」之名義的葬禮感謝文。

巴爾頓的訃聞也傳到了母國的英國。英國攝影協會於九月下旬表示了哀悼之意，並通報巴爾頓逝去的訊息給會員。追悼文上有如下的字句：

「巴爾頓氏非常努力於攝影的實驗，是位擁有許多經驗的人，並且，樂於將自己的知識傳達給他人，亦即，是位在教導他人一事上具有特別才能的人。巴爾頓氏的早逝對業界而言是件悲傷的事，他在英國的友人們聽到此訃聞都不禁感到哀傷痛惜之意。」

巴爾頓永遠地離開人世了，在日、英許多人的心裡烙上深刻的印象，他將妻子滿津和愛女多滿遺留在日本。多滿當時未滿七歲。

滿津於丈夫巴爾頓往生後，一心只想「一定要好好守護多滿」，獨自忍受悲傷，經常在遺像前泛著眼淚對巴爾頓遺像說話。

「過去是多麼地想要回去蘇格蘭啊！我也想和多滿一起回去造訪你的故鄉愛丁堡和伯雷斯金宅邸。」

17

滿津和多滿——持續不斷的試煉

遺物

台灣總督府許可遺族繼續住在位於永田町的內務省官舍。巴爾頓過去準備了將全部財產遺留給妻子的遺書，由於是突然死亡之故，遺書的二位執行人是威斯德和米倫，當中還沒拿到米倫的簽名，而米倫卻已經回去英國了。即便如此，母女倆並沒有特別急用的必要，因為巴爾頓遺留在日本的遺產，對其母女的生活上已經是足夠的了。

巴爾頓的官舍，依照當時的地圖來看，就在現在的國會議事堂的用地當中，周圍有伊藤博文及三條實美等明治時期元勳的宅邸並列林立，西側有清朝公使館，北有樞密院（昔天皇的諮詢機關），而東邊則有有栖川宅邸。建築物是磚蓋的三層樓房子，佔地寬廣。

看著兩人頓失依靠不安的樣子，「不能放著不管呀！」滿津的父親荒川善七站了起來。善七那時已經七十多歲了。

「滿津！我明日開始代替當小孩的保鑣。」

「小由也在，沒問題的呀！此外，小多滿有說過刺青很可怕哦！」

「沒問題吧！如果是小多滿小孩的話，穿平常的襯衫就可以了。」

俱梨伽羅紋身的善七，在多滿在的時候，經常會穿上從脖子到手腕都包得緊緊的襯衫。

幫傭的小由當時十九歲，是砧村的一般百姓人家的女兒，來到滿津的家幫忙。砧村就是現在的世田谷區砧一帶，從祖師谷到成城、喜多見的附近，當時是個農村。巴爾頓往生後，滿津和多滿、還有善七和小由，這四個人就互相依靠一起生活了。

過去成為滿津的商量對象的人是貝爾茲・花以及普林克利安子。

於高等法和女子學校（右起第三人是多滿）

多滿從七歲開始就去位於築地的高等法和女子學校上學。這個學校，是以提升日本的女子教育為目的，由法國聖摩爾修道會的修女們投入鉅資所設立的目標學校，是現在的天主教名校雙葉學園的前身。多滿，以設定將來要歸國回到蘇格蘭的巴頓家族的意向，入學後，成為該校最年少的學生。

巴爾頓的二姊伊麗莎（麗姬）過去曾以雕刻家的身分活躍於愛丁堡，不過之後變成修女，在蘇格蘭的古都巴斯的修道院度過祈禱的每一天。她掛心於弟弟威利的女兒多滿的事情，有關其教育的問題，建議選擇以學習英語或法語為目標的學校。晚年，根據她的遺言，將她的遺產的一部分轉贈給多滿。

巴爾頓的墓碑建立

某日，從台灣回來的濱野來訪。

「小多滿！長大了呀！」

「多滿也在築地的女子學校開始上學了，很認真哦！」

「小多滿也是不會說英語的，我也是一樣在英語上花很多功夫呀！」

濱野在巴爾頓往生後上京，順道來探訪滿津，提供種種的協助。

「今天，主要是想再次地轉達夫人您，所以前來拜訪。」

濱野以神妙的表情開始說話。

「我和友人們商量過了，決定幫老師建立一個墓碑，接下來要開始募款活動，希望夫人您能夠了解。」

巴爾頓的愛徒・濱野彌四郎

滿津對於墓碑的事情也很關心，所以得以安心鬆了一口氣。

「濱野先生！我想他也一定會喜歡的呀！真的很感謝。」

滿津拭去眼角的淚水。

在一八九九（明治三十二）年十一月二十五日發行的《學士會月報》第一四一號上，刊登了「故巴爾頓君捐贈金募集廣告」。濱野四處奔走，為了巴爾頓墓碑的建立，開始進行募款活動。

募款的介紹，也刊登在一九〇〇（明治三十三）年一月二十六日發行的《大日本私立衛生會雜誌》第二〇〇號裡面。介紹的報導是，從《學士會月報》直接地以台灣總督府的衛生行政擔當者們為中心，但發起人是以內務省、東京帝國大學工科學院的錚錚有名之士共同聯名，內容如下所示：

「此回石黑五十二、加藤尚志、山口秀高、濱野彌四郎、岡田義行等諸位發起建蓋故衛生工程顧問巴爾頓氏的紀念碑在東京青山共同墓地上的建議案，並著手廣泛募集捐贈金，其廣告以及發起人的姓名如左所列。

故巴爾頓君捐贈金之募集為表達對故內務省兼台灣總督府衛生工程技術顧問W・K・巴爾頓君生前之情誼，謀志同道合之士，為該君在青山共同墓地上建蓋墓碑，有意贊助者，請於三十三年一月底前將捐贈金送交總督府民生部衛生課加藤尚志。

明治三十二年十二月發起人

石黑五十二　濱野彌四郎　新元鹿之助　岡田義行

加藤尚志　高橋辰次郎　長尾半平　中島銳治

中山秀三郎　威斯德　山口秀高　古市公威

小林柏次郎　近藤虎五郎　戴維森　清水彥五郎」

發起人的姓名以日文伊呂波索引順序來寫，最後的戴維森是駐台的美國領事。

因為沒有募款者的名簿，所以到底募集了多少錢並不清楚。但是，在濱野一生懸命的努力下，建蓋墓碑的預算募集了三二〇日圓沒有錯。正因為如此，和前言所敘述一樣，在青山靈園的巴爾頓的大墓碑石上刻有「友人建之」的字樣。

濱野終生無法忘記恩師巴爾頓教導之恩，從未失去對老師的尊重。

後藤對於巴爾頓的死又感覺有所責任，如此的想法即使經過很多年也沒有從心裡消除。

鳥海多惠子女士曾說「領受了物質與精神上的支持」。

巴爾頓歿後經過約二十年以上，後藤在和子夫人往生後，有緣與一位年輕女性共同生下了女兒，取名為「松子」和「多滿子」。

作家森真弓女士在雜誌《東京人》二〇〇七年十月號的「後藤新平誕生一五〇年紀念特集號」上，刊載了訪談此松子女士的報導。森女士詢問名字的由來時候，「新平在女孩子的名字上，應該沒有特別的在乎與拘束才對吧！」松子如此回答了。不過後藤內心深處應該藏有對巴爾頓深深的思念，所以才取了這個名字吧！

瑪麗的驟逝

巴爾頓的墓碑剛建立之際，普林克利安子突然來拜訪滿津。

安子以悲傷的表情對滿津說。

「家人說一定要來傳達不可，所以我來拜訪妳。事實上，瑪麗在義大利羅馬驟逝的新聞傳到了報社呀！在英國也是有名的女流輩畫家，我想她以日本為畫作題材的圖畫深獲好評，所以被廣為傳知吧！好像是在羅馬的火車車站裡病情發作而倒地，並就這樣子地往生了呀！」

妹妹瑪麗・蘿絲，因一八九八（明治三十一）年十一月二十九日母親凱薩琳的突然逝世，還有隔年八月五日哥哥威利在東京往生，就傷心地於一九〇〇（明治三十三）年六月出發前往義大利去作寫生旅行。六月五日，瑪麗在羅馬因腦溢血的發作，就這樣變成無法踏上返鄉之路的人。義大利當地的報紙上，刊登有瑪麗・蘿絲・巴頓的告別彌撒是在羅馬的聖喬瓦尼天主教堂舉行，並葬在聖洛倫佐天主教公墓。瑪麗過去所疼愛的「神似威利且喜愛繪畫的小多滿」，日後將可根據遺言收到瑪麗餽贈的遺產的一部分。

滿津直直看著安子的臉許久，什麼話也都說不出口。巴爾頓的骨肉親人當中，直接見過面的只有瑪麗一人而已，就連很堅毅的滿津，也只能垂下肩膀坐在安子的面前，此時，貝爾茲・花走了過來。

「怎麼了呀？妳們兩個人都很消沉耶！」

聽了事情原委的貝爾茲・花，平心靜氣地說了。

「好好地栽培小多滿長大成人，我們大家不是都會幫忙的嗎？巴爾頓先生的雙親、弟弟、妹妹也都往生了呀！雖然確實好像還有位同父異母的姊姊在，但……。滿津！請拿出精神來喔！我女兒宇多死去的時候，西伯魯德稻女士會經常來看我。」

西伯魯德稻，於一八二七（文政十）年出生在菲利浦・弗朗茲・福恩・西伯魯德與瀑布之間的地方，被稱為「荷蘭稻」的稻，其父親流亡到日本後，她在其弟子們的協助之下學習荷蘭話。之後，她父親再度來到日本之際，她主修醫學，成為日本最早的女醫。稻也和貝爾茲關係深厚，一八九六（明治二十九）年二月長女宇多死去時，稻經常去拜訪花女士，安慰勉勵她。當時，稻六十九歲，花女士三十二歲。

花女士被稻充滿信念的話語激勵。稻是一位步入像日本人卻又不像日本人艱困人生的女性。

「稻女士是位很優秀的醫生。她在婦產科上的醫術出類拔萃，甚至皇宮也請她進入宮中幫忙看病。所以，女性也非得在這個世間被認為可擁有精湛的技術不可啊！」

接著數日後，二姐伊麗莎寫來了「瑪麗・蘿絲往生了，但她從來沒有忘記弟弟巴爾頓遺族的您們。小多滿！請好好地學習英語。」這樣的信件。

多滿從母親滿津這裡知道了姑媽瑪麗・蘿絲猝死的消息，她只有在二歲和四歲左右很短的期間曾和姑媽見過面，所以僅殘留了些許的記憶，她把瑪麗・蘿絲寄給她一封以英語書寫有「小多滿的祖母和姑媽」的信封中的照片好好地保存著。

翌年一九〇一（明治三十四）年二月九日悲劇來襲。

巴爾頓宅邸的燒毀殆盡

「多滿回來的好慢哦！小由！妳能不能去幫我把她接回來？」

滿津擔心著晚回來的多滿，拜託了小由，此時已經超過下午六點了。

「三樓還有一些尚待清潔整理的呀！不好意思，麻煩幫忙趕快去哦！」

多滿還沒有從築地的女子學校回到家。

小由將大的油燈放到櫥櫃上，利用其燈光來準備晚餐。油燈的火爐距離天花板不到十五公分，如果燃燒到天花板的話，那可是個大災難。但是，這是以前能夠將寬大的廚房照得最為明亮的方法。

小由想到「油燈的火應該要先把它熄滅掉才可以」的瞬間猶豫了一下，但又想「一定馬上會接到人，應該沒問題」。但萬萬沒想到，這竟然變成是將巴爾頓宅邸全部燒毀的原因。來到戶外的小由，頂著寒冷的北風，將頭頸埋進圍巾裡。

小由的兩隻手也放進衣袖裡，急忙地走下永田町的坡道，向虎之門的方向走去。旁邊有工科學院、東京師範學校、東京府廳等的大型建築物並列，也不太有行人來往走動。小由漸漸地感到不安，自然地開始小跑步起來，腦袋當中「油燈，該沒問題吧？」這樣的不安感逐漸強烈。

新橋附近，終於找到了多滿的小由，趨前跑了過去，捉住她的手。

「英語的老師，一直不願意放我們下課回家呀！」

小由不知為何一直對油燈的事感到不安，覺得「如果是這樣的事情，應該先把火熄滅了再出來才對呀！」很是後悔。

返回到虎之門的時候，聽到急促的火災鈴聲，小由內心感到激烈的悸動，同時緊捉著多滿的手拚命地跑。

小由的雙腿不由地顫抖了起來，巴爾頓宅邸，劇烈的火焰往上衝，火花被強勁的西北風煽動飛舞起來，大批的警察將周圍的道路重重圍住，連皇宮的警察也被動員過來。消防署及警視廳調來許多的消防幫浦，而眾多的消防員拚命地緊握水管滅火。

一點活著的感覺也沒有，小由軟趴趴地跌坐在地面上。

多滿，在異樣的氣氛中嚎啕大哭了起來。

「媽~媽、爺~爺、……」

然後，祈求「大家！請不要丟下我，請不要放我獨自一個人，拜託呀！拜託！爸爸！請救救我，爸爸～」

從此之後，多滿一生中一聽到火災的緊急鈴聲，就會因為恐懼害怕而顫抖個不停。這場大災難讓多滿心生覺悟。

「父親，已經不在了，一定要靠自己走出自己的道路來。」

滿津在三樓繼續清掃整理，不過一直看不到她們已回來的樣子，所以說「與其擔心著，不如自己去接還比較快呀！」然後下到二樓來，結果，從一樓開始黑煙往上竄，發出「劈里啪啦」的聲響。她急忙地往一樓跑下去看，廚房已經是火海一片。

急忙跑上階梯，飛奔到父親善七的房間。

「爸爸！火災了，趕快逃吧！」

善七一副拚了命想要帶出重要家具財產的模樣。

「爸爸！待會會變得怎樣也不知道，總之趕快逃。」

滿津強拉著父親的手，飛奔出房間，總算來到了屋子的外面。

二人凝望著劇烈的火焰和火花往上噴發的住家，淚水從滿津的臉頰不停地流下，真的是只有一時的不注意而已。

「那時，如果有叫小由注意一下處理油燈就好了，誰也沒能料到會出這樣的事，真的是很對不起的事。」

滿津合掌向巴爾頓說抱歉。

隨著風的吹來，聽見了多滿哭叫「媽媽、爺爺」的聲音。滿津和父親二人手牽手搖搖晃晃地往哭泣聲音的地方走去，然後，看到跌坐在地上的小由和多滿。

「小多滿！沒事了喲！我在，請安心，沒事沒事。」

小由，只顧低著頭說「對不起！對不起！」，不斷地道歉。而火勢在拼命救火的過程中，終於在下午七點半控制住。

滿津和多滿的衣物就這樣全被燒得精光，所有有關和巴爾頓回憶的身家財產幾乎都消失殆盡。

尼斯湖怪人與伯雷斯金宅邸的悲劇

母親凱薩琳往生後，巴頓家族的別墅伯雷斯金宅邸被黑法魔術師阿列斯特・克勞利奪走了。

幾年前，不知道是透過誰的介紹，表演黑法魔術的克勞利來到了伯雷斯金宅邸，他對伯雷斯金宅邸感到興趣。

「這個房屋，具備了我所要求的全部條件。不僅方位，庭院深處有險峻的懸崖，還有可俯瞰尼斯湖的寬廣陽台，那全部都是為了我而存在的。」

克勞利策畫將此房屋納為己有，凱薩琳一往生後，他就半脅迫性地來與瑪麗・蘿絲交涉，然後很順利地將伯雷斯金宅邸完全納為己有。

他在俯瞰尼斯湖的庭院裡點燈、以異樣的裝扮朝向天空進行魔術的身影，已成為附近人們的恐怖標的。一九〇〇（明治三十三）年，瑪麗・蘿絲驟逝。

「大家都說會不會是克勞利的詛咒呀！」

附近的人都盡量不靠近過來。

尼斯湖畔的海灣之家酒店的女主人說「伯雷斯金宅邸是神祕的大宅院，大家都很害怕喔！」當地的老人們也說「以前，聽說黑法魔術師阿列斯特・克勞利夜夜在此進行魔術，陰森森的氣氛詭異，任誰也都不敢靠近」。「尼斯湖的怪人」的傳說，現在也被繼續流傳著。

根據文獻記載，克勞利曾試行了「阿布拉米林的魔術」。

這是，依循猶太人阿布拉米林在一四五八年送給他兒子拉米克的《魔術師阿布拉米林神聖的魔術書》所進行的魔術。從春分之日開始到秋分之日為止約六個月的時間，進行一種隱遁的生活，接下來在祭壇上放置銀盤，以思春期前的少年為靈媒來祈求。如此到最後，「神聖的守護天使」會在銀盤上釋放訊息，魔術師依據這個就可以創造所謂的奇蹟。聽說在這個試行當中，伯雷斯金宅邸發生了靈異現象。這是在沒有任何人動手觸摸下，物體卻會自行移動，或者有時發出敲打東西的聲音，有時也會發出火花或光影等，這些反反覆覆發生卻難以說明的現象，與其說是一種心靈現象，但恐怕是幻覺吧！克勞利卻在這個試行中途就把它終止了。

那之後，他在庭院深處的斷崖努力地做攀岩訓練，預計到喜馬拉雅的K２及干城章嘉峰登頂。

克勞利的能量以破天荒的形式爆發，巡迴於日本和上海，還有斯里蘭卡等地，學習瑜伽。

克勞利於一九〇三（明治三十六）年和名字叫作羅絲・艾迪絲・絲卡蕾多的女性結婚，在伯雷斯金宅邸喜獲千金，但不久卻夭折了。

二十世紀後半，黑法魔術師克勞利讓喜愛重金屬音樂的年輕人特別著迷。克勞利宣稱「行汝所欲為，其將成汝之律法（Do What Thou Wilt shall be the whole of The Law）」，這正是毀滅的邏輯。

克勞利的妻子羅絲因為酒精中毒去世，有許多相關的人士都說這死亡很可疑，但是，對迷惑在混沌的年代裡探求自己前進道路的年輕人們而言，這已足夠。

據說搖滾之神的吉他手吉米・佩奇，在齊柏林飛艇時代傾心於黑法魔術，其依據理由是吉米・佩奇曾經擁有伯雷斯金宅邸，並把它當作別墅在那裡生活過。奧茲・奧斯本也將克勞利當作其樂曲《克勞利先生（死亡的守護者）》的主題。而伯雷斯金宅邸，現在已變成荷蘭富豪的別墅了，所以溯尋一路走過來的歷史，現在已經不再是「神秘的鬼屋」了吧！

即使是現在也不覺得是現實的事，從屋子的管理人不可思議的遭遇來看，決定介紹一下伯雷斯金宅邸的裡頭，那個所謂曾經是搖滾之神的寢室是在最後面水藍色壁紙的小房間，它被認為過去是凱薩琳的寢室應該沒有錯，至今仍保有懷舊與靜謐的感覺。

18 普林克利一家的守護

拯救之手

對房屋被燒掉而無家可歸的滿津和多滿伸出援手的是普林克利家族。

「滿津！我家也是在去年發生火災，房子被燒掉了，受到康德爾先生一家人的幫助，康德爾先生的太太条對我們相當好，有困難的時候大家就互相幫助啦！妳們可以先住在這裡稍作安頓，然後再來思考以後的事情吧！」

普林克利安子就像自己家人一樣提供無微不至的照顧。

年紀比多滿大二歲的次女稻子，整理自己已經穿不下的可愛襯衫或裙子、洋裝等給多滿，而次男傑克也像哥哥一樣保護多滿。

此時，普林克利的屋子也住了貝爾茲．花，經常探出頭來關心。

「滿津呀！真是意想不到的災難呀！善七先生已經回去長男的房太郎先生的地方了。小多滿可不能不讓她去上學哦！」

花女士經常成為滿津商量的對象。花女士的兒子德之助當時還只有十一歲，前年四月他一個人獨自前往丈夫貝爾茲的老家，而貝爾茲也得到休假得以返國，預定從八月開始在德國停留一年。

留在日本的花女士，卻有如何確保自己在日本住處的問題。由於屋主個人的關係，所以她必須搬離目前所居住的地方。普林克利在廣尾町購入了六〇〇〇坪寬廣的土地，準備蓋新房子，因此，她就接受了普林克利舊屋的讓渡。

花女士每次和多滿見面時，就會將她的身影與三歲就死去的女兒宇多聯想在一起，把她想成是自己的小孩一樣。

普林克利的千金稻子和小狗與多滿

普林克利是日本史、日本民族史、日本美術史等的研究者，所以對於巴爾頓的遺留物被燒毀殆盡覺得非常可惜，因為他對世事是個明理勤奮的人，因此對於滿津她們是否能在經濟上獨立自主感到憂心。

「不好意思呀！有關巴爾頓君的遺產，英國那邊如何了呀？最好把它調查起來一下比較好吧！我來拜託米倫君看看吧！」

「滿津！我也來寫信給湯尼先生拜託喔！」

「米倫先生是遺囑的執行人，不過我想好像還沒有幫忙簽名的樣子，不曉得能不能拜託幫忙一下。」

滿津能夠切身感受到來自普林克利夫妻的好意，同時也深切瞭解到身為日本人但卻無法站在日本人的立場，這件事情讓她內心多麼地糾葛。

滿津因此煩惱著是否應該跟多滿說她不是她親生母親的事。對獨生女的多滿而言，這個時期卻是悲劇發生後難得來到的快樂時光。

鳥海多惠子把從母親那兒聽聞來有關那個時期的回憶寫了下來，內容如下：

「房屋被燒掉而無家可歸，然後在普林克利的家裡到底待了多久呀！與其說是被照顧，不如說多滿子被看待像是家人一樣，這是多麼令人懷念的。」（《遺稿　來自霧中——懷念祖父巴爾頓》，下水文化叢書，日本下水文化研究會，頁二十八）

安子和花女士應該都知道多滿的親生母親的事。長男哈利和長女英子的母親是不同人的，但安子都將二人當作自己的小孩一樣養育，所以沒有讓多滿變成可憐人。

對多滿而言，傑克和稻子就像是兄和姊一樣的存在，這個關係終生持續沒有改變，有幾張照片可以證明這個事情，雖然應該也有許多信件類被留下來，但是鳥海多惠子卻說了這樣的話。

「戰爭後不久，從滿州撤退回來的家族全部都住到我家來呀！那是某個寒冷冬天的日子的事情，說是將信件類的東西當成是紙垃圾，然後把它當作燒熱水澡的起火用的薪材燒掉了，雖然有許多來自各式各樣的人的重要信件，但全部都在過去之中消失殆盡了。」

《美人傳》所記載的稻子小姐

普林克利稻子是位漂亮的人。

「稻子小姐是位在築地的女子學校的學生，從麻布通學。這個學校主要是教英法語學，柳樹的青色柳葉在柔和的風吹拂下的午休時間裡，柳蔭或藤枝的棚架下的座椅上，修女們和一些自由地像小鳥一樣鳴叫的少女們朗誦著英詩，或踢著球，或互相交談。

稻子小姐一經過的話，上下學的學生就會回頭看，並說「像牡丹一樣的美麗」。聽說曾經有高一學生們自誇是向之丘的健壯男兒，崇拜稻子封她為女王，而引起很大的騷動。

我在丸木攝影館的二樓，沒想到竟然看到照片。站在照片前的我，百看不厭地一直地端詳著照片。」（長谷川時雨《美人傳》，東京社，一九一八年，頁五五四～五六五之摘要）

稻子，從母親安子的提攜，接受了日本舞蹈、日本畫、古琴、茶道的教育，並很喜愛日本的和服，她十九歲就渡海到倫敦，不過卻經常穿著和服參加各種活動，持續保有著日本人覺得驕傲的東西。

傑克少年

傑克，是個快樂活潑、運動全能的少年，在東京的芝高輪出生，就讀於曉星小學和同校的中學。這所學校是從法國和美國來日本的天主教・瑪利亞教會的宣教師所創設的天主教學校。

志賀直哉的短版的草稿「樂屋見物」（《志賀直哉全集》補卷四，岩波書店，二〇〇二年，頁四三三）裡，出現過如下的文章。

「有位英國人的新聞記者名字叫作普林克利的人，他的兒子叫做傑克，那時是曉星中學的學生，是個很會打網球等運動的美少男，因為和細川護立是網球認識的朋友關係，有一天這個人帶他去歌舞伎廳的劇場後台參觀。（以下略）」

傑克針對自己少年時代的教育環境描述如下：

「我的母親，是水戶的武士的女兒，所以從小時候開始就在日本式的環境當中被養育而成。雖然說是日本式的，但母親是熱心的天主教徒，祖母也是一樣。（略）而我，則是接受了所謂的武士道精神、儒教的精神，同時還有基督教精神的家庭教育（以下略）。

父親，在明治時代的各方有諸多友人，而其中最為人知的是伊藤博文、陸奧宗光、西鄉隆盛這樣的人士，父親蹺著腳說話，讚揚了日本的事情。

父親對我說「你呀！因為是英國人，所以將來要去英國念書。不過，你母親是日本人，再加上日本這個國家實在是個很棒的國家，而且還有很優良的文化關係，你將來長大後，要好好研究它的文化喔！」（以下略）。」（《我和佛教》，淺草寺佛教文化講座第三集，一九五九年，頁一〇七、一一〇）

父親期待著傑克將來能成為日本和英國間的溝通橋樑，母親安子日本式教育也正符合這樣的事情。

傑克於一九〇四（明治三十七）年十月遵從父親的指示方針，為了在英國接受教育，離開了日本。

傑克進入了主教教會的學校，這是一所和他父親同樣宗教派經營的學校，但他還是需要習慣英國的生活。之後，在德國的學校學習了大約二年，然後又回到英國，在倫敦大學專攻歷史學，特別感興趣的是歐洲近代史和東西交流史。這正是為了如其父親所願成為日英溝通橋樑所做的學問鑽研。在深入研究中，傑克漸漸地對佛教哲學產生興趣，也對人類愛的哲學大開眼界悟得真理。

忍耐孤獨

多滿的人生，歷經父親的死，還有那二年後的火災，讓她徹底地改變了。滿津在接受普林克利家族照顧的期間，覺得還是必須對未來做打算，經過仔細考慮，決定在築地租一間簡樸的房子，而多滿則寄宿在宿舍生活。

年少的多滿受到修道女的老師們和宿舍女監的疼愛，以多滿・巴頓的名字過日子。特別在繪畫上有優秀的才能，聖畫的臨摹畫等課題一出的話，她就會很認真專心地描畫。

多滿的臨摹畫（有 Tama Burton 的簽名。原畫為西班牙 ・ 普拉多美術館所藏，是慕利羅畫的「好牧者的幼兒耶穌」，在女子學校有實物大〔123×101 公分〕的複製畫。）

觀看多滿當時摹畫的「天使」及「幼兒的耶穌」等畫作，覺得其設計真的是很棒，閃耀著巴頓家族代代相傳的繪畫能力。

滿津終於會時常步行到附近的教堂。

有一天，教會的人竟然找她商量她從來也沒有想過的事情。

「滿津女士！有一位與這教會有關係的人叫作島田先生。島田先生是在他的次男小貞次未滿三歲時，他的內人就因生病往生。就因為這樣，不曉得妳能不能幫幫他的忙呀？滿津女士！能不能幫忙考慮看看呀？」

滿津眼前突然浮現出幼小時即離開世間的二個男孩子的可愛身影，內心被這樣的話所觸動，貞次是在一八九八（明治三十一）年十二月出生，聽說終於快要三歲了。

「好可憐呀！」

滿津和普林克利安子以及貝爾茲・花商量，並且也和多滿好好地說明了原因。就這樣滿津成為島田家的後妻，帶著多滿住進了築地一丁目二十三號的房屋。

幾年後，丈夫往生了，貞次決定去留學，滿津則認為「我的任務已終了」，而離開了島田家，投靠到多滿嫁過去的地方。

雖然是數十年後的事情了，巴爾頓的曾孫女克梅茲・陽子小姐曾被其父親政彌先生帶去拜訪仙台的「島田叔父」的家。陽子小姐常在想「聽說島田叔父是個很棒的人，但不曉得到底是哪一位呀？」而這個人正是島田貞次這個人吧！

鳥海多惠子將從母親那裡聽到的有關學生時代所回憶的事情，描述如下：

「在築地有一間由桑莫爾女子修道會所設立的雙葉女學院，這個學校以前是為了外國人子女的修道院附屬的寄宿學校。

巴爾頓的姊姊的其中一人，過去是桑莫爾會的修女，根據其意向母親被安置在那裡。

多滿的女子學校畢業典禮（前列左一是多滿、中央是校長梅爾・漾・德蕾絲修女）

修女們大都是法國人和英國人，各占一半。年幼時的母親對於法國話及英國話的意思完全不懂，好像就只是憑感覺理解。

即使到了晚年，心算的九九乘法表也是用英語。

「並不是說不知道日本語的九九乘法，但是瞬間還是用英語說出。」她如是說，呈現一臉困惑的樣子。這是年幼的時候就已經成為習慣的東西了，一生中好像就很難再改得掉。

母親在這裡是以最年少的學生來接受教育並畢業，學生當中成為女演員的森律子小姐、成為小說家的長谷川時雨小姐、時雨小姐的妹妹春子小姐，都是在跡見玉枝老師的畫室一起學畫的氣息相投的朋友。」（鳥海多惠子《遺稿　來自霧中》，下水文化叢書、摘錄自頁二十五、二十七）。

跡見玉枝是擅長寫生畫的女流輩的畫家，被稱為「櫻之畫家」，她在神田有開設繪畫教室，教導許多孩子繪畫，多滿是這個繪畫教室的學生，而長谷川春子過去也是她的好朋友。春子比多滿小三歲，事師於鏑木清方及梅原龍三郎老師，後來留學法國並成為畫家。

擺飾在日本橋的照相館，並獲好評的多滿的照片

命運的照片

已經十七歲的多滿照片被擺飾在日本橋區吳服町的中島待乳（人名）的照相館櫥窗裡，穿著白色蕾絲的襯衫，是張漂亮且充滿氣質的照片。

某日，有一位體格強壯的青年一直盯著這個照片，不願離去。不久，凝視照片的青年終於下定了決心，進入到照相館，用他山形的地方口音粗魯的話語來詢問。

「擺飾在櫥窗裡的照片上的小姐是哪位呀？」

「是巴爾頓多滿小姐，她是已往生的巴爾頓先生的千金。」

年輕人輕輕地點了頭，很有氣勢地走出照相館。

這個青年正是榊原政雄，後來成為多滿丈夫的人。榊原當時是《滿州日日新聞》的記者，但在成為記者之前，他曾擔任過在熊本的新教教會的牧師。

榊原是希望承平時就有一些動亂好讓他有所發揮的青年，身上帶有一股戰國武將的氣息。多滿的人生因為與榊原結合的關係，將步上充滿波瀾萬丈的道路。

19 多滿的結婚及其一生

異類的國士榊原政雄

榊原政雄為山形縣鶴岡出身，多滿的照片映入他眼簾的當時，他是以榊原家的戶長身分，與母親菊浦及兩位弟弟和兩位妹妹共同生活在一起。

榊原家是莊內藩的武家之名門，家康四天王之中的一人與榊原康政是同一祖先，莊內藩的遠祖是家康四天王的其中一人酒井忠次。慶長年間（十七世紀初期）的某年，榊原家的公主乘轎嫁到酒井家時，跟隨公主遷移到莊內藩，加入家臣的行列。之後，榊原家的當家主代代成為莊內藩的重臣之一。

榊原政雄的母親菊浦，是家老酒井了明的次女，家族的成員在母親一生中都尊稱她為「公主大人」。菊浦之兄酒井了恆，在幕府末期維新初期繼承了明的家督，地位僅次於家老的中老，在戊辰戰爭中馳騁沙場得威名。同樣地，武將榊原十兵衛是了恆的親家，政雄的祖父。

榊原十兵衛曾經是擔任大砲隊長的勇將，新政府在維新後也不鬆懈地監視十兵衛。十兵衛轉身成為實業家，受惠於其經營手腕，逐漸地拓展開荊棘的道路。孫子政雄受到祖父的疼愛有加，慢慢地長大了，這樣的生長環境影響了政雄的人格養成，變得難以拔除其自我中心的封建式的家長意識。

異類的牧師榊原政雄的誕生

當時的有為青年們，開拓自己出路的一種方式是新教的基督教，根據調查的結果，明治初期的信仰者的百分之五十弱是舊武士階級的人。

榊原政雄於一八九三（明治二十六）年十二月二十四日接受洗禮，當時是十六歲，是位既早熟又藏有熱烈行動力的少年。他接受洗禮二年多之後，前往仙台進入押川方義所創設的東北學院就學。影響他人生的人物，是押川方義和西鄉隆盛兩位人物，其中，他景仰押川並將其視為人生的導師，以其生活方式為範本。

擁有所謂「東北的西鄉隆盛」稱號的押川，是於一八五一（嘉永四）年十二月在伊予松山藩的微薄俸祿的家庭出生，從年幼時開始就被譽為英才，十一歲進入藩校明教館，十六歲就接觸到英文書籍，再者，十九歲的時候，赴京至大學南校學習英語。廢藩後，則到橫濱學習英語，一八七二（明治五）年三月因為宣教師博拉的關係，和八名好友一起接受基督教的洗禮。這是日本最早的新教的集團受洗。

押川底下有松村介石及本多庸一這樣特異的基督教徒進出，不管是那一位都是個性很強烈的佐幕派的武士階級出身的，押川、松村、本多也都以日本的方式來解釋基督教義，它們大概都被愛國者的氛圍所包圍。

押川，在政雄入學前不久的一八九四（明治二十七）年七月成立了所謂「大日本海外教育會」的組織。標語是「東洋人的教育由東洋人的手來決定」，意圖藉以宣傳基督教，他們首先以朝鮮為對象。日本公佈向清朝宣戰，並取得勝利，因而日本的海外擴張熱度一下子遽然升高，當然，在政雄的視野裡，首先映入眼簾的是滿州。

榊原政雄於一九〇二（明治三十五）年四月通過傳道師資格測驗，從五月開始在山形縣的酒田基督教會進行傳道活動，此時，祖父十兵衛離開人世，政雄就成為榊原家的當家主人。

政雄，不久就任為熊本的草葉町教會的第十六代的牧師。這個教會創立於一八八六（明治十九）年，是熊本樂團的中心人物海老名彈正及柏木義円等曾經在此擔任過牧師這樣淵源的教會。

曾是熊本的五高的學生的大川周明，在其自傳的著書《安樂之門》（現代日本思想大系九所收錄，筑摩書房，一九七一年）裡，寫下了政雄當時的身姿如下：

「我的同鄉的前輩、也是出於押川方義老師東北學院的榊原政雄氏，來到熊本出任有淵源的草葉町教會的公會教會牧師。（略）。

武士道和基督教渾一而成了他的信仰，他傳達此信仰時熱烈奔放的特殊雄辯口才，在我靈魂的深處迴盪，給與了我強烈的感受。」

大川周明讚不絕口的政雄的講道，是會震撼人心的。不過，政雄沒有停留在熊本很久，因為他的心已經全然飛到滿州的大地去了，在那裡已是戰國的亂世。

政雄辭去草葉町教會牧師的工作，上東京成為《滿州日日新聞》的記者，政雄被多滿所吸引的時候，正是在那個時期左右。

成為武士門第的養女

多滿和榊原政雄的相遇，其結果如何呀！就像被難以脫困的線綁在一起了。政雄看到照片就想「除了這個人之外，沒有人可以成為我的妻子了」。

知道高名望的普林克利家族是其保護人後，特別透過別人帶話到普林克利府上談這門與多滿的親事。

普林克利聽到安子說起這件事，變得肅然無聲。

「看到了小多滿的照片，就說想要和她結婚！」

探聽了一下，聽說政雄是畢業於東北學院神學系，在酒田及熊本等教會擔任過牧師，另外，引起普林克利注意的是，政雄是出身於與德川家族有關聯的武門之家。

「這不是一門很好的親事嗎？現在說是《滿州日日新聞》的記者，不過以前是做牧師的。真是想不通呀！」

「是啊！我想如果小多滿將來能夠幸福的話，就這麼辦吧！」

政雄毫不猶豫地，也拜託了喜歡身為《滿州日日新聞》記者的自己的後藤新平去說項。多滿被周圍的人不斷地勸進，所以只好順從大家的意思。婚事很順利地照進度進行著，然而，問題是門戶不對等，榊原家是武士家的名門，當時門第是很被重視的時代。

多滿的結婚紀念照片（明治44年2月5日、署名康德爾收的信件的背面書寫著）

多滿，並沒有依照巴爾頓的遺言登記戶籍，而是照出生時的戶籍，也就是以滿津的娘家荒川家的長男房太郎夫婦的次女的身分登記。

安子，為了不讓多滿在榊原家有矮人一截的想法，特別考量拜託了其兄長田中直方，將多滿收為直方的養女，戶籍上得以士族的女兒來出嫁。

多滿，於一九一一（明治四十四）年二月五日與榊原政雄在東京舉行結婚儀式。在芝地區的中鉢照相館拍攝的紀念照片上面，可以看見穿著優雅的素色禮服身影的滿津、以及穿著華麗留袖和服的普林克利安子女士的身影。多滿，當時十八歲。

被充滿期望地嫁入了榊原家，但她和婆婆菊浦、還有丈夫政雄的四個弟妹住在一起生活。所倚賴的丈夫政雄是個野心家，為了某個目的的準備工作，經常不在家。但是，多滿擁有著不輸父親的忍耐力和獨特的價值觀及想像力。

往生的父親巴爾頓以及蘇格蘭的巴頓家族贈與多滿的財產，是一筆為數不小的數目，所以以信託方式定期的匯入。在各方面的意思上，對榊原家而言，多滿有著不可被取代的存在地位。

遠赴大連

《滿州日日新聞》是滿州鐵道的御用報紙，一九〇七（明治四十）年十一月三日創刊號在大連發行。最初由叫作星野錫的人物來擔任責任者。星野是採用週休制等開明作風的經營者，一九一二（大正元）年成為眾議院議員。

日本由於日俄戰爭的勝利，從蘇俄割讓來遼東半島的租借權及東清鐵道的南半部，前者變成關東州，後者變成滿州鐵道。東清鐵道是從關東州的大連、旅順開始，穿越清朝的國境，一直繼續到長春等滿州的深處。滿州鐵道（簡稱滿鐵）則是握有這個鐵道路線及其附屬地的管理權。不用說也知道，滿州是清朝的父母祖先的地，也是清朝的領土。日本在日俄戰爭中派軍隊進駐滿州，實際上支配著滿州。但是，戰爭終結時失去了支配滿州的手段，在此因而浮現出來的是滿鐵的設立。

日本政府是以英國的東印度公司為範例，設立了半官半民的國營滿鐵公司，從事綜合式的經營管理。滿鐵一開始就隱藏了要在滿州擴大日本權益的意圖，滿鐵的事業不只是鐵道的經營，還包括港灣的經營、撫順及煙台等地的炭礦經營、滿州殖民政策的遂行等多角化的經營。最初負責此責任最適當的人選，正是有鋪設過軌道經驗的後藤新平，結果這個任務，後藤是被滿州軍總參謀長兒玉源太郎所託付。後藤在滿鐵經營上所揭櫫的標語口號是「文裝的武備」，以現代流行的話語來說的話，即是「透過經濟的成長以實現財富」。

《滿州日日新聞》是為了要將滿鐵的權益擴大行為正當化形成輿論的手段，換言之，也可以說是一種的謀略活動。

政雄好似走在往右掉落的話是表面，往左的話則是背裡的高牆上。他舉辦滿州的輿論形成活動，最終打入教育界進行傳道活動。政雄和多滿結婚後不久，就和家人一同遠渡到關東州的大連。

捲入野心漩渦的滿州

大連是關東州的首都，是個美麗的現代都市。奉後藤之命令，以巴黎為範本，從市區的中央廣場鋪設呈放射狀的八條寬超過五十公尺的街道。大連港是蘇俄將它建設為唯一的不凍港的港口，與旅順港這樣的軍港不同。在大連，除了滿鐵總公司之外，還有持有關東州的軍部統治權與行政權的關東都督府，以及外務省的領事館，換言之是個首都。

榊原一家在大連居住下來，政雄擔任《滿州日日新聞》的記者，常為了採訪跑來跑去的，多滿和政雄的妹妹彌生則在大連女學院執教鞭，而多滿是負責教英語。

政雄，在滿州高談闊論日本的國威，宣揚日本的政策，毫無遺憾地充分發揮了其傳道師的資質。關東都督的福島安正中將和都督府的陸軍參謀長福田雅太郎少將特別注意到政雄的此資質。

福島都督是單騎馳騁穿越西伯利亞大陸的壯舉而獲英勇之名，在兒玉總參謀長的率領之下參戰奉天會戰，奉天會戰區分出日俄戰爭的勝敗。大清帝國潰敗後，中華民國陸軍第二十七師團設置在奉天，張作霖成為師團長。

政雄被福島中將所認可，利用機巧工作取得了特權。一九一一（明治四十四）年左右、在滿鐵的資金援助下，他從舊滿清政府奉天地方的高官購入了清朝包括北陵的廣大土地。在土地購入資金上，聽說有投入了包括多滿的財產這樣的傳聞，但是不管怎樣，這是個巨額的投資是錯不了的。後來，他把北陵交換掉，獲得及於四五〇〇萬坪奉天的土地，並於一九一三（大正二）年開始經營榊原農場。

鳥海多惠子女士如是說。

「父親當時一定覺得好像已成為戰國大名人的心情了吧！」

如此句子所說一樣，最新的農業機械及從事農務作業的人們、通過農場內的線路、巡視農場的政雄的身影等數張拍攝的照片，傳達了當時興盛的樣子。之後，在這片土地上與張作霖之間展開了激烈的爭執，此爭執，不久變成與張作霖的兒子張學良之間的紛爭，並與柳條湖事件相關連，此紛爭打亂了政雄的人生。

多滿的三個子女

一九一二（明治四十五＝大正元）年一月一日在大連，政雄和多滿之間的女兒誕生了，這個小孩就是長女「多惠子」，她被栽培成才氣煥發，是位走在路上行人都會不自禁地想回頭看的美少女，也就是後來的鳥海多惠子。

一九一四（大正三）年一月二日長男誕生，政雄將自己名字的「政」字加上「士」字，命名為「政士」。於一九一五（大正四）年左右，滿津也和多滿一同住在一起生活。

於一九一六（大正五）年全家離開大連，搬遷住到京都市左京區下鴨泉川町的邸宅，這是政雄的鼎盛時期。氣派的住屋，除了家人，政雄的已離婚回來的妹妹和女兒也接來同住，還有安置書生及寄宿的學生，再加上家庭教師和記者等大批的人頻繁地進出，是個很熱鬧的家。幫傭有三人，多滿也過著很忙碌的每一天。翌年四月二十五日在京都帝大附屬醫院次男政彌誕生了。

滿津於一九一八（大正七）年一月三日在國立京都醫院結束了所謂四十五歲波折的一生。多滿隨侍在側目送臨終，她期望讓滿津和巴爾頓埋葬在一起同眠地下。法會一結束，多滿就抱著骨灰前往青山靈園，和各關係者一同站立在巴爾頓的墓碑前，然後，將骨灰葬在巴爾頓的墳墓裡面，並獻上美麗的花環。墓碑的背面上刻有「滿津・巴頓女士」的名字。

榊原政雄有著所謂企業家華麗的臉龐，但光鮮外表的背後裡，其實際的狀態卻是被包裹在黑暗中，讓多滿最後被逼得走投無路。多滿過去是個不管遇到怎麼樣的境遇，都不會迷失掉自己的人，有時去參加京都天主教會史密斯老師的講座，或者有時去向因美人畫受到好評的女性畫家伊藤小波老師學習日本畫，也不對誰阿諛奉承，在自己的精神世界裡豐富地生活著。多滿所繪畫的纖細暨優雅的美人畫，有二幅的掛軸到現在也都被好好地保存著。

一九三一（昭和六）年「京都日之出新聞」裡，曾刊載了附有在自家庭院飼養安格拉兔子的多滿的照片的報導，她喜歡在女子學校時期向蘇格蘭人的姊妹們所習得的家庭手工編織的織物，所以經常利用次男政彌所設計製作的紡織機來織物，直到晚年。

榊原政雄臨終時

環伺奉天農場的攻防，其結果是敗戰。榊原政雄以一位成功者之姿一時馳名在外，但最終也不得不落得一切歸零的下場。

一九三六（昭和十一）年七月五日，政雄在東京的自宅突然往生，告別式在青山齋場以日本神教儀式舉辦，近衛文麿和本庄繁陸軍大將、北支翼東政府主席殷汝耕及滿州國政府大官均參加，到場的參加人數達二〇〇〇名。以一個農園主人的葬禮來說，已經是破例的盛大儀式了，讓人感受到榊原政雄其人生的光明與暗黑面。

政雄結束其人生時，長女多惠子已經結婚，長男和次男都還是學生。多滿處理完下鴨的宅邸後，就去投靠住到多惠子的家裡。多惠子在二年前的一九三四（昭和九）年和《日之出新聞》（後來的京都新聞）記者鳥海一郎結婚。

鳥海家，是平安中期以鳥海三郎為稱號的東北豪族安倍宗任為始祖，支配山形縣鳥海山一帶的擔任鳥海神社宮司的名家。鳥海一郎在一九三九（昭和十四）年轉任到《朝日新聞》文化部門。

作家司馬遼太郎先生寫給我的信中，很高興地提到「巴爾頓的孫女已經和鳥海一郎先生結婚了嗎？因為在採訪的場合遠遠地看到了鳥海女士的身影」。

司馬當時是產經新聞的記者。而鳥海一郎則是兼具敏銳的感性和卓越的文筆能力，在電影評論的星號評分上也是很有名的記者。

在台北建置巴爾頓銅像

一九一九（大正八）年三月三十日，在台北的自來水道水源地的淨水場園區內舉行了巴爾頓半身銅像的揭幕儀式。台北的自來水道的設計作業，是在一九〇三（明治三十六）年之後以巴爾頓的水源選定案為本，開始著手進行的。濱野彌四郎負責打頭陣，不過，很可惜的剛好碰到日本對蘇聯宣戰，日俄戰爭爆發之故，該作業計畫被中斷了。

後藤新平於一九〇六（明治三十九）年八月在政府首腦的請託下就任了滿鐵公司的總裁。台灣的衛生工程在失去後藤這位推動者之後，也失去了清淨的飲用水，台灣的開發變得無法期待。還好，一到隔年設計作業才又再度開始，二年後的一九〇九（明治四十二）年終於竣工。

那是從彌四郎和巴爾頓一同寫下踏入基隆的第一步開始，歷經二十三年，停留在台灣，擔負上下水道建設的全部責任。台灣的主要都市的上下水道，特別是自來水道，幾乎全部都是在彌四郎的手中完成。

彌四郎，於一九一八（大正七）年發行了《台灣水道誌》（台灣總督府民政部土木局）。此時，以建設台南的自來水道建設為目的，老師巴爾頓所託付的工作進入了最終階段。如果把台北比喻為東京的話，台南就相當於古都京都。老師讓台北的自來水道步入正軌，而弟子自己則讓台南的自來水道工程完成。對彌四郎而言，這是一連串工作的完結，也是宣告應該離開台灣的時候了。因此，彌四郎思考將台灣的上下水道事業從創業開始二十年之間的歷史寫下來。

建置在台北自來水淨水場的巴爾頓銅像（一九一九年三月）

這個隔年，巴爾頓的半身銅像建置了，那剛好是巴爾頓死後二十年的時候。有關半身銅像的製作，經常詢問多滿的意見，盡可能讓它接近真實的模樣。對多滿而言，這是件很欣慰的事。

銅像的揭幕儀式當天，天空飄著雨，不過對彌四郎而言，這個揭幕儀式是他在台灣最後的工作了。在超過一〇〇人的貴賓來參加當中，彌四郎在典禮中致詞，其內容沁入每一個人的心中，喚起了深深的感動。

「大概生於此世間的人，沒有人不是期望生命是永恆的。那要怎麼做，才能變成那樣呢？我如此思考著，也就是『善盡自己的天職並將其完成者，就能直接地保有生命的永恆。』，而巴爾頓老師正是這樣的一位人物。老師遺留下了各式各樣的工作，在那裡可以窺見到的精神，可以確信是『即使是現在面對世界的衛生工程學仍然是嚴格的此一事實，亦即，為獲得永恆的生命是別無選擇的。』」

濱野彌四郎留下這樣的話語離開了台灣，符合了明治時代日本人的完美的設身處地之道。

一九二三（大正十二）年九月一日發生關東大地震，對多滿而言滿，更懷念起父親巴爾頓。

淺草十二樓，被震掉了，淺草十二樓從八樓被攔腰折斷，巴爾頓生前擔心的事終於發生了。陸軍工兵隊唯恐二次災害的發生，於九月二十三日也將下半部爆破了，完完全全地被拆除清空了。就這樣，象徵東京下町的淺草十二樓的影樣從此消失，埋沒在往昔的故事當中。

淺草十二樓，關東大地震中所謂「變成恰似有禮貌地彎腰敬禮的樣子」，從八樓的地方倒榻斷掉。

超越戰爭的悲劇

一九四一（昭和十六）年十二月八日，日本向英美宣戰，太平洋戰爭的戰端被開啟了。具英國血統的多滿和孩子們，甚至是她們的配偶者和孫子們，有時沒有緣由地受到嫌棄，而有時有間諜的嫌疑，以學生身分被徵召出征時，不用說一定被派去站到最前面最危險的地方，那辛酸絕對是超乎想像的。

戰爭終結後，曾住在長男家裡及次男家裡的多滿，被多惠子的家人接去，回到京都。因為戰爭的關係，雖然失去了全部財產，但多滿一點也沒改變，在大自然及生活當中找出希望及喜樂，高尚凜然地生活著，最後她於一九五〇（昭和二十五）年五月二十五日在鳥海家在多惠子隨侍在側下，結束了其五十八年的生涯。

多惠子，年輕的時候曾以女高音歌手活躍於音樂界，在其丈夫鳥海一郎往生後，她開了鳥海音樂教室，教小孩子彈鋼琴，還有指導合唱團，一生都奉獻在音樂相關的工作上。

說到音樂的才能，多滿是彈琴的名家。一九〇五（明治三十八）年她還是年僅十三歲的時候，就已經從藤田志保宗匠獲頒傳達技藝最高深的奧免狀，也就是所有的證照皆通用。有格調的奧免狀上記載的名字是可愛的「巴爾頓玉子」，但是其彈奏曲目都是一些需要絕對高超技巧的高難度曲子，這絕不只是一般千金小姐的學習課程。

多惠子的長女幸子，亦踏入了音樂的道路，不過她也是一位日本畫家，她年少時不管怎樣就是很想畫畫，所以敲開了日本畫室的門，進而入門學習，長年以畫家的身分活躍著。多滿的遺物當中，遺留有大正時期繪畫的顏料，幸子很喜愛地說著，即使到現在也把那珍貴的紅色等顏料「寶貴且一點一點地使用著」。幸子於二〇一三（平成二十五）年受頒川端龍子紀念館獎。在鑑賞其櫻花與蓮花的系列作品時，讓人不禁想起了畫家瑪麗・蘿絲。過去受到來日本的瑪麗所疼愛的「喜愛畫畫的小多滿」的孫女幸子已變成花朵的專門畫家了。美麗又感情深厚的母女多滿和多惠子，兩人現在在金閣寺附近的京都天主教墓園裡靜靜地安眠著。

後記　超越時空

巴爾頓一五〇週年誕辰紀念

巴爾頓，死後一〇七年回歸到了故鄉愛丁堡。此時好像在等待他一般，尼斯湖東岸的福伊爾斯瀑布附近的天主教堂墓地上竟出現了他母親凱薩琳的墓碑，母與子超越時空再次會面了。多虧因弗內斯聖瑪麗教堂的麥可神父之協助，我想在結語的地方，報告母子兩人再團聚相會的情形，並以此做個結尾。

二〇〇五年在愛丁堡開始調查之後不久，察覺到二〇〇六年正好是「巴爾頓誕辰一五〇週年」。因此我找了與巴爾頓的祖母家族相關的帕頓氏，商量在日本與蘇格蘭兩地舉行巴爾頓誕辰一五〇週年紀念活動的計畫。

帕頓家族是擁有亞伯丁近郊廣大土地的古老名門，當我向帕頓夫婦表達了訪問的目的，他們便招待我至宅邸。二〇〇五（平成十七）年六月三日我和帕頓氏約在亞伯丁大學的馬修學院（Marischal College）會面，帕頓氏開著一台車牌號碼上刻有帕頓名字特別標誌的凌志汽車出現。

帕頓家的大宅院被廣大的森林所圍繞，房屋由石頭建造，屬於中世紀的貴族豪宅。茱麗葉夫人和德國牧羊犬及羅德西安犬二隻大型犬一起出來迎接我。豪宅內到處充滿具有歷史淵源的骨董家具，以及裝飾著貴重的美術工藝品。而在佳士得負責繪畫部門的長男威廉也特地從倫敦返家，他們夫妻為了慰勞我進行巴爾頓足跡調查的辛苦，特別熱情地舉辦歡迎宴。

我對帕頓氏說明了計畫內容。

「明年正值巴爾頓一五〇週年誕辰，我打算在那個時候，在日本及蘇格蘭兩地舉辦紀念他的一五〇週年誕辰活動，然後把巴爾頓滯留在日本的靈魂歸還給他的故鄉愛丁堡。」

帕頓氏深受感動，因此接受了我的提案。

「日本方面既然已經朝那個方向進行了，那麼蘇格蘭這邊也來進行吧！」

在這個時點，我個人也沒有十足的把握可以成功。我想回國之後即使向相關人員提出建議，或許也無法獲得認同。所以說實在的，此時沒有什麼好不安或緊張的。

那麼，傳說帕頓宅邸裡經常出現兩位魔鬼，一位是巴爾頓的祖母伊麗莎的父親約翰・帕頓，另一位是伊麗莎本人。約翰・帕頓是為了和埋葬在森林中神聖之地的妻子會面而出現蹤跡；伊麗莎則是因為有一個兒子在流經宅邸庭院的頓川的冰河上溜冰玩耍不幸溺死，而她從房間的小窗目擊了這一切，因此她嘆息此死亡而不時現身。我在帕頓氏帶領下參觀了森林之聖地及所謂伊麗莎曾出現的房間，因此我打從心底認為帕頓家族是充滿深厚情感的人，而且不管距離有多遠，或者是否知道彼此的存在，但仍能確實地將這樣的心傳達出去，我真的深受感動。

趁著已得到帕頓氏的同意，我趕快去拜訪日本駐愛丁堡總領事館，拜託高橋周平總領事協助。高橋總領事回應「如果日本國內體制就緒的話，我們就來協助。」回國後不久，得到了友人的贊助，馬上成立「巴爾頓一五〇週年誕辰紀念事業企劃執行準備委員會」，成為該委員會委員長的我，製作了成立宗旨書，並拜託與巴爾頓相關的人士約五十名擔任發起人，他們都很快地就允諾了。因此，二〇〇五年十二月巴爾頓一五〇週年誕辰紀念國內委員會正式啟動，委員長由東京大學榮譽教授藤田賢二就任，而我從提案者的職責變成委員長代理。

委員會底下設置幹事會（幹事長・谷口尚弘）以作為執行活動組。由於幹事會的活動顯著，因此得到自來水道、下水道、土木、環境衛生等領域相關的部會局處、團體、企業、大學、研究機關、日本蘇格蘭友好團體、國際交流機關、新聞報社、出版社、攝影界、還有福澤諭吉以及柯南・道爾等關係者的物質及精神方面的協助。個人贊助者有三六五人，贊助募款團體則達到六十個團體。

因而，紀念活動資金募集的目標達成。而在另一方面，在蘇格蘭也組成了協助委員會。

我覺得很驕傲的是，巴爾頓一五〇週年誕辰紀念活動透過民間的意志得以完成，而且在此感到很慶幸的是，可以在巴爾頓死後第一〇七年的時候，實現將他的靈魂歸還給他的故鄉愛丁堡的紀念儀式。

克雷格宅邸前庭的紀念石碑

紀念活動的主要核心工作是設立紀念碑。設立的場所最後決定還在巴爾頓青少年時代生活過的克雷格宅邸的前庭，克雷格宅邸現在位於納皮爾大學的校園內，被珍惜地保存著。

紀念碑的材質希望能不劣於青山靈園的墓碑。我個人是希望使用日本的石材來製作，但知道光是這樣的石材在日本其價格是超乎想像之外的貴，再加上也不是很容易拿得到的。因此，後來就決定在蘇格蘭製作，蘇格蘭的石材加工技術具有傳統，蘇格蘭協力委員會決定在愛丁堡委託最具知名度的製作者。價格大概是二萬英鎊，折合日幣約三〇〇萬日圓。由於國內委員會努力的籌措，讓人不用擔心高製作的成本。

石碑高約一五〇公分，寬約五十公分；基座則高約六十五公分，寬一〇〇公分。石碑的最上方以英文刻著「深懷感謝，獻給威廉・奇尼蒙德・巴爾頓（一八五六～一八九九）」，而下面則鑲著巴爾頓的浮雕像，浮雕像下面的空間則雕刻著至關重要的語句，國內委員會最終決定刻上如下的字句：

王室歷史編纂官約翰・希爾・巴頓與凱薩琳・伊內斯之長男
帝國大學衛生工學講座初代教授
設計首都東京等主要都市水道系統之內務省技術顧問
日本最早的摩天大樓凌雲閣之設計者
最早將攝影技術傳至日本的導入者
對日本現代化最具貢獻的蘇格蘭人

二〇〇六年九月
巴爾頓一五〇週年誕辰紀念事業日本委員會
暨蘇格蘭協力委員會

碑文雖以英文表示，但結果與青山靈園裡巴爾頓墓碑上所篆刻的內容相似。而在「友人所建」此部分，都是由日本及蘇格蘭兩國的民間有志一同之士所組成的委員會所建立的。

紀念碑建立的經過以及協助者之姓名等皆放入不銹鋼製的盒子中，並存放於基座上方的石碑之正下方的地方。納皮爾大學面對協力委員會的提議很快地允諾，並協助向愛丁堡市政當局進行紀念碑建立許可的申請。市政當局也以為了增進日本與蘇格蘭雙方友誼的觀點，同意協助紀念活動的進行。兩國的委員會的行動都非常了不起，紀念事業當中最為重要的是經費籌措的問題，如果紀念碑設立經費籌措難以實現一事獲得解決，則其一連串的計畫均會快速執行。

永久長存

巴爾頓一五〇週年誕辰紀念事業國內的活動於二〇〇六（平成十八）年五月十三日在東京都庭園美術館新館大禮堂及小展廳舉行，超過二〇〇名的人冒著磅礴的大雨來參加紀念典禮及演講會。

紀念典禮中國土交通省下水道部長代表北側一雄大臣致上祝賀之詞，厚生勞動省健康局長也親自前來發表祝賀詞，他們以身為內務省技術顧問的身分對貢獻於日本主要都市的上下水道整備工程的巴爾頓表達最深沉的敬意與謝意。

最打動人心的是來自英國大使館代表丹尼爾・索爾達的致詞：

「國與國之間，即使文化與語言有所隔閡，但若有共同感受之事的話，則可以共同努力下去的。由衷地期盼透過今日的活動能使兩國的關係更加強化。」

索爾達強調的是「同感之心」。也就是「同感之心能夠溶化所謂的國境之牆」。我個人覺得很欣慰這樣的語句在紀念典禮中實現了，讓人覺得很有幸福的感覺。

紀念典禮最後由巴爾頓的玄孫凱文・克梅茲表演津輕三味線的演奏，非常的精彩。凱文是巴爾頓的女兒多滿女士的次子政彌先生的孫子，其母親陽子女士和父親克梅茲先生都是教育家。他是位曾經在美國加州藝術大學學習大提琴及現代音樂的音樂家，關心世界民族音樂的發展，並特別喜愛日本津輕三味線，努力學習修練，在津輕三味線全國大賽中表現耀眼，屢獲審查員特別獎等無數的獎項。他也是五官明顯深具群眾魅力，可說是和巴爾頓完全一模一樣。

在小展廳展示了巴爾頓相關的資料文件。受到參觀者注目的是多滿女士所繪畫的二幅日本畫作，二幅畫作均為吸引人們目光的美人圖，讓人不禁想起大師伊藤小波的作品。

在紀念演講會的內容，主要是關於巴爾頓對攝影界的貢獻，以及致力於日本近代化的功績的演說。我以「巴爾頓的夢想——尋訪其一生」為題，並以巴爾頓的實際形象為中心來敘述其一生，茲以下列的語句作為總結。

「巴爾頓將永存於我們的生命中，並繼續對後續承接的我們訴說著「美好的人生」和夢想。」

我個人想要傳達的是，「永久的生命」並非是發自於利己，而是以期望人們都能擁有「美好人生」之利他為根基。在日本潛藏著「敬天愛人」的精神，「愛人」就是要「利他」，這個又和索爾達先生的「同感之心」相通。

利他的精神擴散的程度顯示了該國、該社會真正的富裕及幸福的水平。難道我們無法實現在確立自我的同時，能夠像奏起利他精神的低音，永無休止繼續流唱一樣的社會嗎？難道巴爾頓不正是以他的願望、夢想、實現來相挺我們嗎？

風笛及津輕三味線的聲音在愛丁堡的天際迴響

為了在蘇格蘭的紀念事業，集結組成了巴爾頓紀念訪問團，成員十二名，團長是小林康彥日本環境衛生中心的理事長，小林理事長曾擔任過日本厚生勞動省水道環境部部長，是水道界的耆老，也是位熟知英國的人。凱文・克梅茲也抱著津輕三味線遠從美國來參加。

慶祝活動最初在亞伯丁，然後接著在愛丁堡舉行。

九月五日傍晚出席了亞伯丁大學所主辦的歡迎酒會，隔天在亞伯丁市的市政大廳舉辦了紀念演講會。

帕頓會長於演講會上致詞如下：

「蘇格蘭雖然是個小國，但至目前為止有許多的同胞遠離母國，在遙遠的異鄉有令人注目活耀的歷史。與日本之間則以巴爾頓為首，還有古拉瓦及布蘭頓等人，但這些人在母國蘇格蘭知名度普遍不高。這次以在亞伯丁舉辦紀念活動為理由，想讓大家知道亞伯丁是巴爾頓父親約翰・希爾・巴頓的故鄉。」

帕頓會長致詞完之後，倫敦大學的名譽教授也是有名的日本史學家伊恩・尼什教授，他介紹了亞伯丁出身並與日本淵源深厚的四位人物，包括布蘭頓、巴爾頓、古拉瓦、馬德克四人。而接下來則由我以「對日本現代化和衛生工學有所貢獻的巴爾頓教授之一生」

玄孫凱文・克梅茲氏與風笛演奏者的共同演出

巴爾頓紀念碑

為題進行演講，傳遞了巴爾頓的生平事蹟。

一行人後來動身到愛丁堡，出席了九月八日赫瑞瓦特大學的研討會。我就「真正的富有與人類環境——以日本的傳統思想為基礎所做的考察」為題做了發表。所謂「真正的富有是為何？」這樣的題目與「永久生存」的人生關係密切，真正的富有僅存在於利他的社會裡。在十九世紀的英國，曾想以卡萊爾或拉斯金這樣的思想為根基來創造人類的經濟學。巴爾頓的父親約翰・希爾・巴頓就是與這個思想的系譜有所關聯的人。在日本，發展出十八世紀石田梅岩或安藤昌益，以及十九世紀二宮尊德等類似的思想。我主要是想指出橫跨歐亞大陸東西方在同一個時期逐漸形成了相似的思想。

一行人又於翌日上午十時三十分開始，出席了在納皮爾大學校園內的格雷克宅邸前庭舉行的紀念碑揭幕儀式。令我驚訝不已的是，揭幕儀式開始前的事情。風笛的名家和津輕三味線的凱文一起演奏「蘇格蘭・這・勇敢之士」的樂曲，兩樂器的音色出奇的調和，彷若被吹進了晴朗的天空中。

風笛與津輕三味線的演奏之後，開始了揭幕儀式。在與會者注視中，小林團長、愛丁堡市長雷絲莉・辛德女士、高橋總領事、庫比・納皮爾大學理事長、帕頓會長等五人將覆蓋在紀念碑上的布幔掀開，現出了超過二公尺的大石碑。這瞬間，彷彿巴爾頓穿越了一〇七年的時空，回歸到故鄉愛丁堡。

感謝詞

稻場紀久雄

尋訪W・K・巴爾頓足跡四十多年的歷程中，就彷如佛家所說言「難以會面、人、得以會面」語句一般，僅能以不可思議的緣分來形容。超越時間與空間，和覺得一輩子都難以碰到面的人，卻能有一連串偶然的相遇，這真可說是命運的安排吧！

過去幾年當中，能與巴爾頓的孫女鳥海多惠子、曾孫女鳥海幸子、克梅茲・陽子、玄孫凱文・克梅茲，以及巴爾頓直系親屬如蘇格蘭帕頓氏家族，還有其姊姊瑪蒂的曾孫克雷蘭氏家族等見到面，我覺得彷佛奇蹟一般。從他們的口中得知了只有他們家族才知道的小故事，再加上翻閱了一〇〇年前的珍貴照片和資料等，讓我從腦海中漸漸能描繪出巴爾頓這號人物的輪廓，宛如巴爾頓本尊就在我身邊一樣。

在訪查的過程當中，不管在日本或者英國，受到許多的大學、學會、研究會、圖書館、博物館、美術館、公文檔案館、紀念館、醫院、舊書店等的協助。

同時也接收到包括研究者、博物館專職人員、圖書館員、檔案管理員、店家主人，以及各領域的專家等的親切接待及正確訊息的提供。由於他們對巴爾頓的尊崇與熱愛，所以提供了許多寶貴的資料，而這些拿到手的資料都是那麼地令人驚喜。

感謝為蒐集巴爾頓資料，與我一同長途跋涉、一起探索，以及在各種場合提供協助、時常鼓勵並分享驚喜、歡笑、感動的友人和相關人士。最後也要感謝平凡社編輯部的蟹澤格先生、關口秀紀先生、安井梨惠子女士，還有我的內人日出子女士，在此謹致上我由衷的謝意。

驅使明治時期的日本往前邁入現代化、天資異稟、富有想像力且風趣的蘇格蘭人。不管在自來水道、污水下水道、現代攝影、淺草十二層高樓、夏洛克・福爾摩斯等地方，都可讓我們隨時隨地捕捉到巴爾頓先生的身影及感受其走過的足跡。如果巴爾頓先生的事蹟能夠更廣為人知的話，這真是一件多麼令人欣喜的事呀！如此一來，我四十多年來備極辛勞的調查就可堪欣慰了，也算是了卻了一樁心頭事。

感謝所有的人！

稻場紀久雄

巴爾頓年表

西元年（日本年號）	巴爾頓的生涯與重要事件	日本的事件
一八五六 安政三年	*父親約翰・希爾・巴頓和母親凱薩琳・伊內斯的長男，出生於愛丁堡舊市區的羅利斯頓廣場廿七號（五月十一日） *父親是律師、歷史學者 *母親是提倡女性人權的前衛推動者	*美國駐日總領事湯森・哈里斯來日就任（十月廿一日） *吉田松陰、松下村塾開校
一八六一 文久元年	*遷居至克雷格宅邸，在美麗的郊區度過幸福快樂的少年時代 *亞瑟・柯南・道爾（小三歲）是親同手足的兒時玩伴	*高輪東禪寺英國公使館襲擊事件 *幕府遣歐使節團出航，福澤諭吉隨同 *（一八六三年伊藤博文等人前往英國）
一八七一～一八七三 明治四～六年	進入愛丁堡高等專科學校學習	*岩倉遣外使節團出航（一八七一年十月八日）
一八七二 明治五年	遠眺投宿愛丁堡皇家飯店的岩倉遣外使節團團員	*新橋－橫濱間的鐵道開通 *伊藤博文副使向格拉斯哥大學提出工部省工部寮工學校教師派遣之申請

西元年（日本年號）	巴爾頓的生涯與重要事件	日本的事件
一八七三～一八七八 明治六～十一年	作為安東尼・貝斯・布朗的徒弟，進入布朗兄弟（船舶機械製作）公司學習技術	*明治六年：工部寮工學校開設（亨利、戴爾、米倫等九名被派遣至日本 *（一八七七年：西南戰爭日）
一八七八 明治十一年	從印度歸國的舅舅（古斯摩・伊內斯・朱尼爾）成為英國土木學會會員（一月十五日），跟著舅舅學習土木衛生工學等技術	*大久保利通被暗殺（五月十四日） *竹橋騷動鎮壓（八月廿三日） *（一八七九年：日本松山霍亂疫情發生，死者高達十萬人）
一八八〇 明治十三年	*在倫敦與舅舅合夥設立「伊內斯&巴爾頓工程技術顧問公司」 *和舅舅共同執筆撰寫《一般住宅衛生檢查》一書發行	*井上外務卿向各國宣布條約修正方案（七月六日）
一八八一 明治十四年	*父親約翰・希爾逝世（八月十日） *列入英國攝影協會會員（十一月八日）	
一八八二 明治十五年	*晉升為倫敦衛生保護協會主任技師 *在英國攝影協會的總會上朗讀〈修改明膠過程〉論文 *著書《現代攝影術 ABC》發行（亦出版德語版、法語版等，並再版多次。是英國攝影界最被寄予厚望的攝影家。）	*日本銀行設立 *東京的芝・神田等地區出現霍亂疫情，死者超過三萬人 *（一八八三年：大日本私立衛生會創設）

西元年（日本年號）	巴爾頓的生涯與重要事件	日本的事件
一八八四 明治十七年	在倫敦世界衛生博覽會時，遇見永井久一郎	*東京府神田汚水下水道施工 *永井前往歐洲各國考察，調查上下水道制度
一八八六 明治十九年	*接受帝國大學工科學院招聘，遠從英國前來擔任衛生工學教師 *渡邊洪基校長委請駐英公使河瀨真孝面試人選	*帝國大學令公布（三月二日） *未曾有的霍亂疫情大流行，首都東京成為「瀕死的都市」（全國患者十五萬人、死者十一萬人）
一八八七 明治二十年	*來自河瀨公使的面試合格 *在英國攝影記者送別會上被推薦成為英國攝影協會榮譽會員 *經由美國來日 *就任帝國大學工科學院土木工學科衛生工學首位教師（五月廿六日） *舅舅（古斯摩・伊內斯・朱尼爾）逝世 *與後藤新平等人進行北日本主要都市的衛生調查（七月）	*永井久一郎出版《巡歐紀實衛生二大工程》（四月一日） *鹿鳴館白熱電燈點燈（首次的點燈營業）

西元年（日本年號）	巴爾頓的生涯與重要事件	日本的事件
一八八八 明治廿一年	*進行磐梯山火山噴發調查 *擔任東京市區改善委員會自來水供水及污水下水道設計調查委員會主任（十月十二日） *提出「東京市區供水設計第一報告書」（首都東京水道計畫）（十二月） *受託擔任內務省衛生局技術顧問（十二月廿四日）	*市制・町村制公布（四月廿五日） *磐梯山火山大噴發（死者四百四十四名）（七月十五日） *東京市區改善條例公布（八月十六日）
一八八九 明治廿二年	*日本攝影會設立、就任書記（六月七日） *提出「東京市區改善污水下水道設計第一報告書」（七月六日）	*大日本帝國憲法公布
一八九〇 明治廿三年	*巴爾頓弟弟古斯摩・伊內斯和弟媳蕾貝卡・摩頓來日（七月七日） *設計監督淺草十二樓（凌雲閣） *弟弟古斯摩・伊內斯驟逝於上海（十月卅一日） *淺草十二樓開始營業（十一月十一日）	*水道條例公布（二月十二日） *第三屆國內勸業博覽會舉辦 *第一屆帝國議會開議（十一月廿五日）

西元年（日本年號）	巴爾頓的生涯與重要事件	日本的事件
一八九一 明治廿四年	*成為英國土木學會準會員 *濃尾大地震受災地調查（十月廿八日）	*上野——青森間鐵道開通 *濃尾大地震房屋全燒毀約十四萬戶、死者約七千二百名
一八九二 明治廿五年	*攝影集《日本的大地震一八九一》出版 *攝影集《日本的火山：第一冊　富士山》出版 *擔任馬德克《小鳶小姐——明治廿三年的羅曼史》一書的攝影師（凸版印刷純中階調攝影製版印刷） *長女多滿誕生（九月二十日）	*傳染病研究所設立
一八九三 明治廿六年	*英國攝影展覽會舉行，五月十四日起為期一個月	
一八九四 明治廿七年	*妹妹瑪麗・蘿絲・希爾來日（四月） *與荒川滿津結婚（巴爾頓四十歲・滿津廿二歲）（五月十九日） *妹妹瑪麗・蘿絲離開日本（十月六日） *攝影集《日本的戶外生活風景》出版 *《都市的供水及水道設施的建設》出版 *東京地震引起淺草十二樓大樓龜裂，進行整修工程	*上陸檢疫以防瘟疫的擴散（六月七日） *東京地震（M7.0）（六月二十日） *向清朝宣戰（八月一日）

西元年（日本年號）	巴爾頓的生涯與重要事件	日本的事件
一八九五 明治廿八年	*米倫與妻子利根一起離開日本（六月廿一日） *攝影集《日本的力士與相撲》出版	*日清媾和條約（四月十七日） *台灣割讓給日本，台灣總督府條例制定（八月六日）
一八九六 明治廿九年	*辭任帝國大學工科學院衛生工學教師（六月二十日）（後任中島鋭治） *勳四等旭日小綬章授贈 *依後藤請託就任台灣總督府衛生工程技術顧問 *受台中市、基隆市上下水道調查委託（八月） *向總督府提交《衛生工程調查報告書》 *考察上海、香港、新加坡居留地（十一月下旬起三個月）	*河川法公布（四月八日） *日本郵輪、歐洲定期航路開始
一八八九～一八九六 明治二十～明治廿九年	*作為內務省衛生局技術顧問，在東京、大阪、京都、名古屋四大城市，函館、橫濱等五個開港都市，仙台、廣島等縣廳所在城市，以及下關、門司等二十八個都市進行上下水道計畫的指導 *衛生工學技術者人才輩出	

西元年（日本年號）	巴爾頓的生涯與重要事件	日本的事件
一八九七 明治三十年	*台灣南部各城市的衛生狀況調查	*傳染病預防法公布 *京都帝國大學設立 *帝國大學改稱為東京帝國大學（六月廿二日）
一八九八 明治卅一年	*後藤新平就任台灣總督府民政長官 *台北第二期自來水道水源調查 *調查時不幸感染地方風土病九死一生 *母親凱薩琳逝世於伯雷斯金宅邸（十一月廿九日）	*東京市公所開設（十月一日） *痢疾、傷寒桿菌大流行
一八九九 明治卅二年	*準備回英國度假前在東京遽逝（八月五日），享年四十三歲 *葬於青山靈園（八月七日上午十時） *妹妹瑪麗・蘿絲過世（六月五日）	*東京市水道工程完成 *瘟疫患者出現（十一月五日）
一九〇〇 明治卅三年	*門生、友人、熟識者共同攜手建置巴爾頓墓碑	*下水道法・污物掃除法公布
一九〇一 明治卅四年	*巴爾頓的永田町官舍全燒毀（二月九日） *滿津及多滿兩人受貝爾茲・花、普林克利、巴爾頓同父異母的姊姊及米倫等人支援	*英外相向林公使提出日英同盟條約草案（十一月六日）

文化生活叢書·藝文采風 1306028

巴爾頓傳奇——百年前的台日公衛先驅

作　　者　稻場紀久雄
譯　　者　鄧淑瑩、鄧淑晶
校　　對　蘇明通
責任編輯　蘇　輗
特約校稿　林秋芬

發 行 人　林慶彰
總 經 理　梁錦興
總 編 輯　張晏瑞
編 輯 所　萬卷樓圖書股份有限公司
排　　版　菩薩蠻數位文化有限公司
印　　刷　博創印藝文化事業有限公司
封面設計　菩薩蠻數位文化有限公司

發　　行　萬卷樓圖書股份有限公司
　臺北市羅斯福路二段 41 號 6 樓之 3
　電話 (02)23216565
　傳真 (02)23218698
　電郵 SERVICE@WANJUAN.COM.TW
香港經銷　香港聯合書刊物流有限公司
　電話 (852)21502100
　傳真 (852)23560735

ISBN 978-986-478-454-7
2021 年 6 月初版
定價：新臺幣 480 元
2021年12月初版二刷

大量購書，請直接聯繫我們，將有專人為您服務。客服：(02)23216565 分機 610
如有缺頁、破損或裝訂錯誤，請寄回更換

國家圖書館出版品預行編目(CIP)資料

巴爾頓傳奇 : 百年前的台日公衛先驅 / 稻場紀久雄作 ; 鄧淑瑩, 鄧淑晶譯. -- 初版. -- 臺北市 : 萬卷樓圖書股份有限公司, 2021.06
　面 ;　 公分. -- (文化生活叢書. 藝文采風 ;1306028)
ISBN 978-986-478-454-7(平裝)
1.巴爾頓(Burton, William Kinninmond, 1856-1899) 2.衛生工程 3.傳記 4.英國

784.18　　110003148